FUNDAMENTOS
DE POLÍTICA COMPARADA

Inmaculada Szmolka Vida
Carlos de Cueto Nogueras

FUNDAMENTOS DE POLÍTICA COMPARADA

Granada, 2025

Manuales • Major
Ciencias Sociales y Jurídicas

© INMACULADA SZMOLKA VIDA, CARLOS DE CUETO NOGUERAS
© UNIVERSIDAD DE GRANADA
ISBN: 978-84-338-7621-8
Depósito legal: Gr./1084-2025

Edita: Editorial Universidad de Granada
Campus Universitario de Cartuja. 18071 Granada
Telfs.: 958 24 39 30 – 958 24 62 20
web: editorial.ugr.es

Maquetación: Raquel L. Serrano / atticusediciones@gmail.com
Diseño de cubierta: Taller de Diseño Gráfico y Publicaciones. Granada.
Imprime: Comercial Impresores. Motril. Granada.

Printed in Spain   *Impreso en España*

A nuestros estudiantes,
los que fueron, los que son y los que serán

ÍNDICE

CAPÍTULO 2
ORIGEN Y EVOLUCIÓN DE LA POLÍTICA COMPARADA

CAPÍTULO 3
EL APARATO TEÓRICO EN LA INVESTIGACIÓN COMPARADA

CAPÍTULO 4
EL MÉTODO COMPARATIVO Y EL DISEÑO DE LA INVESTIGACIÓN COMPARADA

CAPÍTULO 5
EL ANÁLISIS COMPARADO DE LAS RELACIONES DE CAUSALIDAD

CAPÍTULO 6
DIFICULTADES EN LA INVESTIGACIÓN COMPARADA

CAPÍTULO 7
LOS ESTUDIOS DE ÁREA Y LOS ESTUDIOS COMPARADOS DE ÁREA

ÍNDICE DE CUADROS Y GRÁFICOS

ÍNDICE DE CUADROS

ÍNDICE DE GRÁFICOS

INTRODUCCIÓN

El libro *Fundamentos de Política Comparada* tiene como objetivo ofrecer a sus lectores una introducción a la política comparada —como subdisciplina de la ciencia política— y explicar cómo se realiza una investigación comparada sistemática sobre fenómenos políticos y sociales.

La monografía que presentamos constituye una revisión en profundidad del libro *Objeto y Método de la Política Comparada,* publicado en 2011 por la Editorial de la Universidad de Granada. Con esta nueva edición, hemos buscado hacer más comprensible los temas tratados, incorporando nuevos ejemplos, cuadros y gráficos. Además, se han introducido nuevos aspectos que reflejan la evolución continua de la política comparada, como el desarrollo de los Estudios Comparados de Área, el Análisis Cualitativo Comparativo o el método del rastreo de procesos para el estudio de las relaciones y mecanismos causales.

Fundamentos de Política Comparada está dirigido principalmente a estudiantes del Grado de Ciencia Política, así como a docentes que imparten la asignatura de Política Comparada o Sistemas Políticos Comparados, con la finalidad de que este libro pueda serles útil, respectivamente, como instrumento de aprendizaje y material docente. No obstante, creemos que *Fundamentos de Política Comparada* puede ser de interés para analistas políticos y cualquier otra persona interesada en el estudio comparado de la política. A lo largo de sus páginas, los lectores encontrarán herramientas teóricas y metodológicas que les permitirán abordar la explicación de la complejidad de los fenómenos políticos desde una perspectiva comparada.

Este libro se estructura en seis capítulos que abordan los siguientes temas: la singularidad de la política comparada como subdisciplina dentro de la ciencia política, los objetos de estudio de interés de la política comparada y la utilidad de los estudios comparados; la evolución teórica y metodológica de la política comparada; la relevancia de la teoría para la investigación comparada; el método comparativo, sus estrategias y los tipos de estudios comparados; el análisis comparado de las relaciones de causalidad; las dificultades que entraña la investigación comparada; y, el desarrollo de los Estudios Comparados de Área, como forma de integración de los estudios de área dentro de la disciplina de la ciencia política.

Por último, en esta introducción, queremos expresar nuestra gratitud a la Editorial de la Universidad de Granada, y especialmente a su directora, Mª Isabel Cabrera, por su interés y apoyo en la edición de esta obra. Agradecemos también al profesor Antonio Garrido, de la Universidad de Murcia, sus valiosos comentarios y sugerencias, que han contribuido significativamente a la mejora de este trabajo. Extendemos nuestro más sincero reconocimiento a los estudiantes que han pasado por las aulas de la Facultad de Ciencias Políticas y Sociología, cuya motivación y participación en las asignaturas de política comparada y sistemas políticos comparados ha sido clave para la sistematización de los conocimientos que hemos intentado transmitirles durante más de dos décadas de docencia y que hoy se plasman en estas páginas.

CAPÍTULO 1
LA POLÍTICA COMPARADA COMO SUBDISCIPLINA DE LA CIENCIA POLÍTICA

La primera cuestión que debemos abordar en esta monografía se refiere a la consideración de la política comparada como subdisciplina de la ciencia política. En relación con ello, nos referirenos, en primer lugar, al debate que ha existido en torno a la autonomía de la política comparada respecto a las ciencias sociales en general y, de forma particular, a la ciencia política; y, en segundo lugar, examinaremos los elementos distintivos de la política comparada como área de estudio. Posteriormente, pondremos de relieve cuáles son los temas de interés para la política comparada y la forma en la que se entiende que debe ser la comparación científica. Todo lo anterior nos permitirá ofrecer una caracterización y una definición comprehensiva de la política comparada. Finalmente, concluiremos este capítulo reflexionando sobre la utilidad de los estudios comparados.

1. EL DEBATE SOBRE LA ENTIDAD DE LA POLÍTICA COMPARADA EN LA CIENCIA POLÍTICA

En el pasado, la academia sostuvo un intenso debate acerca de la autonomía de la política comparada respecto a la rama de las ciencias sociales y, en particular, a la ciencia política[1]. Principalmente, han sido dos los argumentos esgrimidos para cuestionar la identidad de la política comparada como área de estudio específica:

(a) La política comparada comparte el objeto de estudio con la ciencia política en su conjunto.

---

1. Sobre este debate académico, véase, entre otros: Verba, 1985; Wiarda, 1985; Ragin, 1987; Almond, 1990; Dalton, 1991.

(b) La política comparada es fundamentalmente un método de investigación científica que es compartido por las ciencias sociales en general.

Almond (1966: 336), en el libro coeditado junto con Powell, *Comparative Politics: A Developmental Approach*, durante el proceso de desarrollo e institucionalización de la política comparada, sugirió que ésta no necesariamente se consolidaría como una subdisciplina autónoma de la ciencia política. Al igual que ocurrió con el enfoque de comportamiento político que le precedió, el futuro de la política comparada estaría, más bien, en enriquecer la disciplina de la ciencia política en su conjunto. Paradójicamente, Almond se considera uno de los principales referentes de la política comparada y un firme defensor de la comparación en el análisis politológico. Así, según su punto de vista, la comparación es un elemento central del estudio científico de la política, ya que permite desarrollar explicaciones y poner a prueba teorías sobre el funcionamiento de los procesos políticos y los mecanismos de cambio político.

Otros académicos, incluidos contemporáneos de Almond como Macridis, Rokkan, Daalder y Verba, han defendido abiertamente la identidad propia de la política comparada como una rama propia bajo el tronco común de la ciencia política (Keman, 1999: 24). Badie y Hermet (1993: 7) destacan que la política comparada constituye un campo de estudio específico con métodos, objetos de análisis y autores de referencia propios. De manera similar, Laitin (2002: 630) considera que la política comparada se delimita como área de estudio tanto por criterios sustantivos como metodológicos. Por su parte, Keman (2002a: 3) subraya el carácter distintivo de la política comparada y, al mismo tiempo, su estrecha vinculación con el conjunto de la disciplina de la ciencia política.

De forma particular, se ha subrayado la aportación fundamental de la política comparada a la ciencia política. Eckstein y Apter (1963: VI), editores de una colección de ensayos sobre los principales temas de estudio de la materia, señalaron que la política comparada es una parte imprescindible del saber politológico, que absorbe y acapara gran parte de ésta (Eckstein y Apter, 1963: VI). Una opinión similar la expresó Sartori (1971: 63), para quien la política comparada se sitúa en el centro de la ciencia política contemporánea; el «corazón» mismo de la disciplina, tal y como lo expresó Mair (2001). Por su parte, Berrighton y Norris (1988) señalaron que «la política comparada es la especialidad más importante y amplia» de la ciencia política británica de los años 80. Yendo más allá aún, Roberts (1972: 39) afirmaba que «la política comparada lo es todo». Aunque esta aseveración puede parecer exagerada, es innegable que la política comparada ha contribuido significativamente a la explicación de los fenómenos políticos de los que se ocupa la ciencia política (Mayer, 1989: 56). Por último, Hall (2004: 1) resalta la arraigada institucionalización de la política comparada en la actualidad, afirmando que ningún departamento de ciencia política de prestigio carece de especialistas en esta subdisciplina.

Cabe destacar que las aportaciones de la política comparada a la ciencia política han sido especialmente relevantes en temas como la naturaleza, la tipología y los determinantes de los regímenes políticos; los procesos de cambio político como la democratización, la consolidación democrática y la autocratización; la ingeniería constitucional y el diseño institucional; los partidos y sistemas de partido; los efectos del presidencialismo y el parlamentarismo; los efectos de los sistemas electorales; el comportamiento político y la cultura política; así como las políticas públicas.

En síntesis, el debate sobre la autonomía de la política comparada como área de estudio puede considerarse superado en la actualidad, Actualmente, la discusión entre los comparativistas se centra en los enfoques teóricos y metodológicos, tema que abordaremos en los sucesivos capítulos.

2. LA SINGULARIDAD DE LA POLÍTICA COMPARADA

Desde nuestra propia perspectiva, defendemos que la política comparada posee identidad propia y constituye un subcampo dentro del área de conocimiento de la ciencia política. Esta posición se basa en nuestra concepción del carácter singular y distintivo de la política comparada, concretamente, por su objeto de estudio múltiple y el uso de un método de investigación específico, el comparativo, diseñado para analizar relaciones de causalidad y explicar fenómenos políticos con carácter general, para lo cual la teoría desempeña un papel fundamental.

2.1. El objeto de estudio múltiple de la política comparada

La política comparada no posee un objeto de estudio exclusivo, sino compartido con la ciencia política en su conjunto. Esto contrasta con otras subdisciplinas politológicas, como la teoría política, el comportamiento político, las políticas públicas, la ciencia de la administración o las relaciones internacionales, cuyo ámbito se circunscribe a una sola y propia materia de estudio: ideas políticas, actitudes políticas, políticas públicas, administraciones públicas y relaciones entre estados y con otras organizaciones del sistema internacional, respectivamente. En cambio, las áreas de análisis de la política comparada son múltiples.

En este sentido, la política comparada se preocupa de cualquier aspecto o fenómeno político, ya sea el objeto de estudio instituciones o estructuras políticas (parlamentos, gobiernos, poderes judiciales, administración); actores políticos y sociales individuales o colectivos (elites, votantes, partidos, grupos de interés, movimientos sociales); regímenes políticos (democracias, autoritarismos, regímenes políticos híbridos); procesos políticos (elecciones, elaboración de políticas públicas, cambios políticos, transiciones democráticas, democratización, autocratización, revoluciones, conflictos étnicos y políticos, comunicación política, descentralización, globalización); actitudes políticas, comportamiento político y cultura política; ideas e ideologías políticas; formas de organización territorial del estado, supranacionales e internacionales; entre otros.

En definitiva, la materia de estudio de la política comparada abarca todos aquellos de los que se ocupa la ciencia política en su conjunto. No obstante, no consideramos que la multiplicidad del objeto de estudio de la política comparada implique una relación negativa con su entidad sustantiva como subdisciplina académica. El hecho de que sea diverso no significa que sea indeterminado, puesto que puede definirse con precisión según el foco de atención de cada estudio comparado, como regímenes, instituciones, políticas públicas, procesos políticos, entre otros. Es más, que el objeto de estudio de la política comparada sea diverso debe considerarse una de sus señas de identidad respecto a otras subdisciplinas politológicas.

2.2. La doble naturaleza de la política comparada como objeto de estudio y método de investigación

Para algunos académicos, una de las dificultades para definir los límites de la política comparada radica en su ambigua composición de método y materia (Hague *et al.*, 1998: 272). Otros autores van más allá, afirmando que lo único de lo que se puede hablar es del método comparativo. En este sentido, uno de los argumentos esgrimidos para negar la autonomía de la política comparada es que la comparación constituye un método de investigación no exclusivo sino compartido por la ciencia política en su conjunto y por otras disciplinas de las de ciencias sociales.

De hecho, según señala Keman (2002c: 33), entre los comparativistas la forma más habitual de concebir la política comparada es como un método de investigación. Esta es la opinión del politólogo holandés Lijphart (1971: 682) que sostiene que «la política comparada es aquel sector de la ciencia política que se define mediante una etiqueta metodológica más que sustantiva». Asimismo, para Mair (2001: 447), la política comparada no puede definirse estrictamente por un único campo de estudio específico, sino que lo que delimita su espacio propio dentro de la ciencia política, en su modo de investigar los fenómenos políticos a través de la comparación. Esta consideración de Lijphart y Mair de la política comparada sugiere delimitar una disciplina a partir de su metodología, en lugar de por su materia. Sin embargo, desde nuestra perspectiva, el enfoque metodológico debe estar al servicio del objeto de estudio y no al contrario y, más específicamente, depender de la pregunta de investigación que se busca responder.

En este sentido, coincidimos plenamente con Schmitter (1991: 1-2), quien argumenta que la política comparada se define tanto por su objeto de estudio como por su método, los cuales deben entenderse de manera complementaria. Según Schmitter, si objeto y método se integran con la finalidad de generar generalizaciones fehacientes y acumulativas, la política comparada deja de ser un «subcampo exótico» para convertirse en sinónimo del estudio científico de la política. Del mismo modo, autores como Colomer (1995: 9) o Mair (2001: 449-450) destacan que es la naturaleza dual de la política comparada —como sustancia y método— lo que le otorga su carácter distintivo como disciplina académica.

En conclusión, la política comparada se distingue de otros ámbitos de estudio politológicos por su doble naturaleza sustantiva y metodológica, concebida no como dualidad, sino como una relación indisoluble entre objeto y método. En este sentido, los objetos de estudio —como regímenes políticos, instituciones, actores, procesos, etc.— son analizados a través de la comparación expresa y sistemática. Como mencionamos en el epígrafe anterior sobre la diversidad del objeto de estudio, esta doble dimensión no debe percibirse como un obstáculo para su entidad dentro de la ciencia política, sino como un elemento distintivo. Separar objeto y método supondría diluir la identidad de la política comparada, ya sea integrándola por completo en la ciencia política general o absorbiéndola en un marco más amplio dentro de las ciencias sociales.

2.3. LAS RELACIONES DE INTERDEPENDENCIA ENTRE LA TEORÍA Y EL ANÁLISIS EMPÍRICO

La teoría es crucial para la política comparada. Aunque existe una importante interacción entre la teoría y la investigación empírica en otras áreas de la disciplina de la ciencia política, en la política comparada cobra especial relevancia (Peters, 2023: 38).

Según Keman (1999: 8 y 2002c: 33), la política comparada debe definirse por su diseño teórico y su estrategia de investigación, sobre la base de un punto de referencia de fines orientados que es lo que debe ser explicado. Keman destaca que muchos comparativistas a menudo finalizan su construcción teórica y comienzan el diseño de la investigación sin tener en cuenta la interdependencia que existe entre teoría y método. Sin embargo, la política comparada debe contemplarse como un enfoque que ayuda a explicar el proceso político de una sociedad a través de un marco de referencia teórico y donde las explicaciones son verificadas comparando unidades de análisis macrosociales. La finalidad del análisis comparado es explicar esos puzles que no pueden ser estudiados sin recurrir a la comparación y cuyas explicaciones se derivan del razonamiento lógico. De este modo, no puede haber investigación comparada sin tener en cuenta un marco teórico ni un diseño de investigación adecuado[2] (Keman, 2002c: 33). Por ejemplo, una forma válida de abordar el objeto de estudio de la democracia consistiría en hacer acopio de las teorías existentes acerca de los orígenes, el desarrollo y la consolidación de la democracia y verificar esos presupuestos a través del análisis comparativo. Otra forma de hacerlo consistiría en tomar una teoría seminal, como la de Robert Dahl (1971) sobre la poliarquía, e intentar de una forma rigurosa conocer cómo y hasta qué punto ese enfoque de la democracia se corresponde con la realidad y explica los desarrollos democráticos actuales (Keman, 2002c: 36).

---

2. Señala Keman (2002: 33) que los aspectos teóricos y metodológicos se tratan en muchas ocasiones en política comparada de forma separada. Por ejemplo, Ragin (1987) y Przeworski (1987) hacen hincapié en los aspectos metodológicos de la comparación como una lógica de investigación mientras que los aspectos teóricos permanecen en un segundo plano y parecen emanar después de esa lógica.

La teoría asegura que las relaciones causales encontradas son coherentes y no contradictorias, y también dirige nuestra atención a otros resultados que deberían haber ocurrido si nuestra teoría es correcta. Mientras que, en las primeras décadas del desarrollo de la política comparada, el método comparativo fue visto como un acercamiento a la verificación de la teoría, actualmente la teoría y su examen empírico son percibidas como las partes de un proceso interactivo dentro del método comparativo (King *et al*, 1994; trad. 2000: 39). Los comparativistas no se limitan a tomar una teoría existente y ponerla a prueba, sino que formalizan las interpretaciones de los datos, creando y evaluando la teoría de manera simultánea. Las teorías se verifican en los datos, se ajustan y luego se vuelven a probar, pero el proceso de teorización ocurre al mismo tiempo que se prueban las hipótesis teóricas (Laitin, 2000: 3).

Desde esta perspectiva y siguiendo a Panebianco (1999: 82-84), podemos situar el método comparado en un punto intermedio entre los estudios ideográficos o empíricos —que se enfocan exclusivamente en la descripción e interpretación de fenómenos políticos singulares, sin interés por la construcción, verificación o refutación de teorías científicas generalizantes— y los estudios teóricos —que se centran en el avance de la teoría, pero generalmente no someten sus propuestas al examen del mundo empírico—. Así, para Panebianco (1999: 84), los comparativistas constituyen «el anillo de conjunción» entre los académicos teóricos y empíricos, ya que son capaces de conjugar un interés sustancial tanto por la teoría como por su aplicación práctica[3].

En resumen, la teoría y la investigación empírica interactúan y se enriquecen mutuamente. La teoría orienta al comparativista en la selección de los problemas a estudiar, en la forma de abordarlos mediante el análisis empírico y en la interpretación de los hallazgos. Por su parte, los resultados de la investigación permiten refinar o generar nuevas teorías, a la vez que proveen de nuevos interrogantes que impulsan el avance de la investigación comparada.

3. ¿QUÉ Y CÓMO COMPARAR?

3.1. LOS FENÓMENOS DE ESTUDIO Y LAS PREGUNTAS DE LA INVESTIGACIÓN EN LA POLÍTICA COMPARADA

Una característica de la política comparada es que ésta dirige su atención a los fenómenos políticos que tienen especial relevancia en el mundo en el que vivimos. Los problemas de la investigación se sitúan en la agenda de la política comparada porque se encuentran, no solo en las preocupaciones de los académicos, sino también en la de los políticos y los ciudadanos.

---

3. De este modo, Panebianco (1999: 82) diferencia tres grupos de politólogos en función de sus intereses de investigación y de su forma de entender la ciencia política: los ideográficos o empíricos, los teóricos y los comparativistas.

En concreto, el propósito de los estudios comparados es comprender y explicar «por qué» suceden determinados acontecimientos y procesos políticos. Por ejemplo: ¿Por qué se produce la quiebra de las democracias?; ¿Por qué unas revoluciones triunfan y otras fracasan?; ¿Por qué ocurren las guerras civiles?; ¿Por qué la polarización del sistema de partidos provoca inestabilidad gubernamental en unas democracias y en otras no? Las preguntas de la investigación comparada no siempre comienzan con un «¿por qué?», sino que pueden formularse de distinta forma, pero siempre desde un enfoque explicativo: ¿Bajo qué condiciones las democracias surgen y se consolidan?; ¿Qué actores influyen en el éxito o fracaso de los procesos de paz?; ¿Cómo resisten las democracias los episodios de autocratización?; ¿Qué factores determinan la llegada al poder de líderes populistas?: ¿Cómo influyen las identidades sociales en el comportamiento electoral?

Otra característica de la política comparada es que responde a interrogantes o preguntas de carácter empírico que buscan respuesta a través de la observación y la evidencia. Esto diferencia a la política comparada de otros estudios normativos preocupados por responder cómo deben ser las cosas. De este modo, preguntar por qué algunos países son democráticos y otros autoritarios es una cuestión empírica de interés para la política comparada, mientras que plantear si la democracia es preferible al autoritarismo es una cuestión normativa (Dickovick, 2023: 6). Además, la orientación de los problemas de la investigación a su explicación distingue la política comparada de otras ciencias sociales que tienden a conducirse principalmente por fines teóricos o metodológicos. Dado su interés en el mundo real, los comparativistas tienden a tratar las teorías, los enfoques y los métodos principalmente como herramientas para ayudar a enmarcar y explicar problemas empíricos. Esto sugiere que cualquier debate sobre la superioridad de un enfoque teórico o metodológico sobre otro es, en gran medida, infructuoso (Kohli, 1996: 23).

Hay que destacar también que los problemas de investigación en la política comparada no permanecen inmutables a lo largo del tiempo, sino que evolucionan en función de la relevancia que tengan en cada momento. Los comparativistas dejan de lado viejas cuestiones, no porque sean solucionadas, sino porque nuevas preguntas han ocupado su lugar en la sociedad y en la agenda política. No obstante, algunas de las preguntas que pretende dar respuesta la investigación comparada han pervivido a través de generaciones porque siguen siendo de interés general: ¿Qué características distinguen unos regímenes políticos de otros?; ¿Qué determina la estabilidad de un régimen político o qué provoca su cambio?; ¿Cuál es la forma de gobierno más eficaz? (Mair, 2001: 462). Así, a lo largo de los años, han dominado en la agenda de investigación la política comparada cuestiones fundamentales sobre los regímenes políticos, la formación de los estados, la estabilidad y los procesos de cambio político, la democracia y los prerrequisitos democráticos, las funciones y estructuras de los sistemas políticos, las instituciones y el diseño institucional, así como el desempeño (*performance*) de los diferentes tipos de gobierno y sus resultados. No obstante, es importante destacar que ningún fenómeno político es ajeno a la investigación comparada, ningún nivel de análisis es irrelevante y ningún período temporal escapa a su alcance (Lichbach y Zuckerman, 1997: 4).

Por último, hay que señalar que la elección del problema de la investigación no puede ser separada de los objetivos, los intereses y las perspectivas generacionales de los investigadores y de la comunidad científica (Laitin, 2000: 5-6). Las preocupaciones predominantes en un determinado período pueden orientar las preguntas de investigación, determinando así los enfoques teóricos, los métodos utilizados y los ámbitos de estudio consideradas relevantes en cada momento. Esto se analizará con mayor detalle al examinar la evolución de la política comparada en el capítulo 2.

Gráfico 1. Las preguntas de la investigación comparada

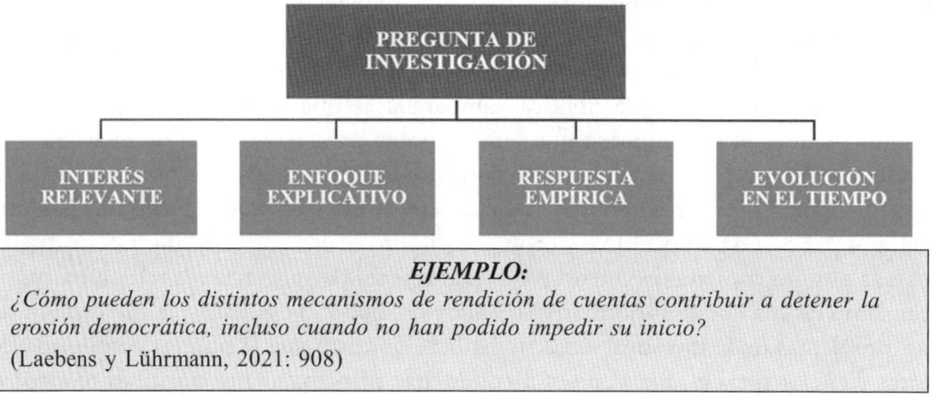

Fuente: Elaboración propia

3.2. LA COMPARACIÓN EXPLÍCITA Y SISTEMÁTICA PARA EXPLICAR FENÓMENOS POLÍTICOS

La comparación subyace en cualquier forma de investigación social. De hecho, toda forma de investigación social implica, en mayor o menor medida, comparar. No obstante, cabe preguntarse: ¿qué hace que una comparación sea científica? (Landman, 2011: 27). En el capítulo dos de esta monografía, sobre la evolución de la política comparada, se analizará cómo, en sus inicios, este campo de estudio —particularmente en Estados Unidos— se centró en el análisis de fenómenos políticos en uno o varios países distintos al propio del investigador, muchas veces sin realizar comparaciones manifiestas (Sánchez de Dios, 2012: 11). Sin embargo, esta visión fue completamente superada y, actualmente, se entiende que las comparaciones deben ser explícitas y sistemáticas en la política comparada (Sartori, 1984a: 261). Desde esta perspectiva, la investigación comparativa no se limita a comparar, sino que el objetivo principal es identificar las relaciones y los mecanismos causales que nos ayudan a entender los fenómenos políticos (Przeworski, 1987: 35).

En este sentido, el objetivo de la política comparada no es simplemente elaborar un inventario exhaustivo y jerárquico de las similitudes y diferencias entre sistemas políticos, sino más bien utilizar ese inventario como punto de partida para explicar los procesos sociales. Para ello, la política comparada se sirve de un método riguroso y específico de control, el comparativo, basado en la verificación empírica de hipótesis, la realización de generalizaciones y la construcción de teorías sobre fenómenos políticos (Badie y Hermet, 1993). De esta forma, el análisis comparativo se convierte en una herramienta clave para comprender, explicar e interpretar las dinámicas políticas (Ragin, 1987: 35).

Asimismo, en el ámbito académico español, la política comparada ha evolucionado también más allá de la mera descripción de fenómenos políticos. Actualmente, se concibe como una subdisciplina de la ciencia política que no solo describe hechos políticos en diversos países, sino que también profundiza en el análisis de similitudes y diferencias entre estructuras políticas y contrasta proposiciones teóricas sobre el funcionamiento de las instituciones (Colomer, 1995: 9). Los comparativistas españoles subrayan la importancia de que la comparación sea explícita, metódica y orientada al estudio empírico de las diferencias o similitudes entre países, con el propósito de elaborar y comprobar teorías (Laiz y Román, 2003: 79). La comparación permite

situar, comprender, explicar e interpretar aspectos específicos de un fenómeno político en relación con su manifestación en otros contextos temporales o espaciales. Además, actúa como un mecanismo de control y verificación de hipótesis y generalizaciones (Laiz y Román, 2003: 84).

En definitiva, la investigación política comparada exige un riguroso proceso de comparación sistemática que comienza con la descripción del fenómeno de estudio. Posteriormente, se identifican las semejanzas y diferencias entre casos de acuerdo con los procedimientos del método comparado, lo que conduce a la observación de patrones o regularidades en ellos. Estas regularidades deben explicarse a través del análisis de covariaciones o la interpretación de la diversidad, con el objetivo de identificar la complejidad de las relaciones y los mecanismos causales. Este proceso incluye la comprobación de hipótesis explicativas y permite establecer generalizaciones. Así, el análisis comparativo contribuye tanto a la generación como a la verificación de teorías, siempre apoyándose en la evidencia empírica que surge de la comparación entre casos (Colino, 2011).

Gráfico 2. La comparación en la política comparada

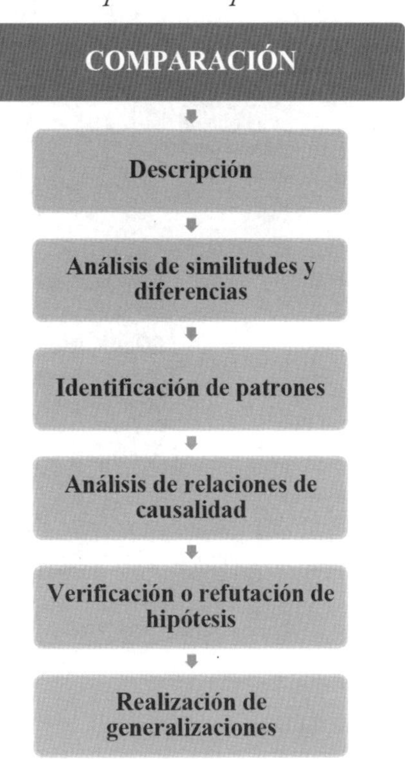

Fuente: Elaboración propia

4. DEFINIENDO LA POLÍTICA COMPARADA

Como síntesis de lo expuesto en los epígrafes anteriores, se pueden señalar los siguientes rasgos fundamentales que caracterizan a la política comparada como subdisciplina de la ciencia política (véase también gráfico 3):

a) El objeto de estudio de la política comparada abarca cualquier fenómeno o aspecto político de interés relevante para la comunidad científica y el mundo en el que vivimos.

b) La política comparada posee una doble naturaleza como área de conocimiento y método de investigación.

c) En la investigación comparada, se ha de realizar una comparación explícita y sistemática de los casos con la finalidad de explicar fenómenos políticos a través del establecimiento de relaciones de causalidad.

d) La teoría desempeña un papel fundamental en el análisis empírico de los fenómenos políticos. La teoría supone tanto el punto de partida de la investigación como su objetivo último.

Gráfico 3. Elementos definitorios de la política comparada

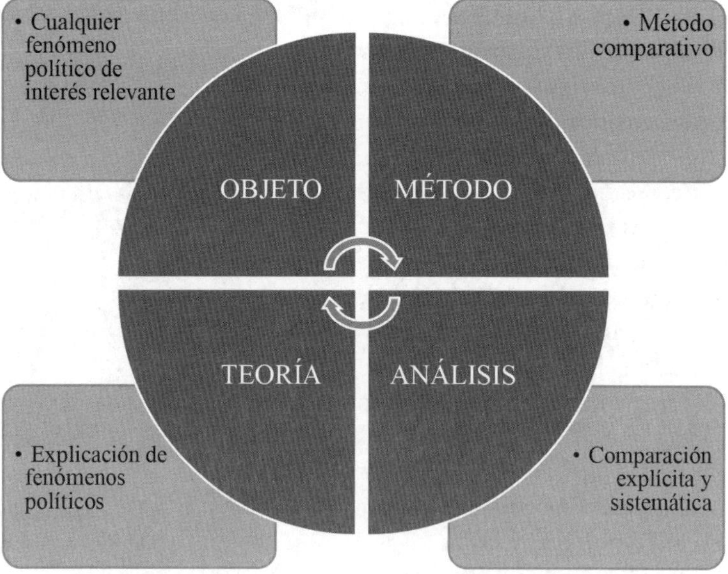

Fuente: Elaboración propia

A partir de estos elementos definitorios, en el cuadro 1, presentamos la siguiente definición de la política comparada:

Cuadro 1. Definición de la política comparada

DEFINICIÓN DE POLÍTICA COMPARADA
Subdisciplina de la ciencia política que se ocupa de explicar cualquier aspecto o fenómeno político de especial interés para la sociedad a través de un marco teórico previo y de la utilización de un procedimiento de investigación específico, el método comparado. La comparación ha de ser explícita y sistemática y debe dirigirse al establecimiento de relaciones de causalidad que expliquen el fenómeno estudiado a través de los factores considerados en la investigación, con la finalidad de realizar generalizaciones o verificar teoría.

Fuente: Elaboración propia

5. LA UTILIDAD DE LOS ESTUDIOS COMPARADOS

Una pregunta fundamental que debemos abordar en esta monografía es por qué comparar, lo que nos lleva a reflexionar sobre la finalidad y utilidad de la política comparada. De acuerdo con Morlino (2005: 26; 2010: 25), la comparación cumple tres funciones cognitivas: (a) descriptiva, analizar otras realidades para conocer mejor los fenómenos estudiados; (b) explicativa, encontrar las explicaciones más convincentes que se corroboran en los casos analizados; y, (c) aplicativa, proponer soluciones a problemas políticos para lo que es necesario el análisis de contextos similares.

En relación con ello, los estudios comparados ofrecen beneficios significativos, particularmente, la posibilidad de describir y contextualizar fenómenos políticos, evitar enfoques etnocéntricos en la investigación, clasificar los casos de estudio para facilitar el análisis empírico posterior, verificar hipótesis y desarrollar teorías, así como predecir eventos con fines prácticos y aplicados de la investigación.

5.1. Describir

La descripción se ha relacionado con la «antigua» política comparada, esto es, el enfoque tradicional que predominó durante finales del siglo XIX y las primeras décadas del siglo XX, centrado principalmente en el detalle minucioso de cómo son las instituciones políticas y los sistemas de gobierno (Mayer, 1989; Apter, 2001). Esto no significa que la «nueva» política comparada prescinda de la descripción. Así, es difícil entender la política o hacer comparaciones sin primero entender las reglas sobre las que se basan los sistemas políticos: cómo se estructuran los gobiernos, cuál es funcionamiento de las instituciones y las interacciones entre ellas, cómo es la dinámica del gobierno, o, cómo los ciudadanos se relacionan con la esfera pública (Mc Cormick *et al.*, 2022: 8). En este sentido, toda investigación comparativa sistemática necesita de una completa descripción de los hechos de cara a su interpretación (Landman, 2011: 28).

De esta forma, el primer paso en la investigación comparada consiste en detallar los hechos más relevantes relacionados con el fenómeno político de estudio con el fin de explicarlo. La relación entre descripción y explicación es interactiva. A veces nuestras explicaciones nos inducen a buscar descripciones de diferentes partes del mundo y, viceversa, éstas pueden llevarnos a nuevas explicaciones causales (King *et al.*, 2000: 45).

Por último, la descripción nos permite ampliar nuestro conocimiento sobre otros países o lugares que conocemos menos y a entenderlos (Newton y Van Deth, 2010: 2). La información sobre contextos extranjeros no solo facilita la interpretación de nuevos fenómenos, sino que también nos permite ver nuestra propia realidad desde una perspectiva diferente (Hague *et al.*, 1998). Esto nos lleva al segundo aspecto clave de la utilidad de la política comparada que abordamos a continuación: la prevención del etnocentrismo.

5.2. EVITAR EL ETNOCENTRISMO

El etnocentrismo se refiere a la interpretación, análisis y evaluación de otras culturas, sistemas políticos o sociedades a través de los valores, conceptos y teorías de la propia cultura, asumiendo implícita o explícitamente que estos son superiores o más adecuados.

En relación con ello, la comparación se presenta como uno de los mejores antídotos contra el etnocentrismo. La percepción de contrastes hace al investigador sensible a la relatividad del conocimiento y consecuentemente ayuda a liberarlo de las celdas o jaulas culturales que arrastra (Dogan y Pélassy, 1981: 13). Esta liberación de corsés culturales en los estudios comparados ha hecho posible la comprensión de las sociedades desde un prisma diferente y la revisión de las sociedades occidentales, insertadas tradicionalmente en el *corpus* de la ciencia política, desde una óptica no occidental utilizando conceptos aligerados de su especificidad original y capaces de viajar internacionalmente (Sartori, 1970: 1033). De esta forma, la comparación nos permite evaluar en su justa medida la singularidad de los fenómenos observados y explicar la realidad compleja en términos universales (Mackie y Marsch, 1997).

Por otro lado, la política comparada ha impulsado procesos de cambio científico al hacer que las teorías fueran confrontadas con análisis contextuales y, por tanto, puestas al día y reformuladas. Además, ha permitido a los científicos sociales dotarse de categorías científicas más precisas, desembarazándose de visiones normativas peculiares y propias, así como de valores asumidos por sus sociedades y culturas que impedían análisis totalmente libres de preconcepciones y prejuicios (Dumont, 1983: 175).

No obstante, es importante reconocer que, aunque el análisis comparado puede ser una herramienta útil para contrarrestar el etnocentrismo, el propio investigador comparativista también corre el riesgo de caer en él. Por ejemplo, durante mucho tiempo, las comparaciones de la década de 1960 asumían implícitamente la idea de progreso, que situaba a cada sistema político en una especie de escala o línea imaginaria en la que avanzaba inexorablemente hacia el desarrollo y la democracia (Dogan y Pélassy, 1981: 12). Sin embargo, al contrastar diferentes contextos, se evidencia que no existe un único, claro e inequívoco camino hacia el desarrollo. Este proceso está, en realidad, influenciado y moldeado por diversas culturas e instituciones tradicionales. En lugar de una evolución hacia un modelo universal liberal-democrático, lo que se observa son trayectorias diversas que conducen a formas sociales y políticas únicas y propias. La idea de que existen alternativas al modelo occidental industrial, urbano, liberal, democrático, individualista, capitalista y secular es ampliamente aceptada, lo que ha llevado al abandono de la visión tradicional de una sucesión universal de etapas consecutivas de desarrollo económico, político y social (Rustow, 1970).

Para evitar el enfoque etnocéntrico, el investigador debe desarrollar una mentalidad abierta y sensible a las diferencias culturales, así como estar dispuesto a considerar otras perspectivas (Coller, 2000: 57). Esto implica no solo aceptar que existen diversas formas de entender y organizar la política, sino también estar dispuesto a cuestionar sus propias creencias y suposiciones, que a menudo están influenciadas por su contexto cultural, social, económico y político. Además, el investigador debe ser consciente de que cada cultura tiene sus propias lógicas, valores y prácticas, los cuales deben ser entendidos en su propio contexto, sin imponer criterios ajenos o universales. Al adoptar esta postura, el investigador puede generar análisis más completos y profundos, que no solo sean más precisos, sino también más inclusivos y representativos de las realidades políticas y sociales estudiadas.

5.3. Clasificar

Las clasificaciones constituyen la piedra angular de la descripción, del análisis y de la explicación. Ayudan a hacer la realidad sociopolítica menos compleja, proveyendo al investigador de contenedores de datos en los que se organiza la evidencia científica.

De esta forma, en los estudios comparados, se suele establecer clasificaciones conceptuales con el fin de agrupar países, sistemas políticos, procesos o acontecimientos en distintas categorías, con características identificables y compartidas (Landman, 2011: 29). Una vez realizada la clasificación, se puede proceder al análisis de las causas y consecuencias de un determinado fenómeno político. Por ejemplo, para explicar la estabilidad o inestabilidad de los gobiernos democráticos, resulta útil clasificar los casos según la forma de gobierno (presidencial, semipresidencial, parlamentaria); el sistema de partidos (bipartidista/multipartidista moderado/multipartidista extremo, polarizado/no polarizado, institucionalizado/no institucionalizado); y, la naturaleza del gobierno (monocolor o de coalición), entre otros aspectos. A partir de la categorización de los casos según distintas clasificaciones, es posible estudiar las relaciones de causalidad que conducen a la explicación del fenómeno en cuestión.

En el capítulo 3 sobre el papel de la teoría en los estudios comparados nos referiremos, con más detenimiento, al uso y a la relevancia de las clasificaciones y tipologías en la política comparada.

5.4. Verificar hipótesis y construir teorías

La descripción y la clasificación contribuyen a otro objetivo de la investigación comparada: la explicación de lo descrito y clasificado a través de la verificación de hipótesis (Landman, 2011: 30). Una hipótesis plantea una posible relación entre dos o más variables como, por ejemplo, la influencia de la desafección política de los ciudadanos en el ascenso electoral de los partidos populistas.

La verificación de hipótesis permite comprobar si una teoría o generalización, que busca explicar una regularidad, se corresponde con los casos a los que se aplica (Sartori, 1994: 16; 1999: 29). Por ejemplo, para probar la hipótesis de que la democracia favorece la prosperidad económica, se puede realizar un análisis comparativo de países democráticos en diversos contextos económicos. En este caso, se procede de forma deductiva: a partir de una teoría o hipótesis, se analizan los casos para su verificación o refutación. Por otro lado, comprobar hipótesis también implica descartar explicaciones rivales sobre fenómenos específicos, actores, estructuras o procesos, lo que a su vez facilita la construcción de nuevas teorías generales.

La verificación de las hipótesis es también útil para dar cuenta y explicar lo particular. Así, podríamos formular la cuestión de por qué en Estados Unidos no existe un gran partido socialista, a diferencia de otros países occidentales como los europeos, para lo cual una posible hipótesis podría ser por la existencia de una fuerte cultura individualista en los Estados Unidos. Sin embargo, esta explicación podría no ser aplicable a todos los países con valores individualistas similares, lo que demuestra la complejidad de los fenómenos políticos (Mackie y Marsh, 1997: 183; Hague *et al.*, 1998: 275).

La verificación o refutación de hipótesis no solo se limita a explicar casos particulares, sino que también es fundamental para realizar generalizaciones. A través del análisis de las relaciones causales entre variables, el investigador puede llegar a conclusiones que, en función de las condiciones, sean extrapolables a otros contextos. Este proceso permite la construcción de teorías válidas, sustentadas en la evidencia empírica obtenida a partir de nuestras observaciones y hallazgos. Aquí la forma de proceder es inductiva: el análisis empírico de los casos da lugar a generalizaciones o el desarrollo de una teoría.

En este sentido, muchos autores inciden en que el objetivo central de la política comparada es descubrir regularidades en los acontecimientos políticos o la realidad social, así como elaborar teorías empíricamente refutables capaces de relacionar y explicar esas regularidades (Dogan y Pélassy, 1981: 1990; Mayer, 1989: 12; Bartolini, 1999: 114). Según Schmitter (1991: 2), la política comparada se entiende como un esfuerzo analítico para explicar las similitudes y diferencias entre unidades políticas, probar hipótesis, inferir causalidades y generar generalizaciones válidas. De manera similar, Mackie y Marsh (1997: 182) señalan que una de las metas de la política comparada es producir, comprobar y, en su caso, reformular teorías, conceptos e hipótesis sobre la relación entre fenómenos políticos. En la misma línea, Collier (1999: 51) sostiene que la comparación proporciona los criterios necesarios para verificar hipótesis, facilita el descubrimiento inductivo de nuevas hipótesis y contribuye al desarrollo de teorías.

5.5. Predecir y tomar mejores decisiones políticas

Las generalizaciones que resultan de la comparación no sólo se utilizan para extender nuestro conocimiento sobre el mundo, sino también para predecir sucesos probables, dada la existencia de determinados factores precedentes. Así, la comparación nos permite conocer a través de experiencias e instituciones políticas previas qué resultados podrían darse en otros lugares y momentos. Por ejemplo, si conocemos que la representación proporcional en circunscripciones plurinominales está asociada a un sistema de partidos multipartidista, entonces podemos razonablemente predecir lo que sucederá si se introduce este sistema electoral en un país multinacional como Canadá, en donde se ha utilizado siempre el sistema de mayoría simple en distritos uninominales.

Por otro lado, podemos seleccionar unidades de análisis por su valor de predicción, los denominados prototipos. Gracias al estudio de cómo diferentes sistemas o gobiernos se enfrentan a similares problemas y ante determinadas necesidades y demandas de los ciudadanos se pueden extraer lecciones positivas y negativas de otras experiencias —lo que se denomina *policy transfer*— y aprender de éxitos y fracasos que han tenido lugar anteriormente en otros escenarios o países de cara a evitar que se reproduzcan de nuevo en cualquier otro sitio. De esta forma, la política comparada tiene un potencial práctico y aplicado muy importante al constituirse en una herramienta válida para la planificación de cara a diseñar programas y prever las consecuencias sociales, políticas y económicas inmediatas, tomando las mejores decisiones políticas.

La función aplicativa de la política comparada es particularmente característica del ámbito de las políticas públicas y las reformas institucionales (Morlino, 2005: 26). Un hipotético ejemplo de ello podría ser la toma en consideración de una reforma constitucional orientada a fortalecer y garantizar la responsabilidad política (*accountability*) del ejecutivo con el fin de prevenir un posible retroceso democrático (*democratic backsliding*). Esta reforma podría basarse en estudios comparados de experiencias previas en otros países, que relacionan el mal funcionamiento de los controles horizontales entre las instituciones con la erosión de las democracias.

No obstante, el comparativista debe ser consciente de que la capacidad predictiva de la política comparada es restringida. Así, la denominada «Primavera Árabe» sorprendió a académicos y analistas políticos, quienes no pudieron prever las grandes movilizaciones sociales ni sus consecuencias en los países del norte de África y Oriente Próximo. Este acontecimiento puso en cuestión la validez de la teoría de la resiliencia autoritaria, dominante en los estudios sobre la política árabe, especialmente sus presupuestos acerca de la debilidad de la sociedad civil y la capacidad del estado para controlarla (Szmolka, 2017: 14; Bank y Busse, 2021: 549).

En resumen, el mundo social y político no es un laboratorio en el que se puedan controlar y experimentar todas las causas que podrían conducir a un mismo resultado. La capacidad de hacer predicciones y tomar decisiones acertadas dependerá de la cantidad y la selección de los casos que elijamos, de la calidad y cantidad de la información disponible para cada caso, de la fiabilidad de nuestros datos y de la medida en que nuestros sesgos y suposiciones influyan en la investigación (McCormick *et al.*, 2002: 10).

Gráfico 4. Utilidad de los estudios comparados

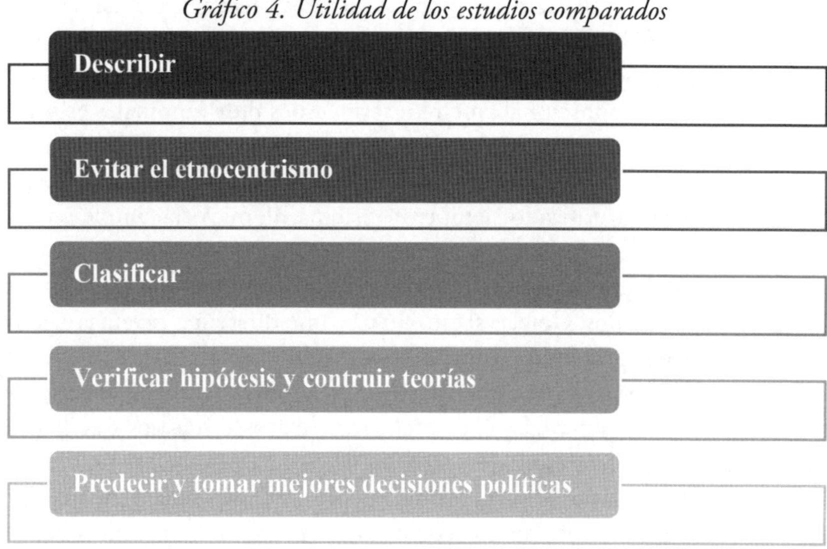

Fuente: Elaboración propia

CAPÍTULO 2
ORIGEN Y EVOLUCIÓN DE LA POLÍTICA COMPARADA

Aunque la comparación ha estado presente en la base de los estudios sobre la política desde siempre, la política comparada como disciplina tiene un origen relativamente reciente. Así, su surgimiento como campo de estudio autónomo se remonta a finales del siglo XIX, bajo la denominación de «gobierno comparado» (*comparative government*). Sin embargo, estos primeros trabajos carecían de un enfoque comparativo riguroso, limitándose principalmente a la descripción de las instituciones políticas de países extranjeros, a menudo de uno solo. La política comparada se institucionaliza y comienza a desarrollarse de manera sistemática y científica a partir de la revolución conductista *behaviorist revolution*) posterior a la Segunda Guerra Mundial, alcanzando su apogeo en la década de 1960. Este período se conoce como «Edad de Oro» de la política comparada (Dalton, 1991). En la década de 1980, se produjo una reorientación de los estudios comparados, dando paso a lo que se conoce como la «nueva» política comparada (Mair, 2001). Este giro marcó el inicio de un proceso de transformación que continuó a lo largo de las siguientes décadas, caracterizándose la política comparada del siglo XXI por el pluralismo de perspectivas teóricas y metodológicas.

En los epígrafes siguientes, abordaremos el origen y la evolución de la política comparada analizando los enfoques teóricos y metodológicos utilizados en cada una de estas etapas (véase la síntesis de sus características en el Cuadro 4).

Gráfico 5. El árbol genealógico de la política comparada según Schmitter

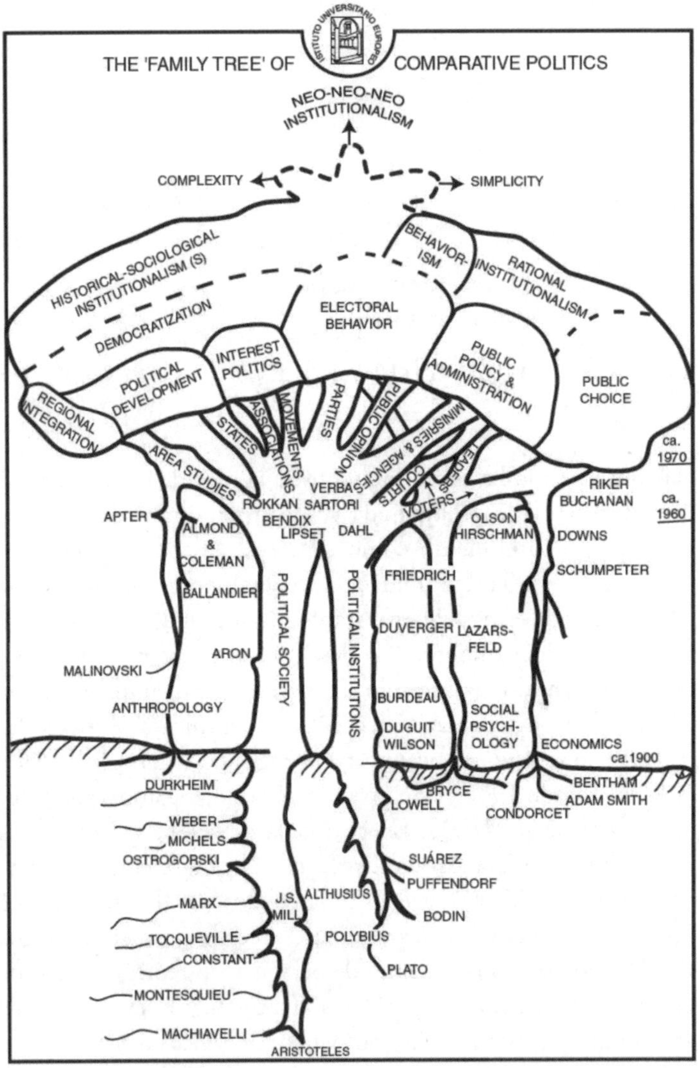

Este gráfico ilustra el origen y desarrollo de la política comparada de acuerdo con el árbol genealógico dibujado por Philippe C. Schmitter en su artículo «The Nature and Future of Comparative Politics» (2009). Según esta representación, la política comparada surge de las tradiciones del constitucionalismo legal y sociológico, cuyas raíces se encuentran, respectivamente, en el pensamiento de Aristóteles y Platón. A partir de estos dos troncos iniciales y con la influencia posterior de disciplinas como la psicología social y la economía, representadas por los enfoques teóricos conductista y de la teoría de la elección racional, la política comparada amplió tanto sus objetos de estudio como los países analizados. En la actualidad, de acuerdo con Schmitter, la copa del árbol está dominada por el neoinstitucionalismo, que integra una diversidad de perspectivas, incluidas las históricas, sociológicas y racionalistas. A estas tendencias, se les suma las teorías de la elección racional —marcadas por la «simplificación»— y los actuales enfoques de la política comparada más complejos que buscan comprender fenómenos desde la perspectiva de múltiples trayectorias causales que pueden conducir al mismo resultado

Fuente: Schmitter (2009: 37)

1. LAS RAÍCES HISTÓRICAS DE LA POLÍTICA COMPARADA

Comparar es una actividad humana fundamental. Desde siempre, ha existido la preocupación por establecer y explicar las similitudes y diferencias entre «nosotros» y «los otros» (Dogan y Pélassy: 1981: 7; Bartolini, 1995: 66; Landman, 2011: 27; McCormick, 2022: 5). De igual forma que en la existencia de los individuos, la comparación está en la base de cualquier rama sistemática del conocimiento y, por tanto, de la investigación social (Durkheim, 1947: 37; Coleman, 1965; Laswell, 1968: 3; Deutsch, 1987; Caïs, 1997: 12; Hague *et al.*, 1998: 23; Apter: 2001: 372; Laiz y Román, 2003: 84). Sin embargo, no se puede decir lo mismo a la inversa: la comparación, por sí sola, no genera necesariamente conocimiento científico (Hague *et al.*, 1998: 272).

La comparación ha constituido uno de los principales instrumentos de acercamiento a la comprensión de la política desde la época clásica[1]. Aristóteles (384-322 AC) se ha considerado tradicionalmente como el «primer politólogo real» y, podría añadirse, el «primer comparativista» (Mahler, 2003: 1). Así, el heleno se alejó del enfoque filosófico anterior basado en las formas políticas ideales, estudiando 158 ciudades-estado en el siglo IV a. C y estableciendo, a partir de este análisis, una tipología de formas políticas. Aristóteles utilizó un criterio bidimensional de clasificación para sus formas de gobierno: el número de detentadores del poder (dirigidas por una persona, dirigidas por varias personas o dirigidas por todos los ciudadanos) y la finalidad en el desempeño del poder (el bien común o el interés propio). Combinando estos dos criterios, trazó seis categorías de estado, a las que imputó determinadas consecuencias o proposiciones básicas sobre la vida política (véase cuadro 2). De esta forma, Aristóteles concebía una ciencia de la política observable y verificable con la finalidad práctica de ofrecer unos presupuestos de cómo gobernar.

Cuadro 2. Clasificación de las formas políticas de Aristóteles

FINALIDAD	GOBIERNO		
	UNO	POCOS	MUCHOS
BIEN COMÚN	Monarquía	Aristocracia	Democracia
INTERÉS PROPIO	Tiranía	Oligarquía	Demagogia

Fuente: Elaboración propia a partir de Aristóteles

Otros autores clásicos que utilizaron de una forma u otra el análisis comparativo para ilustrar, clasificar o explicar fenómenos políticos fueron Heródoto, Platón, Cicerón o Polibio. En la Edad Media hay que destacar a Tomás de Aquino, que reprodujo el esquema aristotélico y defendió la monarquía como la forma de gobierno más

---

1. Un análisis en profundidad sobre la evolución de los estudios clásicos y modernos comparados puede encontrarse en Badie y Hermet (1993).

deseable por conducir a la paz, aunque señalaba que ninguna organización política era deseable por Dios, particularmente, la democracia. Cabe mencionar también entre los comparativistas pioneros al historiador árabe Ibn Jaldún (s. XIV), considerado el padre de las ciencias sociales en el mundo musulmán. Ibn Jaldún analizó los factores que explican el surgimiento y decadencia de los grandes imperios islámicos. Su enfoque puede calificarse como una forma de comparación sistemática, centrada en el estudio de la causalidad (Badie y Hermet, 1993: 62).

Entre los principales referentes de la Edad Moderna se encuentran Maquiavelo, Bodin, Hobbes, Montesquieu, Voltaire y Diderot, quienes emplearon el contraste como herramienta para clasificar sistemas políticos, analizar sociedades o estados y formular generalizaciones ampliamente aceptadas. De gran relevancia para la ciencia política es, particularmente, el análisis de Maquiavelo de diferentes sistemas políticos pasados y de su época para establecer generalizaciones sobre su éxito y fracaso. En *El Príncipe* (1532), estableció la dicotomía entre el gobierno republicano y el del príncipe, tomando en consideración elementos comparativos del poder, del liderazgo y de la política en las ciudades-estado italianas del siglo XV y principios del siglo XVI.

Por su parte, Montesquieu en sus *Cartas Persas* (1721) formuló una tricotomía entre repúblicas, monarquías y despotismos. Definió el gobierno monárquico como aquel en el que una sola persona gobierna mediante leyes fijas y establecidas, constituyendo el honor su principio psicológico propulsor. El despotismo, en cambio, se caracteriza por el gobierno de uno solo sin ley ni reglas. Además, Montesquieu distinguió dos formas de república: la aristocrática, donde sólo una parte del pueblo ejerce el poder soberano y cuyo principio rector es la moderación; y la democrática, en la que todo el pueblo gobierna y se rige por la virtud, entendida como la dedicación de los ciudadanos al bien común (Badia, 1995: 42). En este libro, Montesquieu sostiene que el gobierno más adecuado para un pueblo es aquel que mejor se ajusta a sus costumbres y tradiciones. La publicación de *El espíritu de las leyes* (1748) marca, para algunos autores, el inicio del estudio de la política como ciencia y el surgimiento de la política comparada como campo de estudio e investigación. A este respecto, la obra de Montesquieu se orienta a comprender las variables que influyen en las instituciones, planteando hipótesis susceptibles de verificación empírica. Su enfoque comparativo combina análisis sincrónico y diacrónico, abarcando un amplio espectro de países y contextos culturales diversos (Badie y Hermet, 1993: 63).

Finalmente, Tocqueville se considera otro de los principales referentes de esta etapa inicial de los estudios comparados. En su libro *La democracia en América* (1835-1840), realizó una descripción de la sociedad de Estados Unidos (democrática) comparándola implícitamente con la francesa (aristocrática). Para Tocqueville, la igualdad en Estados Unidos es consecuencia de la «ausencia de gobierno», mientras que, en Francia, el gobierno tiene un poder muy significativo. La fuerza de la sociedad en Estados Unidos hace que el gobierno central pierda relevancia. En *El Antiguo Régimen y la Revolución* (1856), Tocqueville volvió a estudiar el orden social en Francia, comparándolo con otros países como Inglaterra y Alemania. De forma clara, Tocqueville no se inscribe en una perspectiva filosófica o institucional, sino en una dimensión sociológica. Tocqueville centró su atención en lo que con posterioridad se denominará cultura política, inaugurando el análisis cultural de lo político (Badie y Hermet, 1993: 64).

2. LA POLÍTICA COMPARADA TRADICIONAL DE ENFOQUE INSTITUCIONALISTA

La política comparada debe gran parte de su existencia actual a las contribuciones de principios del siglo XX de Woodrow Wilson, A.L. Lowell, James Bryce, Herman Finer y Carl Friedrich. Estos autores centraron su atención principalmente en el estudio comparativo formal del gobierno y el estado, estableciendo lo que se conocería como el ámbito académico del «gobierno comparado». Asimismo, cabe mencionarse en esta etapa contribuciones cruciales realizadas desde otras disciplinas, como las de A.R. Radcliffe-Brown y Bronislaw Malinowski, desde la antropología; las de Gaetano Mosca, Vilfredo Pareto, Max Weber[2] y Emile Durkheim, desde la sociología; y, las de John M. Keynes, Karl Marx[3] y V.I. Lenin, desde la economía política. Este contexto proporcionó a la política comparada una significativa orientación interdisciplinar.

No obstante, las obras de este período carecían de una intencionalidad comparativa sistemática o explicativa, sino descriptiva. Aunque estos estudios descriptivos partían de una cierta conceptualización, no desarrollaban teorías generalistas que intentasen descifrar los aspectos claves de la política o teorías de rango medio que estuvieran enfocadas en sólo uno o pocos aspectos de la política (Munck, 2009: 22). Más bien, se limitaban a analizar el funcionamiento de determinadas instituciones políticas. En las primeras décadas del siglo XX, los investigadores se preocuparon por estudiar las instituciones formales de gobierno (parlamentos, ejecutivos y poderes judiciales) y las constituciones que rigen las relaciones entre instituciones. Del examen de estas instituciones resaltaron ciertas ideas sobre su organización interna, propuestas de reforma y se ofrecieron ciertas conclusiones generales[4]. Desde esta perspectiva, hay que entender

---

2. En este aspecto habría que destacar su estudio sobre las estructuras históricas de autoridad, las categorías históricas de regímenes o el análisis de regímenes políticos que Weber hace en su *Wirtschaft und Ggessellschaft*.

3. Karl Marx utilizó datos comparativos que procedían en parte de sus estudios, así como de su conocimiento y experiencias vividas en Alemania, Francia e Inglaterra y otras monarquías europeas. Marx explicaba, desde la concepción de una sociedad en equilibrio, cómo las acciones de la clase dirigente, imponiendo reglas y normas, legitimaban las relaciones de producción a través de medios particulares y la fuerza de producción.

4. Algunos académicos se alejaron de esta corriente principal institucionalista y se centraron en otros aspectos que no eran el gobierno o las instituciones formales. Un ejemplo de ello fue Bentley que, en *Process of Government* (1908), iniciaría la línea de investigación sobre los grupos de interés. Sin embargo, su trabajo no fue reconocido hasta décadas más tarde.

estudios claves de esta época, como *Congress at Work* de Bailey y Samuel (1952) y *The Reform of Parliament* de Bernard Crick (1964).

La aportación sobre estas instituciones a los estudios comparados procedió, además de filósofos, principalmente de historiadores y juristas. Desde la historia, la técnica histórica-descriptiva se utilizaba para examinar eventos pasados sobre aspectos de la actividad política contemporánea. Para ello se utilizaban fuentes como memorias, bibliografías o relatos periodísticos. El historiador devino un sintetizador usando su propio sentido común y juicio intelectual para enlazar las diversas piezas del rompe-cabezas y construir un esquema o patrón coherente, de esta forma las instituciones y prácticas políticas eran explicables en términos de sus logros históricos. Así, la historia política se convirtió, de forma general, en una reproducción o descripción de grandes personajes y acontecimientos, más que en un sistemático análisis de la actividad política, como el estudio histórico de Robert McKenzie sobre los partidos políticos británicos (1955) y de Ivor Jennings sobre el gabinete británico (1965). Por otro lado, los juristas del derecho constitucional constituyeron la otra pieza clave de los estudios políticos tradicionales. Tuvieron especial influencia en las investigaciones formales-legales, los acontecimientos revolucionarios en América y en Francia del siglo XVIII, cuando el absolutismo fue sustituido por sistemas gobernados sobre la base del imperio de la ley y de los nuevos principios constitucionales[5]. El estado emergió como el verdadero centro, pilar y pivote del poder político, lo que hizo que el estado fuese por mucho tiempo, hasta la revolución conductista de finales de los años cincuenta y sesenta, el centro de análisis de la ciencia política en general y de la política comparada en particular.

En esta época, los estudios realizados en Europa y en Estados Unidos tomaron rumbos diferentes. Mientras que en Europa la ciencia política aún no se había desarrollado como una disciplina autónoma, permaneciendo bajo la influencia de profesionales formados en derecho, en Estados Unidos la disciplina se consolidaba y comenzaba a orientarse hacia el análisis de actividades políticas informales, como los grupos de interés, los partidos políticos, la opinión pública y los procesos de toma de decisiones. En Europa, la política comparada adoptó principalmente una perspectiva formalista y legalista, enfocándose en las instituciones gubernamentales (gabinetes, parlamentos, tribunales, ejército, burocracia, etc.) y en el estudio de normas legales, jurisprudencia y preceptos constitucionales que regulaban las relaciones entre estas instituciones. Este enfoque ponía mayor énfasis en los documentos y las estructuras formales que en las actividades y conductas políticas, así como en las instituciones oficiales frente a los procesos informales de competencia política en la sociedad. Además, se prestaba poca atención a las relaciones informales entre los actores políticos, a organizaciones semioficiales como los grupos de presión o los medios de comunicación, ni al contexto social en el que operaban estos sistemas. Como resultado, este enfoque formalista mostró una sensibilidad limitada hacia los determinantes no políticos del comportamiento

---

5. Un ejemplo pionero de esta corriente es la obra de Dicey, *Law of the Constitution* (1885).

político y a las complejas fuerzas contextuales, ideológicas y sociales que influyen en la organización y el funcionamiento de las instituciones (Mackie y Marsch, 1997: 190; Daalder, 2002: 17).

Podemos caracterizar los estudios comparados tradicionales a partir de la crítica de Macridis (1955, trad. de 1981: 51-63), quien argumentó la necesidad de reorientar el análisis comparativo de los sistemas de gobierno. Según Macridis, a finales de los años cincuenta del siglo XX, las investigaciones en este campo se caracterizaron por ser: (a) no comparativas, (b) descriptivas, (c) centradas en contextos locales, (d) estáticas y (e) de naturaleza monográfica. A estas observaciones cabe añadir una sexta particularidad: (f) la escasa preocupación por los aspectos metodológicos.

(a) *No comparativos*

La mayor parte de las publicaciones de la época sobre las formas de gobierno trataban de un país en concreto o constituían descripciones paralelas de las instituciones de un grupo de países sin el uso de ningún esquema conceptual explícito[6]. Por tanto, no se trataba de análisis comparados en sentido estricto, descartándose la introducción de controles en la investigación sobre las relaciones y secuencias causales entre fenómenos políticos y sociales. Más bien se trataba de descripciones configurativas de gobiernos específicos que buscaban definir de forma precisa y pormenorizada sus características peculiares, definitorias e institucionales diferenciando, en el mejor de los casos, entre sistemas republicanos y monárquicos, gobiernos constitucionales y no constitucionales o sistemas democráticos y no democráticos.

El investigador se guiaba por los textos constitucionales, la organización del poder político y la descripción de los modos en que se ejercen dichos poderes. Su interés se centra en el análisis de la estructura del estado, donde reside la soberanía, la legislación electoral y la distribución del electorado en partidos políticos cuyas ideologías y programas se reseñan. En cada caso se analizan «áreas problemáticas» en relación con la estructura institucional del país. Por ejemplo, para explicar la estabilidad política de Gran Bretaña se aludía a las prerrogativas de la corona, especialmente, en el poder de disolución del parlamento del que goza el primer ministro.

(b) *Descriptivas*

Los estudios «tradicionales» tenían un enfoque principalmente descriptivo y no analítico, explicativo o dirigido a la resolución de problemas. Se limitan primordialmente a la descripción de las instituciones políticas sin proponerse compararlas, lo que Macridis denomina como estudio de la «morfología política» o «anatomía política» (1981: 53).

---

6. De cualquier forma, ciertos trabajos escaparon a estos rasgos definitorios y optaron por un carácter claramente comparativo sistemático como las obras de Friederich (1937) y Finer (1950) sobre el gobierno y las de Michels (1911) y Duverger (1951) sobre los partidos políticos.

Como ya hemos señalado, existían dos formas de enfocar el estudio descriptivo de las instituciones políticas: el histórico, que se centraba en el origen y evolución de las instituciones, y en el que no se pretendía desarrollar un esquema analítico dentro del cual un factor antecedente se relaciona con un hecho o acontecimiento en particular, en términos distintos a los cronológicos; y, el legalista, que abordaba lo que pueden hacer o no las instituciones en función de las normas constitucionales y legales vigentes, y que tampoco estudiaba las fuerzas que daban lugar a las prescripciones legales, ni se proponía determinar las relaciones causales que explican las variaciones entre las disposiciones constitucionales de distintos países o distintas épocas.

Por otro lado, los análisis comparados y, en general, los politológicos, carecían de construcciones rigurosas y sistemáticas de teoría empírica, al menos en intención y reconocimiento. La descripción sin orientación sistemática obstruyó el descubrimiento de hipótesis dirigidas a la búsqueda de uniformidades en el comportamiento político e impidió la formulación, dentro de un esquema comparado, de una teoría general de las dinámicas políticas, del cambio, la revolución o las condiciones de estabilidad.

(c) *Localistas*

El ámbito de estudio de las investigaciones desarrolladas hasta los años 60 lo constituyen principalmente los países occidentales. El motivo de ello es la facilidad para salvar las barreras lingüísticas y de obtener información, así como las afinidades culturales de los investigadores con los casos de estudio y la creencia de que la democracia es la forma de gobierno deseable y que ha de extenderse por todo el mundo.

Los análisis del «gobierno comparado» estaban sesgados culturalmente y confinados casi de forma exclusiva a estudios sobre los gobiernos de los Estados Unidos y de Europa Occidental y, particular, a cinco casos como eran Gran Bretaña, Francia, Alemania, Italia y la Unión Soviética. Esta configuración evidentemente occidental no se quedaba en la selección de los países relevantes a estudiar, sino que se extendía de igual modo a las variables relevantes empleadas para su descripción. El «etnocentrismo académico» se derivaba en gran parte del desfase de conocimiento causado por la inaccesibilidad de los datos, de la inconveniencia de buscar e investigar en gran parte del mundo y de la inexistencia aparente, en gran parte de las sociedades no occidentales, de estructuras gubernamentales legales y formales básicas que justificasen su estudio (Bill y Hardgrave, 1981: 5). Los países pequeños apenas importaban, como mucho se planteaban como desviaciones de los modelos o casos estandarizados occidentales y presentados a menudo como exóticos, de forma que los estudios sobre los sistemas políticos africanos, asiáticos, latinoamericanos y de Oriente Próximo se dejaban más bien a los arqueólogos, orientalistas, misioneros, diplomáticos y a los aventureros itinerantes (Bill y Hardgrave, 1981: 5; Keman, 1993: 13).

Como consecuencia, la ciencia política pasó a volcarse en la investigación de la naturaleza, características institucionales y éticas de la democracia[7]. Los sistemas no

---

7. Esta tendencia queda demostrada en la obra de James Bryce, *Modern Democracies* (1921), en la que el autor llega a deducir un modelo que identificaba los principios de una democracia exitosa

democráticos, como el fascismo o el comunismo en el período de entreguerras, se analizaban como desviaciones, aberraciones de las normas ideológicas democráticas, desórdenes temporales o manifestaciones políticas patológicas y erróneas, mientras la comparación se hacía sobre la base de las dos versiones históricas de la democracia: el sistema parlamentario británico de fusión de poderes y el sistema norteamericano de separación de poderes. Esta fe ciega optimista en la inevitabilidad de la democracia, particularmente arraigada en los Estados Unidos, empañó la curiosidad y el interés por otras formas no democráticas de la política.

(d) *Estáticas*

El enfoque tradicional ignoró los factores dinámicos responsables del desarrollo y el cambio. No se realizó ningún esfuerzo en evaluar la efectividad de las formas constitucionales para alcanzar los fines establecidos, ni por analizar las condiciones que subyacen al éxito o fracaso del constitucionalismo.

De esta forma, se acusó a los estudios de estas décadas de conservadores por resaltar el carácter permanente e inamovible de los gobiernos. Las instituciones políticas eran examinadas en los términos de un desarrollo evolucionista que encontraba su concreción y realización en el presente inmediato. Si estas instituciones tuvieron un pasado, parecían no tener un futuro, pues los politólogos resaltaban sin cesar la calidad y cualidades inmutables de las instituciones políticas. La apuesta indiscutible a favor de la tradición, del precedente, orden, estabilidad y evolución conservadurista, contrastaba con la insensibilidad y el desprecio por los procesos de modernización y de cambio transformador, de desarrollo y dinamismo político. El mundo se percibía marcadamente libre de irregularidades considerables y las líneas de avance y de evolución eran consideradas como singularmente correctas e inalterables, de forma que se afirmaba la inexorabilidad e inevitabilidad en la dirección evolucionista de los sistemas políticos mundiales hacia la democracia liberal.

(e) *Monográficas*

Obras como las de John Marrito, Arthur Keith, Joseph Barthelemy, James Bryce, Ivor Jennings, Harold Laski, A.V. Dicey, Frank Goodnow, W.A. Robsob, Abbott L. Lowels, Woodrow Wilson y otros, analizaron un solo país o el elemento instituciones de un país, como la presidencia norteamericana o el sistema parlamentario británico. No obstante, algunos de estos trabajos constituyeron un cierto avance respecto al enfoque legalista, al tener en cuenta factores e instituciones no políticos y dar cuenta de algunos problemas que afrontan los sistemas democráticos.

---

a partir de la observación comparativa de condiciones constantes, básicamente psicológicas del comportamiento humano. Este estudio se centraba en la naturaleza de los distintos regímenes políticos desde la vieja Atenas, hasta las Repúblicas de América Latina, Francia, Suiza, Canadá, Estados Unidos, Australia y Nueva Zelanda.

(f) *Escasa preocupación por la metodología*

Por último, los aspectos metodológicos no cobraban relevancia en los estudios de esta época. La forma de proceder en la investigación dependía de la formación historiadora o constitucional del investigador. No se tenían en cuenta los criterios de selección de los países, ni se analizaban los factores responsables de las diferencias y semejanzas, ni se establecía un hilo conductor entre el estudio de uno y otros países.

3. LA «EDAD DE ORO» DE LA POLÍTICA COMPARADA

En este epígrafe analizaremos el cambio en la orientación de los estudios políticos comparados que se produjo principalmente a partir de la revolución conductista tras la II Guerra Mundial. En este periodo se pasa del estudio formal de las instituciones políticas al análisis sistemático y empírico de la acción del individuo y de los sistemas y procesos políticos. El cambio de paradigma vino favorecido por acontecimientos históricos que, por un lado, intervinieron en el descrédito del enfoque institucionalista y, por otro lado, trajeron consigo nuevos fenómenos y países de estudio que exigían una nueva forma de análisis comparado de la política.

3.1. EL CAMBIO EN EL ESTUDIO DE LA POLÍTICA: DEL FORMALISMO INSTITUCIONALISTA AL EMPIRISMO

En los años veinte y treinta del siglo XX se desarrolló una corriente académica crítica que exigía el destierro de la filosofía política y del formalismo descriptivo del período anterior (Eckstein y Apter, 1963: 23). Gracias a los préstamos de otras ciencias sociales, como la sociología y la psicología, se emprendió una nueva senda a favor de la orientación empírica de los estudios políticos, de la cual son representativos los trabajos de George E.G. Catlin, Charles E. Merriam y Harold Lasswell, quienes defendían la comparación sistemática y la comprobación empírica, así como el cambio del foco de atención del estudio descriptivo de las normas formales a la acción de los individuos (McCormick, 2022: 34).

El liderazgo de Charles Merriam en la Universidad de Chicago fue determinante en el cambio transcendental que experimentó la ciencia política en Estados Unidos. La importancia de la Escuela de Chicago (1920-1940), en la que se integraban además otros reputados académicos como Harold Lasswell, Harold Gosnell, Fred Schuman, David Truman, Herbert Simon, V. O. Key y Gabriel Almond, radica en demostrar que era posible mejorar el rigor del conocimiento político a través de estudios empíricos desde un enfoque interdisciplinar, el uso de metodología cuantitativa y el apoyo de una investigación organizada (Almond, 1996: 64-65). Tras la diáspora que siguió a la jubilación de Merriam en 1940, sus discípulos exportaron sus revolucionarios enfoques empíricos a otras universidades como Yale, Harvard, Standford, Colombia y Princeton, desde donde se inició el cambio de paradigma en la ciencia política. No obstante, el impacto de las ideas de Merriam en la política comparada no se percibiría con toda su intensidad hasta la llegada de la revolución conductista a este campo de estudio en las décadas de 1950 y 1960 (Munck, 2009: 26).

Esta nueva visión de los estudios políticos, aunque no fuese aceptada de manera generalizada por el conjunto de la comunidad politológica del momento, impulsó la búsqueda de nuevas herramientas de análisis y de nuevos conceptos políticos como los de poder, autoridad o élites políticas. Ya no se trataba simplemente de describir la estructura y la actividad de las instituciones políticas, como se hacía desde la perspectiva tradicional. Ahora se pretendía, basándose en la psicología contemporánea como hacía Wallas, proveer nuevos instrumentos de investigación que permitiesen entender el proceso político y cómo realmente los ciudadanos actúan —o deberían actuar— en situaciones políticas, en las que todas sus acciones están guiadas por la razón y el interés propio. Esto supone una reorientación del objeto de estudio de los estudios comparados desde el análisis de las instituciones formales al conjunto de procesos y comportamientos políticos informales que marcan el funcionamiento del sistema político (Munck, 2006: 9). Así, aspectos como la estabilidad política y la legitimidad, el desarrollo político y económico, ideologías y regímenes políticos en competencia asumieron una nueva relevancia (Daalder, 2002: 19). Además, se buscaba comprender, partiendo de la sociología como hacía Bentley (1870-1957), la importancia de los grupos de presión, de los partidos, de las elecciones y de la opinión pública en el proceso político.

El nuevo enfoque en el estudio de la política planteó ciertos peligros para la independencia de la ciencia política en favor de la sociología, ya que se consideraba que la actividad, las instituciones y los fenómenos políticos estaban determinados y modelados por la naturaleza, fuerzas y divisiones (*cleavages*) propias de la sociedad (Ball, 1977: 10). Por ejemplo, el comportamiento electoral se explicaba a partir de las divisiones religiosas, étnicas o de clase de cada sociedad en particular, menospreciando las actividades de los gobiernos y de los partidos políticos. De esta forma, ganaron ímpetu los estudios interdisciplinares impulsados por ciertas universidades como la de Chicago, por agencias gubernamentales de los Estados Unidos, fundaciones privadas o incluso por la recién establecida *Social Science Research Council* (1923) financiando investigaciones relevantes. Como resultado, la incipiente política comparada se posicionó de forma más cercana a las ciencias sociales, en concreto a la sociología y a la psicología social, para así dar cuenta de los diferentes fenómenos políticos multidimensionales del momento.

El denominado «realismo» en el estudio de la política tendrá fundamentalmente dos vertientes: la europea-continental y la anglosajona (Montabes, 1995: 134-135). Por lo que respecta al enfoque europeo-continental, este emergió en los países donde los planteamientos formal-legalistas en torno al estado y al derecho habían arraigado con mayor intensidad. Se desarrolló, en gran medida, como una reacción frente a la contundencia con la que estas perspectivas se habían implantado y al exilio forzado de numerosos intelectuales alemanes durante el nazismo. No es sorprendente, por tanto, que sean autores alemanes como Carl Schmitt, Rudolf Smend, Hermann Heller o Carl Friederich quienes iniciasen esta corriente. En Italia, este nuevo impulso fue liderado por Santi Romano y Constantino Mortati, mientras que en Francia fue decisiva la escuela de Maurice Hauriou, Léon Duguit, Georges Burdeau y, a partir de finales de los cincuenta, la obra de Maurice Duverger. Este último marcó un punto de inflexión al romper definitivamente con el enfoque legalista en el estudio de política. Duverger incorporó al análisis político nuevas realidades no normadas como los partidos políticos, prestando atención no sólo a aspectos formales, sino también al papel de los simpatizantes, los círculos internos de los partidos y los líderes. Por otro lado, el enfoque realista anglosajón se manifiesta principalmente en Inglaterra y, sobre todo, en los Estados Unidos. Las peculiaridades históricas, jurídico-constitucionales y políticas de ambas sociedades explican, en bastante medida, la debilidad de la implantación de los enfoques formalistas en estos países y la intensidad con la que arrancan estas nuevas concepciones. La preocupación por la realidad política a través de los hechos, y el tratamiento de éstos como tales, propiciaron un giro conceptual en el estudio de la política que podríamos considerar como el nacimiento de la ciencia política empírica moderna. No obstante, hay que tener en cuenta que la emigración de destacados académicos europeos provocó una nueva mirada a la política desde Estados Unidos y, en menor medida, desde Gran Bretaña (Daalder, 2002: 19).

3.2. FACTORES HISTÓRICOS QUE INFLUYERON EN LA REORIENTACIÓN DE LA POLÍTICA COMPARADA

Para Badie y Hermet (1993: 16), la crisis del método comparativo tradicional se debe principalmente a su incapacidad para adaptarse a las transformaciones que, en ese momento, marcaron el objeto de análisis político, más que a cuestiones metodológicos. En particular, estos autores hacen referencia a los procesos de descolonización, que duplicaron el número de estados independientes, en su mayoría subdesarrollados, lo que generó desconcierto en la comunidad de comparativistas sobre cómo abordar el estudio de países con culturas tan diversas. Ante este desafío, surgieron dos posturas: por un lado, quienes rechazaban el análisis de sociedades no occidentales, argumentando que debían ser estudiadas por los especialistas de área, lo que dio lugar a un nuevo etnocentrismo y promovió estudios descriptivos y fragmentados. Por otro lado, los representantes del desarrollismo consideraban que las sociedades no occidentales presentaban ciertas analogías estructurales con las occidentales, lo que justificaba su análisis comparado (Badie y Hermet, 1993: 17).

Además de los procesos de descolonización, hay que citar otros factores históricos que intervinieron en el descrédito del institucionalismo y que hicieron que cambiase la forma de analizar la política y, concretamente, la forma de abordarla de forma comparada: la caída de la República democrática de Weimar en 1933, la aparición de regímenes totalitarios en Europa y el desarrollo de regímenes autoritarios tras la descolonización (Daalder, 2002: 17-19).

La caída de la República de Weimar en Alemania destruyó la idea de que las instituciones políticas eran suficientes para garantizar el gobierno democrático. El fracaso de la Constitución de Weimar, considerada como el modelo perfecto de constitucionalismo democrático, destruyó la confianza en las instituciones políticas como garantía suficiente del gobierno democrático. Algunos autores buscaron una respuesta a la quiebra del régimen democrático en Alemania desde una perspectiva institucionalista, responsabilizando de la crisis a las «débiles instituciones» como la representación proporcional, la presencia de un presidente directamente elegido junto a un debilitado canciller o la ausencia de revisión judicial. De cualquier modo, el análisis institucional quedó desacreditado. Al fracaso de la experiencia democrática alemana se sumó también la fragilidad de la democracia en países como Francia, tras el colapso de la III República en 1940 (Daalder, 2002: 18).

La aparición de los regímenes totalitarios, tanto en sus variantes fascista y comunista, transformó las percepciones sobre la política e hizo emerger nuevas preguntas en la investigación comparada. Estos regímenes introdujeron fenómenos políticos inéditos que atrajeron la atención de los comparativistas, como el liderazgo político, la propaganda, el uso de los medios de comunicación de masas, los sistemas represivos y los estados policiales. Frente a estos desafíos, las perspectivas sociológicas y psicológicas ofrecían una explicación más adecuada de los gobiernos totalitarios que la tradicional teoría política y el análisis institucionalista (Daalder, 2002: 18).

Por otro lado, surgieron nuevos regímenes autoritarios en muchos de los estados recién formados tras los procesos de descolonización que siguieron a la II Guerra Mundial. Aunque, al obtener su independencia, estos países adoptaron instituciones representativas democráticas, pronto se transformaron en regímenes autoritarios controlados por élites tradicionales, regímenes militares o burocráticos o líderes de partidos revolucionarios. Estos nuevos gobiernos requerían nuevos modelos de análisis para comprender su funcionamiento (Daalder, 2002: 18).

Una de las consecuencias de estos «shocks» fue la migración masiva de académicos europeos principalmente hacia Estados Unidos, entre ellos: Carl Friederich, Franz Neumann, Hannah Arendt, Herman Finer, Karl W. Deutsch, Henry W. Ehrmann, Otto Kirchheimer, Paul Lazarsfeld, Karl Loewenstein, Hans Morgenthau, Sigmund Neumann y Joseph Schumpeter. Tanto los académicos que huyeron del régimen nazi como los que escaparon de la represión comunista, seguidos posteriormente por los procedentes del Tercer Mundo que optaron por residir en países desarrollados, contribuyeron decisivamente al desarrollo del estudio de la política, promoviendo y consolidando especialmente la política comparada. Coincidiendo con la nueva actitud internacionalista de la administración Kennedy y con la preocupación global por el desarrollo, estos científicos políticos continuaron el estudio de los sistemas políticos del continente que habían dejado atrás, por lo que desde los Estados Unidos promovieron una política mundial, no sólo de Europa, sino también de otras áreas como el bloque comunista, Japón y los estados del Tercer Mundo. Todos estos puntos de estudio devinieron objeto de urgente y prioritaria preocupación para los académicos, estudiantes y políticos, como fue, por ejemplo, Latinoamérica, que había sido percibida durante mucho tiempo como el patio trasero de la doctrina de Monroe. La migración de estos académicos hizo que el número de países de estudio creciera de forma sustancial en la política comparada estadounidense (Daalder: 2002: 18-19).

No solo aumentaron los casos de análisis, sino que también se ampliaron los objetos de estudio, abarcando aspectos como la estabilidad y legitimidad política, el desarrollo económico y social, los regímenes políticos y las ideologías enfrentadas, entre otros. Además, el análisis sistemático de la política comparada, centrado en las realidades del poder, dio lugar a una actitud ambivalente sobre la democracia. Si por un lado la creencia en los valores democráticos era más fuerte que nunca, al mismo tiempo las expectativas o esperanzas sobre ellos se volvieron más pesimistas (Daalder, 2002: 14-15). La nueva generación de comparativistas de la posguerra dejó atrás el análisis de los sistemas de gobierno tradicionales para dar paso a una política comparada revitalizada, impregnada de un profundo sentido moral y ético. Condicionada por los horrores del régimen nazi y los sistemas totalitarios del bloque comunista, la disciplina impulsó un esfuerzo masivo por desarrollar teorías y herramientas analíticas aplicables a los países en desarrollo.

3.3. El impacto de la revolución conductista en la política comparada

La transformación de la política comparada estuvo profundamente influida por el cambio de paradigma que la ciencia política experimentó en la década de 1950 con la revolución conductista. Este giro representó la mayor transformación de la disciplina en el siglo XX, con un impacto particularmente significativo en el ámbito de la política comparada, al promover y consolidar un enfoque más científico y empírico en la investigación política.

El conductismo parte del intento de superación del legalismo formal que se había preocupado de forma casi exclusiva por las normas legales, las instituciones formales de gobierno y las ideologías. Los conductistas ponen énfasis en el comportamiento humano como unidad fundamental de análisis en la ciencia política. Estudiar el comportamiento consistía en observar las acciones que realmente tomaban lugar dentro de los esquemas legales y tras las ideologías políticas, entendiendo que las normas y las ideologías adquieren relevancia solo en la medida en que influyen en las decisiones y conductas de los individuos. Las investigaciones conductistas hicieron entendible aquellas instituciones democráticas que aparecían como equifuncionales desde una perspectiva comparativa, pero que de hecho eran plurifuncionales. En otras palabras, los actores políticos dentro de determinadas políticas usaban idénticas normas de decisión pública de forma diferente y paradójicamente suficiente para producir un equilibrio estructural inducido. De ahí, que sea determinante la forma en la que se configura el modelo interactivo de instituciones y actores (Lijphart, 1999; cit. por Keman, 2002b: 10).

Entre los politólogos surgen nuevas inquietudes por estudiar el porqué de los fenómenos políticos. La política es considerada predominantemente por los conductistas como resultado de factores exógenos, en particular de carácter sociológico y cultural atribuidos a los actores, lo que implica un determinismo de las elecciones políticas en el que lo político no es considerado como una variable autónoma, sino que se explica a través de factores contextuales de los actores políticos. Ejemplos de investigaciones basadas en rasgos socioculturales de las sociedades pluralistas y el modo en el que modelan el comportamiento de las agencias políticas y el funcionamiento de las instituciones democráticas los encontramos en las de Daalder (1966) y Lijphart (1975a) sobre Holanda (1966) o en la de Steiner (1974) sobre Suiza (Keman, 2002b: 9).

Además, el conductismo amplió el ámbito de estudio de la política comparada, de forma que el comportamiento se analiza en relación con múltiples aspectos que se consideran claves para el funcionamiento del sistema político. Entre los diversos objetos de estudio se incluyen la participación política, los líderes, los partidos políticos, los grupos de interés, los procesos electorales, la cultura política, la socialización, el cambio social y económico, los estados-nación, los actores no estatales, las clases sociales, la comunicación política y los procesos de socialización política (Almond y Powell, 1978: 16; Sanders, 1997: 69; Munck, 2009: 28).

Por lo que respecta a la teoría y a la metodología, los conductistas rechazan la investigación ateórica y abogan por la construcción de teorías a partir de la evidencia empírica. Así, el análisis conductista parte del comportamiento observable, ya sea a nivel individual o social y de la idea de que cualquier explicación debe ser susceptible de comprobación empírica (Sanders, 1997: 69). El conductismo supone un empirismo inductivo, es decir, se basa en la recolección de datos y observaciones directas para construir teorías sistemáticas de carácter empírico. Por otro lado, el conductismo introdujo la investigación estadística en el estudio de la política, con la que era posible el análisis comparado de numerosos países. Muestra de ello es la obra de referencia *La cultura cívica* de Gabriel Almond y Sidney Verba (1963) (Munck, 2006: 30)[8]. No obstante, aunque el conductismo ha sido acusado de ser de carácter eminentemente cuantitativista, lo cierto es que admite tanto el análisis empírico cuantitativo como cualitativo. Lo verdaderamente importante en el análisis conductista es que los datos sirvan para evaluar los presupuestos teóricos y que se haga de forma sistemática (Sanders, 1997: 69; King *et al.*, 2000).

8. Este trabajo fue clave para desarrollar bases de datos sobre variables institucionales y macro, abarcando numerosos países. En esta línea, hay que citar también iniciativas como el Programa de Datos Políticos de la Universidad de Yale, dirigido por Karl Deutsch, que permitía a los comparativistas sostener que sus investigaciones tenían un alcance empírico global (Munck, 2009: 30).

3.4. La institucionalización de la política comparada como área de estudio

A partir de la revolución conductista podemos señalar un rápido desarrollo de la política comparada. El cambio en la terminología para referirse a la disciplina, de «gobiernos comparados» a «política comparada», simboliza el interés por la reorientación del estudio comparado de la política (Daalder, 2002: 21).

El punto de partida del cambio de concepción de la política comparada puede encontrarse en el seminario celebrado en la Universidad de Northwestern (Evanston, Illinois) en 1952. En este encuentro de investigación interuniversitaria sobre política comparada, bajo la presidencia de Roy Macridis, se reunieron ilustres académicos de la Universidad de Harvard como Samuel Beer y Harry Eckstein, del MIT como Karl W. Deutsch, de Chicago como Kenneth Thompson y Richard Cox, de Michigan como Robert Ward, o de la propia Northwestern como George Blanksten, así como de otras universidades como Pendleton Herring, Guy J. Pauker, Lucian Pye, Gabriel A. Almond, Taylor Cole o David Apter. Los debates de este seminario se plasmaron en un documento publicado en la *American Political Science Review*, en la que describieron la política comparada hasta entonces desarrollada como «parroquial», preocupada principalmente por Europa, meramente descriptiva en lugar de analítica, excesivamente preocupada por las instituciones en lugar de por los procesos, insuficientemente comparativa y construida a través de enfoques de métodos de caso (Daalder, 2002: 21). Por su parte, el nuevo enfoque de los estudios políticos comparados suponía el énfasis en los procesos dinámicos, la integración de la política comparada bajo el paraguas común de las ciencias sociales[9] mediante un enfoque multicausal y una reorientación hacia la teoría con un papel cada vez más relevante de esta[10] (Neumann, 1988: 15).

No obstante, la nueva visión de la política comparada no estuvo exenta de debate. Los miembros del grupo de Evanston se enfrentaron a ilustres representantes de la generación anterior, entre los que se encontraban Carl Friedrich, Maurice Duverger, Dolf Sternberger y William Robson durante un coloquio de la *International Political Science Association* (IPSA) en Florencia en 1954. Estos últimos señalaban el hecho de que, pese a sus críticas, los representantes de la nueva política comparada el enfoque tradicional de estudios sobre países específicos, como mostraban publicaciones en

---

9. La política comparada se considera como un área de estudio híbrida, en donde la comparación entre países engloba varias disciplinas. Así la cooperación académica y la convergencia de la política comparada en las ciencias sociales es una de las características de los estudios en la década de 1960 (Dogan, 2001: 181-185).

10. Son representativos de la emergencia de la política comparada los trabajos, muchos de ellos colectivos, de Allardt y Rokkan (1970); Almond y Coleman (1960), Almond y Verba (1963), Beer y Ulam (1958), Budge *et al.* (1976), Dahl (1966, 1971), Eckstein y Apter (1963), Holt y Turner (1970), Huntington (1968), La Palombara y Weiner (1966), Lipset y Rokkan (1967), Moore (1966, trad. de 1981), Przeworski y Teune (1970), Pye y Verba (1965), Rikker (1962), Verba, Nie y Kim (1978) y Sartori (1976).

marcha y que verían la luz años más tarde como la de Beer y Ulam (1958) o Macridis y Ward (1963) (Daalder, 2002: 21).

Por otra parte, un grupo de académicos, en los que se incluían algunos de los que habían participado en el seminario de Evanston, en 1954, formaron un grupo que tuvo una destacada influencia en el desarrollo e institucionalización de la política comparada, el Comité de Política Comparada del Consejo de Investigación Americana en Ciencia Social (*Committee on Comparative Politics of the American Social Science Research Council*, CCP de la SSRC) (1954)[11]. El CCP, presidido por Gabriel Almond, además de comparativistas estadounidenses, acogió en su seno a jóvenes politólogos europeos como Stein Rokkan, Giovanni Sartori, Juan J. Linz, Richard Rose, Hans Daalder o Samuel Finer. Gran parte de los miembros del CCP estaban profundamente influidos por los nuevos enfoques teóricos y metodológicos de la revolución conductista.

Otro momento importante en la institucionalización de la política comparada es la aparición, en 1968, de las revistas *Comparative Politics* y *Comparative Political Studies* (Lichbach y Zuckerman, 1997: 5; Schmitter, 1991: 11). El primer número de la revista *Comparative Politics* calificó el nuevo campo de estudio de la emergente política comparada como una «cultura explosiva» bajo un proceso de continua y permanente fermentación (La Palombara, 1968: 52). La política comparada acaparó gran parte de los trabajos de la ciencia política. Esta explosión hizo, entre varias cosas, que, si en 1925 aproximadamente uno de cada diez cursos ofrecidos por los departamentos de ciencia política en las universidades americanas era de política comparada, en 1945 pasó a ser uno de cada cinco y, en 1965, cerca de uno de cada tres.

3.5. El funcionalismo estructural y los estudios sobre desarrollo

El CCP desempeñó un papel fundamental en la realización y promoción de estudios sobre países no occidentales, en un contexto de creciente descolonización y marcado por la Guerra Fría. El comité redirigió los análisis comparados bajo el enfoque del funcionalismo estructural, buscando una mayor comprensión de los sistemas políticos en un mundo en transformación[12].

Almond, junto con Coleman, editaron un libro clave, *The Politics of Developing Areas* (1960), cuyo propósito era encontrar una teoría y común para ser utilizado en el análisis de la política (Daalder, 2002: 21-22). Esta obra contribuyó a la renovación

---

11. En 1945 se había creado el *Committee on Political Behavior* dentro de la SSCR, en el que se integraban los representantes de la revolución conductista y que supuso el embrión de los estudios sobre comportamiento político.

12. La dominación del paradigma funcionalista se mantuvo desde los años 50 hasta finales de los años 60, en los que pierde empuje como consecuencia de las críticas por su positivismo y conservadurismo (insistencia en la reproducción y en la estabilidad) (Mackie y Marsch, 1997: 191).

conceptual en la política comparada con conceptos como sistema político, función, rol o estructura. El punto de partida del funcionalismo estructural consistía en la consideración de que todos los sistemas políticos tienen características universales: todos tienen estructuras políticas, las mismas funciones son realizadas en todos los sistemas políticos y que toda estructura política es multiforme. Por otro lado, todos los sistemas políticos son mixtos desde la perspectiva de la cultura: la estructura y la cultura de las sociedades más primitivas presentan atisbos de racionalidad instrumental, mientras que las más modernas se hallan impregnadas de relaciones y actitudes formales adscritas y particularistas. Este mismo enfoque fue replanteado años más tarde por Almond y Powell, en *Comparative Politics: A Development Approach* (1966), donde sentaron las bases de lo que pretendía ser la política comparada en su preocupación por buscar una teoría y un método que se pudiera aplicar a todas las realidades políticas, no sólo la occidental.

El funcionalismo estructural también introdujo la noción de desarrollo político, vinculando el grado de modernización de un sistema con su capacidad para mantener el orden y resolver conflictos. Esta perspectiva ayudó a explicar las disparidades entre países desarrollados y subdesarrollados y proporcionó una base para la creación de teorías comparativas centradas en la evolución y diversificación de las estructuras políticas. En definitiva, el funcionalismo aportó una metodología estandarizada y objetiva para analizar los sistemas políticos a través de sus funciones esenciales.

La perspectiva marcada por Almond y Coleman dio lugar a importantes estudios sistemáticos sobre diferentes aspectos del desarrollo político, entre los que se incluyen: comunicación (Pye, 1963), burocracias (La Palombara, 1963), cultura política (Pye y Verba, 1965), educación (Coleman, 1965), partidos (La Palombara y Weiner, 1966) y formación del estado (Tilly, 1975) (Daalder, 2002: 22). Conceptos como modernización, cambio, desarrollo, revolución, reforma, transformación y proceso empezaron a aparecer en la literatura de la ciencia política de la mano de los comparativistas. Otras significativas aportaciones comparativistas procedieron desde fuera de la ciencia política, como las de Samuel P. Huntington[13], Fred W. Riggs, David E. Apter, Barrington Moore Jr., Zolberg, Rustow, Lerner, Organski, Manfred Halpern, Lucian W. Pye, Dankwart A. Rostow[14] o Leonard Bidner[15].

La política comparada se abrió a otras partes del mundo distintas de las occidentales. Se producía así el reconocimiento de otros escenarios políticos, de forma que las investigaciones no sólo contemplaban como objetos de análisis democracias, sino

---

13. No obstante, en su obra *Political Order in Changing Societies* (1968), Huntington, manteniéndose fiel a la aproximación de desarrollo, planteó ciertas críticas al funcionalismo estructural.

14. En la obra de Rustow, *The Stages of Economic Growth: A non Communist Manifesto* (1960), se aplican las mismas categorías económicas a las naciones desarrolladas y no desarrolladas para analizar, comparar y evaluar sus niveles de desarrollo económico.

15. Sin embargo, no todos planteaban esta aproximación de la misma manera. En la obra de Bidner y Palombara (1971), se dudó sobre la existencia de un modelo de desarrollo linear desde la tradición a la modernidad y sobre la posibilidad de proyectar o dirigir un cambio social.

también regímenes no democráticos y países en subdesarrollo. En estos países, la diferenciación entre estado y sociedad no era tan nítida, por lo que los enfoques centrados en el poder, el estado o las instituciones formales no resultaban válidos. El nuevo enfoque teórico centrado en el sistema político permitía tener en consideración las relaciones entre estado y sociedad, así como otras instituciones. Por otro lado, surgieron programas de estudios de área en las universidades americanas, que hicieron que los estudiantes se introdujesen en la historia, la lengua, la cultura y la política de sociedades que hasta ahora habían sido consideradas exóticas, lo que permitía realizar, por primera vez, análisis comparados no occidentales[16]. Se había creado por fin el contexto necesario para emprender estudios comparados exitosos. El aislacionismo intelectual de la política comparada parecía haber tocado a su fin. Solo mediante el examen de estas nuevas sociedades y sistemas políticos fue posible identificar y valorar la presencia de cambios acelerados, marcadas desigualdades en el desarrollo, tensiones asociadas, frustraciones, conflictos y episodios de violencia, todos ellos concebidos como fenómenos comparables en el tiempo y el espacio.

Este enfoque permitió, a su vez, un replanteamiento crítico de los patrones políticos occidentales. Para comprender los procesos de modernización, se recurrió a herramientas provenientes de diversas disciplinas de las ciencias sociales, con el fin de diseñar estrategias que facilitaran el desarrollo de los países estudiados. Además, la gran diversidad de países abordados en estas investigaciones exigió un marco teórico y metodológico sólido, capaz de aplicarse rigurosamente a múltiples realidades políticas. La explicación política no podía quedarse en la configuración descriptiva de carácter institucional y legalista-formal propia del enfoque tradicional de la política comparada. La nueva experimentación teórica exigía todo un armazón de categorías y conceptos comunes o generales de análisis que permitiera, por un lado, ser utilizados con propósitos comparativos para cualquier unidad política independientemente de su tamaño, secuencia temporal o grado de desarrollo y, por otro, compilar los datos necesarios fruto de esta comparación para identificar las interrelaciones entre las variables políticas de cara a la construcción de hipótesis teóricas generales. Se tuvo que descansar sobre marcos de referencia y sobre un lenguaje comparativo casi universal de elementos conceptuales sociológicos, psicológicos y antropológicos como cultura política, rol político, socialización política, *inputs*, *outputs*, demandas, apoyo, medio, retroalimentación, valores o autoridades políticas.

---

16. La creación de centros de estudios regionales fue impulsada por la financiación federal que recibieron las universidades estadounidenses. Además, se crearon asociaciones dedicadas a la promoción del conocimiento de los estudios de área: la Asociación de Estudios Asiáticos (AAS) en 1941, la Asociación Americana para el Avance de Estudios Eslavos (AAASS) en 1948, la Asociación de Estudios Africanos en 1957, la Asociación de Estudios Latinoamericanos (LASA) y la Asociación de Estudios del Oriente Medio (MESA) en 1966 (Munck, 2009: 31).

3.6. La teoría de sistemas en la política comparada

Con la revolución conductista tras la Segunda Guerra Mundial, el foco de atención de la ciencia política cambió de las instituciones estatales al sistema político, imponiéndose éste como objeto de estudio y enfoque teórico en la disciplina (Morlino, 1989: 71).

El propulsor de la teoría sistémica fue David Easton con su obra, *The Political System* (1953), con la que intentó construir un paradigma teórico que abarcase todas las ciencias sociales[17] (Ball, 1977: 12). Easton utilizó la noción de sistema político como unidad básica de análisis en su teoría general aplicada a la ciencia política, rechazando tanto el concepto de estado como el de poder. Para Easton, el sistema político constituye un subsistema del sistema social que se distingue por su ejercicio de control autoritario sobre la totalidad del sistema y que interactúa con subsistemas no políticos, como el social, el económico y el internacional. Por sistema político entiende aquel conjunto o estructura de elementos —procesos, relaciones, roles individuales o de grupo y elementos políticos formales e informales— relacionados e interdependientes que interactúan entre sí para llevar a cabo asignaciones autoritarias de valores en una sociedad.

Las principales aportaciones del enfoque sistémico a la política comparada se sitúan tanto en el ámbito teórico como empírico. Por un lado, el concepto de sistema político permite un análisis autónomo de la política. Se concibe como un sistema distinguible de otros, en el que cobra especial relevancia el estudio de las interrelaciones entre los actores políticos y sociales. El análisis sistémico permitió superar las limitaciones del enfoque institucional, ofreciendo una definición funcional de la actividad política. En este sentido, pese a las críticas que se le han realizado, el concepto analítico de sistema político permite plantear las definiciones de los problemas a investigar, la formulación y verificación de las hipótesis. Por este motivo, el concepto de sistema político posibilita el análisis empírico. Asimismo, quienes se acogieron a esta nueva forma de análisis se valieron de las nuevas técnicas de investigación del momento en un esfuerzo por proveer las correlaciones entre los variados factores socioeconómicos y psicológicos y el comportamiento político.

El enfoque sistémico ha sido ampliamente empleado en el ámbito de la política comparada. Diversos autores destacan que el área de la ciencia política más adecuada para la comparación es aquella de carácter general, que abarca instituciones, grupos sociales y normas, analizados en sus interrelaciones y dentro del contexto en el que surgen y permanecen. Así, de acuerdo con Morlino (1999: 16), la macropolítica constituye el ámbito preferido por los comparatistas, ya que permite realizar comparaciones

---

17. Junto a la principal aportación David Easton, hay que tener en cuenta también los impulsos teóricos de autores como Gabriel Almond, Karl Deutsch, Morton Kaplan, Orang Young o James Rosenau (Montabes, 1995: 204).

más significativas y, además, es el sector que posee la mayor tradición de las investigaciones comparadas.

Sería una tarea inabarcable hacer una relación de los comparativistas que han utilizado el marco sistémico en sus investigaciones, por lo que sólo citaremos algunos de sus pioneros en esta época a modo de ejemplo. Deutsch, en *The Nerves of Government. Models of Political Communication and Control* (1963), comparó los gobiernos por su eficacia en la capacidad de respuesta ante el medio exterior. Basándose en la teoría cibernética de Norbert Wiener, Deutsch postuló su modelo sistémico de la política inspirado en los sistemas de comunicación y control. Aprovechando los avances técnicos en el campo de la comunicación electrónica y de la informática, construyó su teoría sobre la comunicación política por la cual concebía al gobierno como un sistema cibernético en el que se toman en cuenta sus acciones anteriores a la hora de hacer políticas y cuya capacidad de respuesta depende básicamente de su capacidad de procesar la información del sector público. Como afirmaba Deutsch en su libro, «me preocupo menos de los huesos y músculos del cuerpo político y más de sus nervios, de sus canales de comunicación y decisión». De esta forma, observaba a los gobiernos, no tanto, como un problema de poder sino como un problema de dirección, gobierno, pilotaje, que para él eran cuestiones de comunicación, sobre todo. Por otro lado, Lipset y Rokkan (1967) se valieron también del análisis sistémico en sus análisis. Trataron de defender y argumentar que la conexión entre las demandas sociales y las políticas gubernamentales aprobadas existía de igual forma en los sistemas totalitarios que en los democráticos, así como las interconexiones entre los aspectos económicos y sociales y el sistema político.

3.7. Teoría y prescripción en la política comparada

La comprensión sistemática de los fenómenos políticos, basada en la observación objetiva, provocó un cambio significativo en el significado de la teoría. En respuesta al creciente reclamo de que la ciencia debía generar resultados políticos prácticos, surgió la firme creencia de que la política comparada, tras la revolución conductista, debía enfocarse en el desarrollo de teorías empíricas verificables. De este modo, se consolidó una interdependencia entre los datos y los modelos, así como entre la investigación empírica y la construcción teórica, ya que las hipótesis, que formaban el cuerpo central de proposiciones, se verificaban o refutaban de manera acumulativa mediante una extensa y rica base de datos disponibles (Macridis, 1955).

Para los conductistas, una descripción de los hechos no era un fin en sí misma. Los datos recopilados debían interpretarse con fines teóricos, pues la descripción representaba solo un paso en el proceso de construcción teórica. Su propósito era promover la explicación y, si era posible, predecir el comportamiento político y el funcionamiento de las instituciones. El análisis de acontecimientos o procesos políticos debía llevar a la formulación de leyes científicas y/o regularidades estadísticas que permitieran explicar los fenómenos políticos mediante modelos generales aplicables a una amplia variedad de casos. Así, un objetivo fundamental de la ciencia política era identificar generalizaciones empíricas, descubriendo normas de naturaleza probabilística (Eldersveld *et al.*, 1961: 6).

Las proposiciones o hipótesis teóricas, confirmadas experimentalmente mediante regularidades observables en el comportamiento político, se determinaban mediante pruebas empíricas que permitían seleccionar entre explicaciones alternativas y asegurar su correspondencia con los hechos observados. Según Beer y Ulam (1958), el proceso de comparación se reducía a un esquema de descripción, clasificación, explicación y confirmación, lo cual significaba importar las reglas y fases del sistemático método de estudio e investigación de las ciencias naturales al ámbito de las ciencias sociales: selección del problema, formación del concepto, selección de datos, interpretación, construcción teórica y verificación. En definitiva, como indicó Easton (1967: 16-17), el movimiento conductista reforzó el interés por características como regularidades, verificación, técnicas, cuantificación, valores, sistematización, ciencia pura e integración.

Finalmente, hay que destacar que la investigación comparativa se consideraba prescriptiva. Se esperaba que la política comparada pudiera trasladar sus avances teóricos e implicarse en una dimensión de aplicaciones y soluciones prácticas e inmediatas guiando en parte el proceso de reformas y de toma de decisiones en los nuevos estados independientes del mundo para alcanzar sus objetivos de desarrollo ante los urgentes problemas sociales, económicos y políticos que éstos presentaban. Para ello, los nuevos comparativistas contaron, no sólo con las nuevas posibilidades de la investigación tecnológica, sino al mismo tiempo con los fondos recibidos para la cooperación investigadora internacional de gobiernos interesados y fundaciones como la Fullbright o el British Council, con las posibilidades crecientes de publicar los hallazgos de la investigación ante la expansión de los servicios de publicaciones de las universidades (*university presses*), de las editoriales comerciales especializadas y de las revistas científicas, así como con numerosos *workshops*, paneles, conferencias académicas o asociaciones profesionales. En este sentido, un estímulo importante para ello vino de la mano de la UNESCO que promovió el establecimiento de cuerpos o asociaciones de profesionales internacionales como la americana *Social Science Research Council* (SSRC) (1923), primera organización mundial que agrupaba a todas las ciencias sociales; la *International Sociological Association* (ISA) (1948); y la *International Political Science Association* (IPSA) (1949). A partir de los años cincuenta ya no era suficiente que la política comparada realizara estudios internacionales. Hacía falta que éstos fuesen también interculturales, pues ahora los fenómenos de estudio como el proceso de toma de decisiones, la socialización política o los comportamientos que conformaban un proceso político dado, no parecían estar limitados en su existencia en el tiempo o en el espacio. Por otro lado, se realizó una fructífera colaboración entre investigadores seniors y juniors, mientras que unos proporcionaban los conocimientos teóricos, los otros los aplicaban empíricamente. Los estudios tenían también un marcado carácter interdisciplinar, produciéndose una convergencia intelectual de la ciencia política con otras disciplinas: la sociología (análisis funcional-estructural, los análisis de clases y *élites*), la economía política (modelos de racionalidad económica o las leyes de la demanda y la oferta aplicados a los bienes colectivos), la antropología política (las comparaciones de los patrones informales de poder interpersonal y relaciones de autoridad), la psicología social (aplicación de la teoría del aprendizaje al estudio de la socialización política) (Daalder, 2002: 20).

4. LA «NUEVA» POLÍTICA COMPARADA

Los estudios basados en la lógica conductista demostraron contar con una serie de limitaciones derivadas de su concepción tanto teórica como metodológica de la investigación. En primer lugar, tenían series dificultades para mantener el nivel de abstracción requerido en las comparaciones a gran escala, en las que eran necesarios conceptos trasladables a todos los casos analizados sin que fuera siempre posible lograr la equivalencia conceptual de las unidades estudiadas. En segundo lugar, la homologación de un único instrumento de análisis de carácter generalizante les valió acusaciones de un nuevo etnocentrismo, el cual precisamente pretendían evitar.

De esta forma, a partir de la década de 1960, comenzaron a surgir en Europa análisis alternativos para explicar el orden y el cambio político, que se intensificaron en los años 70. Muchos de los estudios realizados en este período se enfocaron en el análisis de casos específicos, generalmente aquellos más cercanos al investigador, con el objetivo de formular generalizaciones aplicables a otros contextos. Ejemplos de estos estudios los encontramos en la conceptualización y caracterización de Linz (1964) sobre el autoritarismo, basada en su análisis de la España franquista; el concepto de Sartori (1966) de sistema de partidos de pluralismo polarizado, a partir del caso italiano; la investigación de Lijphart (1966), que utilizó los Países Bajos para demostrar que la segmentación podía ser compatible con la estabilidad a través de formas consociacionales de democracia; la teoría de los *cleavages* históricos y las relaciones centro-periferia de Rokkan (1970, 1975), a partir del caso de Noruega; y, los estudios de La Palombara (1964), que introdujo términos coloquiales como «parentela» o «clientela» para explicar determinadas particularidades de la política italiana (Schmitter, 1991: 7). Además, otros académicos realizaron aportaciones cruciales al estudio del cambio social y político (Huntington, 1968; O'Donnell, 1973), las fuerzas armadas (Stepan, 1971), el autoritarismo (O'Donnell, 1973), el corporativismo (Schmitter, 1971) y las revoluciones (Skocpol, 1979). Estos autores procedían de orígenes nacionales diversos y sostenían valores también distintos, lo que les permitió ofrecer perspectivas distintas sobre los fenómenos políticos (Munck, 2009: 32).

Estos estudios constituyen los antecedentes del cambio de orientación teórica y metodológica en la política comparada, que se consolidó en la década de 1980. Esta etapa, conocida como la «nueva política comparada» (Mair, 2001), se caracteriza por el uso de enfoques teóricos de alcance medio, el regreso del estado y de las instituciones como objeto de estudio, junto con otros aspectos relacionados con los resultados de la política como las políticas públicas. Además, desde el punto de vista metodológico, se observa un incremento de los estudios cualitativos y de pocos casos. A continuación, se examinan estas características con mayor detalle.

4.1. LAS TEORÍAS DE ALCANCE INTERMEDIO COMO FORMA DE EXPLICACIÓN

La tendencia en el seno de la investigación comparada a lo largo de la década de los ochenta fue alejarse de la teoría general, utilizando preferentemente un nivel de abstracción de grado medio en el uso de las categorías y los conceptos, que ya había sido propugnado por varios autores a finales de la década de 1960 (La Palombara, 1968). Por otro lado, se incide en la relevancia del contexto, considerado un factor determinante crucial, lo que llevó a revalorizar la dimensión histórica entre otros aspectos (Thelen y Steinmo, 1992). Esta nueva orientación estuvo, en cierta medida, respaldada por el auge de la sociología histórica, que buscaba ofrecer explicaciones de los fenómenos analizados dentro de un marco más amplio u «holístico» en el cual acontecían (Mair, 2001: 457 y 474). Esto requería una mayor atención a los «sistemas parciales» o a aproximaciones segmentadas en la teoría y en la investigación, ya fuese sobre instituciones, modelos de toma de decisiones, categorías funcionales analíticas o de comportamiento político.

Con estas teorías de rango medio, sin caer en estudios sobre problemas de escasa relevancia —«*trivial politics*» en palabras de Merton—, se intentaba evitar que la investigación empírica en las ciencias sociales se convirtiese en expediciones de pesca teórica e intentos pretenciosos e imposibles de verificar las proposiciones o hipótesis, dada la distancia aún existente entre la investigación empírica y sus formulaciones teóricas. Por tanto, se trataba de estudios comparativos dirigidos a desarrollar teorías de nivel intermedio centradas en el funcionamiento de instituciones, procesos políticos o grupos de países particulares (estudios de área). Estas teorías se concebían como punto intermedio de equilibrio entre los extremos de paradigmas altamente abstractos y descripciones sin poder interpretativo (Merton, 1968: 5-6).

Como señalaba La Palombara (1968), las teorías meso constituían la mejor estrategia para el análisis comparado, ya que estos avances intermedios actuarían subsiguientemente como los bloques o ladrillos para construir teorías más generales o modelos unificadores. Además de evitar los problemas asociados con la excesiva generalidad y el estiramiento conceptual advertidos por Sartori, estos esquemas analíticos de alcance medio permitían dirigir el conocimiento de los académicos bien versados y focalizados geográfica o institucionalmente sin tener por ello que construir y desarrollar un conjunto de generalidades para hacer el trabajo comparado. Además, los enfoques parciales o de nivel intermedio permitían a la disciplina de la política comparada aspirar a un mayor grado de cientificidad, pues sus investigaciones se prestan mejor a la articulación y verificación de las proposiciones de forma empírica (La Palombara, 1988: 25), y con ello, si no validan la teoría general, ayudan a proponer generalizaciones de aplicación más universal cuando sean susceptibles de ser contrastadas en una amplia gama de estados-nación. De hecho, la interrelación entre la formación conceptual y la teorización/clasificación consiguiente exigía una mayor precisión, rigurosidad, claridad y la no ambigüedad del aparato conceptual del análisis comparativo utilizado. El proceso de refinamiento conceptual para limitar las observaciones y vincular y aproximar los conceptos teóricos a los indicadores empíricos era importante para cerrar el desfase que existía entre ellos y que agravaba el problema de medir objetivamente creencias, pensamientos o representaciones subjetivas (Lipset, 1963: 344). Al mismo tiempo que estos enfoques conseguían un mayor refinamiento de la teoría a través de la inferencia inductiva (La Palombara: 1988: 25), la delimitación del campo de investigación de la disciplina permitía abordar con mayores garantías los problemas políticos cruciales del momento. Esta estrategia permitía prestar mayor atención al contenido de las políticas públicas, tal y como lo esperaban los políticos y los analistas, dejando de lado formulaciones excesivamente abstractas que dificultaban la aplicación empírica y comparativa de manera sistemática. Dichas formulaciones genéricas resultaban poco útiles tanto para quienes debían abordar problemas políticos concretos como para quienes debían tomar decisiones entre políticas alternativas.

4.2. LOS OBJETOS DE ESTUDIO DE LA NUEVA POLÍTICA COMPARADA: EL REGRESO DEL ESTADO Y DE LAS INSTITUCIONES

La crítica al conductismo conllevó un reenfoque de la política comparada para mirar hacia el estado y las instituciones políticas y, por tanto, la elaboración de una nueva visión de las relaciones estado-sociedad. En la «nueva» política comparada, la política cobra relevancia por sí misma, a diferencia de lo que ocurría con el estructuralismo o el conductismo que consideraba que podía ser reducida y explicada en función de las características sociales o económicas. De este modo, la política se concibe como una variable independiente más que como variable dependiente. La centralidad dada a preguntas específicamente políticas implicó una redefinición de la materia de estudio de la política comparada (Munck, 2009: 34). Un ejemplo de ello es el giro que se produce en la política comparada desde los estudios de Lijphart —que se centraban en los determinantes de la tipología de democracias— hacia investigaciones enfocadas en el rendimiento de los diferentes tipos de democracia.

Es especialmente significativo el esfuerzo de «traer de vuelta al estado» como actor autónomo (Skocpol, 1985)[18] y el «redescubrimiento» de las instituciones (March y

18. Para Easton (1981: 306), el regreso del estado se debía a la concurrencia de cuatro factores: (a) La influencia de la teoría política marxista, representada sobre todo por Poulantzas y, podemos añadir nosotros, por el neocorporativismo; (b) La exigencia de identificar materialmente la existencia

Olsen, 1997), después de que, con la revolución conductista, el foco de atención de la ciencia política se hubiera centrado en el sistema político[19]. El paradigma del neoinstitucionalismo, que se desarrolla en la década de 1980, redescubrió la utilidad analítica del estado, convirtiéndose en el enfoque teórico imperante de la política comparada de esta etapa (Rothstein, 2001; Peters, 2003). Si la política se concebía como un factor causal, tenía sentido centrarse en los instrumentos manipulables de la política, como las normas electorales, la formación de partidos y la relación entre las distintas ramas del gobierno (Munck, 2009: 34).

El neoinstitucionalismo surge, en gran parte, de las limitaciones del conductismo. Una de las principales críticas vertidas contra el cientificismo conductista fue, por un lado, haber desestimado la posibilidad de iniciativas políticas o de cambio desde dentro del estado y, por otro lado, sobreenfatizado la importancia del comportamiento y la interpretación de su significado, por contener la esencia de una acción. La teoría conductista, así como la teoría de la elección racional[20], trataron de explicar los fenómenos políticos asumiendo que los individuos eran la unidad apropiada y adecuada de análisis y que toda acción política era resultado, una función bien de valores individuales o de cálculos racionales individuales de utilidad. Para estas dos aproximaciones teóricas las estructuras institucionales aparecían como las cajas negras dentro de las cuales tenían lugar las transformaciones de las preferencias en políticas y, por tanto, no eran consideradas como objetos de investigación valiosos o importantes. El conductismo se olvidó completamente del estado, de sus reglas y normas afirmándose que «nadie miró a dentro de la pequeña caja negra en la cual los *inputs* se convertían en *outputs* y la retroalimentación operaba» (Lowi, 1988: 888). Sin embargo, las nuevas aproximaciones teóricas del nuevo institucionalismo destacan la influencia de las instituciones en el comportamiento individual, estableciéndose los parámetros dentro de

---

de una autoridad fuerte, sobre todo por parte de algunos autores; (c) El empuje del liberalismo económico; y, (d) La exigencia analítica de nuevos sectores de la ciencia política, en particular de los análisis de políticas públicas que usan al estado como origen de esas políticas.

19. No obstante, la nueva orientación teórica y empírica hacia el sistema político no significó en modo alguno que el estudio sobre el estado cesase. La aparición de los regímenes militares en Argentina, Brasil y en otros países de Latinoamérica a lo largo de los años sesenta y setenta, llevó a una retrospectiva interpretación del estado de la mano de Philippe Schmitter y Howard Wiarda. De igual modo, como todo sistema operaba, y de ello dependía su funcionamiento, en un escenario determinado, se recalcó la importancia de los pilares o justificaciones sociales y económicas del gobierno. A pesar de esta dependencia del medio exterior, los sistemas se conceptualizaron como poseedores de la capacidad para tomar decisiones que pudieran reflejar las realidades políticas internas, lo que constituyó en cierta forma el inicio de la discusión sobre la autonomía del estado (Nordlinger, 1981; Migdal, 1988).

20. A finales de la década de 1980s otro viraje tuvo lugar en la política comparada por el creciente papel de la teoría de la elección racional en la política comparada. No obstante, la teoría de la elección racional no significó una redefinición de la materia de esta área de estudio ya que no ofrecía una metateoría específica para la ciencia política, como por ejemplo lo había hecho la teoría de sistemas de Easton, sino que reforzó la preminencia de las instituciones (Caramani, 2023: 8-9).

los cuales se establecen las elecciones de los ciudadanos y actores políticos (March y Olsen, 1984). En este sentido, el neoinstitucionalismo constituye también un puente entre los precedentes enfoques estructuralista y de la agencia (basados en las decisiones estratégicas y las acciones de los individuos). Por un lado, se considera que las instituciones constituyen la estructura política que genera incentivos para que los actores se comporten de forma estratégica de una u otra; y, por otro lado, que las instituciones limitan y constriñen las opciones disponibles.

El contexto mundial de los años setenta y ochenta propició el análisis de la política desde la perspectiva del estado. En este sentido, acontecimientos y fenómenos globales políticos como el crecimiento del estado de bienestar en el mundo occidental, la omnipotencia del estado y de su aparato represor en las sociedades del Este, su centralismo planificador, la balcanización de numerosos países que reforzaban la supremacía relativa del papel y de la naturaleza del estado a la hora de determinar el carácter político de los emergentes nuevos países o la expansión del gobierno constitucional en gran parte del Segundo y Tercer Mundo en los años ochenta y noventa, hicieron que la naturaleza de la política y del poder se pudiera conceptualizar mejor volviendo a enfocar la atención del análisis comparado desde el estado. Para los neoinstitucionalistas, las instituciones políticas simplemente tenían mayor peso en la macropolítica que las condiciones o dinámicas sociales contextuales o, al menos, una importancia y relevancia causal equiparable. Así, las instituciones, por sí mismas, se destacaban como elementos diferenciadores entre los países.

A pesar de la importancia que cobra el estado como unidad analítica, hay que subrayar que la política comparada ha asumido los retos de la globalización, dejando atrás el tiempo en el que los politólogos podían aislar el estudio de la política de los procesos sociales y económicos generales (Mackie y Marsch, 1997: 192-193). En este sentido, se considera que los aspectos económicos, estratégicos y culturales de la globalización condicionan la autonomía de los estados y de sus procesos políticos[21]. Asimismo, organizaciones supranacionales como la Unión Europea cobran cada vez más relevancia política y científica.

Por último, crece el interés por los resultados de la política y, especialmente, por las políticas públicas. De hecho, el estudio de las políticas públicas se convierte en uno de los campos más fructíferos de la política comparada, como consecuencia de las transformaciones experimentadas desde la década de 1970, como el cuestionamiento de las políticas socialdemócratas, el aumento de las privatizaciones, etc. (Mackie y Marsch, 1997: 191). Otros temas clásicos, como los grupos de interés, la cultura política y las fuerzas armadas, siguieron siendo objeto de estudio. Por ejemplo, los grupos de

---

21. Por ejemplo, el Instituto Económico Suizo ha desarrollado el KOF Globalization Index que mide las dimensiones económica, social y política de la globalización. De acuerdo con los datos de 2024, los países de pequeño tamaño democráticos e industrializados, concretamente Suiza, Bélgica y Países Bajos, son los más globalizados.

interés se abordaron por la literatura sobre el corporativismo desde la perspectiva del estado. Asimismo, surgieron nuevos temas de gran relevancia a los que se les dio mucha atención: la formación del estado y las revoluciones, los fenómenos nacionalistas y étnicos, las variedades de autoritarismo y democracia, la quiebra de la democracia y las transiciones democráticas, el contexto internacional de la política, las instituciones democráticas, la socialdemocracia y los modelos de desarrollo económico (Rogowski, 1993: 431; Munck, 2009: 35).

4.3. El auge de la metodología cualitativa y los estudios de selección de pocos casos

Esta etapa está marcada por la profundización de la división metodológica dentro del campo de estudio de la política comparada. La investigación cuantitativa transnacional (*cross-national research*) no logró consolidar su influencia en la política comparada, en gran parte debido a la desconfianza de muchos comparativistas, quienes la consideraban carente de una base teórica sólida y poco adecuada para abordar cuestiones cruciales o relevantes. Estos estudios cuantitativos tendían a centrarse en regímenes democráticos, dado que la disponibilidad de datos sobre otros tipos de regímenes —aunque más numerosos— era limitada. Además, los comparativistas que utilizaban enfoques cuantitativos comenzaron a quedarse atrás metodológicamente en comparación con politólogos de otras subdisciplinas, quienes adoptaban técnicas estadísticas más avanzadas (Munck, 2009: 36-37). No obstante, esto no implicó la desaparición de las técnicas cuantitativas que siguieron siendo importantes en los estudios sobre comportamiento político y aquellos basados en bases de datos mundiales.

Por el contrario, se produce un progreso y una revaloración de la metodología cualitativa. En la primera mitad de la década de los setenta, se escribieron importantes obras metodológicas sobre estudios de caso y comparaciones de pocos países, lo que intensificó de forma muy fructífera el debate en torno al método comparado[22]. En esta discusión metodológica, se impusieron las corrientes a favor de los estudios de n pequeña y de área, para estudiar los fenómenos políticos y los objetos de estudio en mayor profundidad (Mackie y Marsch, 1997: 192). Posteriormente, en la década de 1990, se llevaría a cabo una evaluación crítica del estado de la cuestión sobre el método comparado, un proceso que comenzó en gran medida gracias a los esfuerzos de David Collier (1991; 1993) para explicar los procedimientos de investigación y que se vio impulsado por la publicación del libro *El diseño de la investigación social* de Gary King, Robert Keohane y Sidney Verba (King et al., 1994, traducido al español en 2000). Este proceso de reafirmación de la metodología cualitativa continuaría en el siglo XXI, como

---

22. Entre estas contribuciones, Munck destaca las de Przeworski y Teune (1970), Sartori (1970), Lijphart (1971), Eckstein (1975) y Smelser (1976).

veremos, con la aparición de importantes obras sobre metodología cualitativa (Brady y Collier, 2004; George y Bennett, 2005) (Munck, 2009: 36-42).

Por último, en esta etapa destaca también el auge de los estudios de área, que se enfocaron en regiones particulares como Europa, África, Latinoamérica, el Norte de África y Oriente Próximo, entre otros. Estos estudios permitieron un análisis más detallado de las dinámicas políticas de cada región, teniendo en cuenta sus particularidades de todo tipo (históricas, culturales, sociales, políticas, económicas, etc.). No obstante, es significativa la escasa comunicación entre los comparativistas dedicados a cada bloque geográfico y/o cultural, así como entre estos y la disciplina de la ciencia política en general, los que les alejó del uso de las herramientas teóricas y metodológicas generales en sus investigaciones, como veremos en el último capítulo de esta monografía.

5. EL ESTADO DE LA DISCIPLINA EN EL SIGLO XXI

Realizar una diagnosis de la situación de la política comparada en la actualidad es una tarea compleja, en parte, debido al repliegue y la introspección de los comparativistas respecto a otros períodos en los que el debate sobre esta subdisciplina de la ciencia política fue más vivo. A pesar de ello, como característica principal que define la política comparada en el siglo XXI, se puede señalar la fragmentación como consecuencia de la pluralidad de enfoques teóricos y metodológicos existentes en la comunidad académica de la política comparada.

La fragmentación existente entre los comparativistas no es sino reflejo de la propia división que existe en la ciencia política desde hace décadas (Verba, 1985: 29; Goodin y Klingemann, 1996, trad. de 2001). En un revulsivo artículo, Almond (1990) utilizó el título de la obra teatral «Mesas separadas» para reflejar la situación de incomunicación por la que atravesaba la ciencia política y las rivalidades entre «escuelas y sectas» que compiten por recursos profesionales, como la financiación, el prestigio y el poder. Asimismo, Caporaso, editor de la revista *Comparative Political Studies*, daba cuenta de la fragmentación de la ciencia política y de la política comparada en la introducción al número especial «Comparative Politics in the Year 2000: Unity within Diversity» (Caporaso, 2000: 699-700).

Schmitter (2009: 35) atribuye la división de la política comparada en distintas escuelas principalmente a la falta de un consenso generalizado entorno a su objeto de estudio, sus objetivos e, incluso, su método de investigación. Además, señala la ausencia de un paradigma dominante en la disciplina, a diferencia de épocas anteriores, sino la existencia de una pluralidad de enfoques teóricos y metodológicos. De acuerdo con Schmitter, la política comparada se encuentra en un cruce de caminos entre varias alternativas ontológicas y epistemológicas. Si en la década de los 60, el debate académico en política comparada se centró entre los funcionalistas estructuralistas, los teóricos sistémicos y los marxistas, actualmente se pueden señalar tres formas distintas de entender la política comparada que se pueden relacionar con los paradigmas racionalista, estructuralista y culturalista. Cada uno de ellos focaliza su atención en un objeto de estudio y en unas variables determinantes: elecciones e intereses, contexto e instituciones y cultura e identidades, respectivamente. Además, estos enfoques conducen a una teoría del orden social, donde, según cada perspectiva, lo que define a la sociedad es la intersección de estrategias, estructuras o símbolos. Particularmente, el enfoque estructuralista se centra en las relaciones interdependientes entre individuos, colectividades, instituciones u organizaciones, considerando que los actores no son completamente independientes para determinar resultados políticos, ya que están limitados por estructuras relacionales que configuran sus identidades, intereses e interacciones, poniendo énfasis en las instituciones y relaciones que facilitan o restringen la actividad política. Por su parte, el culturalismo entiende los fenómenos políticos como resultado de significados y juicios compartidos, relaciones intersubjetivas y orientaciones mutuas que hacen posible la vida en comunidad, vinculando la política de manera inseparable al contexto social y enfocándose en las ideas y normas de las comunidades humanas. Por último, el racionalismo analiza las acciones y comportamientos de los individuos que, mediante elecciones razonadas e intencionadas, buscan maximizar sus preferencias e intereses, estudiando los procesos y resultados colectivos que surgen de estas elecciones racionales, con los intereses y acciones individuales como objeto central de análisis (Lichbach: 1997: 260-261).

Cuadro 3. Propiedades de los principales enfoques teóricos actuales
en la política comparada

	ENFOQUES		
	RACIONALISTA	CULTURALISTA	ESTRUCTURALISTA
ONTOLOGÍA	Actores racionales Explicación intencional Acciones, creencias, deseos Individualismo metodológico	Reglas entre actores Intersubjetividad Conocimiento común Valores comunes	Relaciones entre actores Holismo
METODOLOGÍA	Comparación estática Consecuencias sociales irracionales de la acción individual racional Resultados no intencionados, no queridos, inevitables e inesperados	Significado y significancia Cultura como causa, como construcción de la realidad, identidad, acción, orden	Tipos sociales con poderes causales Estructuras con leyes de dinámicas
COMPARACIÓN	Positivismo Generalización Explicación	Interpretivismo Estudio de caso comprensivo	Realismo Historia comparativa Causalidad

(Cont.)

| | ENFOQUES | | |
	RACIONALISTA	CULTURALISTA	ESTRUCTURALISTA
DEBILIDADES	Racionalidad instrumental Visión mecánica-conductual de la subjetividad	Tautología, teleología en la existencia e impacto causal sobre los resultados	Determinismo de la jaula de acero Ausencia de voluntarismo
SUBESCUELAS	Racionalistas de la naturaleza humana Racionalistas de la situación social	Subjetivistas Intersubjetivistas	Estado/sociedad Pluralismo/marxismo/ Estatismo
AUTOR REPRESENTATIVO	Robert H. Bates	James C. Scott	Theda Skocpol

Fuente: Lichbach, 1997: 245

El debate en el seno de la política comparada no se limita solo a cuestiones teóricas, sino que también se centra en adecuar esos presupuestos teóricos a procedimientos metodológicos específicos. De hecho, los aspectos relacionados con la metodología empírica y el diseño de investigación son los que focalizan el debate dentro de la comunidad de comparativistas en la actualidad. Según Munck y Snyder (2019: 142-144), la evolución metodológica de la política comparada en el siglo XXI puede resumirse de la siguiente manera. En la primera década del presente siglo, la investigación cuantitativa experimentó un auge significativo dentro de la política comparada impulsado, por un lado, por la elaboración de bases de datos con un alcance global de países y una amplia cobertura histórica, que ha promovido una relevante producción académica cuantitativa sobre temas como democracia, instituciones políticas, conflicto étnico y otras formas de violencia, cultura política y asociaciones civiles; y, por otro lado, por el creciente interés por el «big data»[23]. Por el contrario, la investigación cualitativa en el siglo XXI ha tenido una relevancia menor en comparación con la que tuvo a finales del siglo XX. En este ámbito, durante la década de 2010, se ha observado un creciente interés por la inferencia causal, con un mayor énfasis en los mecanismos causales, más que en los efectos causales. Asimismo, los metodólogos cualitativos han dedicado esfuerzos sustanciales a reflexionar sobre métodos mixtos, particularmente en cuanto a la integración de la investigación cualitativa con la cuantitativa. No obstante, desde aproximadamente 2010, la innovación metodológica más relevante en política comparada ha sido el auge de la investigación experimental, que introduce una variedad de métodos y desafía las tradiciones establecidas. En política comparada, la investigación experimental abarca diversas modalidades, tales como los experimentos de campo o «laboratorios en campo», encuestas y otras variantes de los diseños experimentales clásicos, en los que casos y temas se asignan aleatoriamente a grupos de tratamiento

23. Sobre la aportación de los macrodatos (*big data*) a la política comparada véase Boyadjian (2022).

y control[24]. Una característica central y común a todas estas formas de investigación experimental es el énfasis en la inferencia causal o «identificación causal». Se considera que los experimentos tienen la capacidad de revelar relaciones causa-efecto reales, más allá de simples asociaciones, logrando hallazgos con una validez interna superior en comparación con los estudios observacionales. Pese a ello, hasta ahora, los experimentalistas han producido principalmente pequeñas «islas de conocimiento» con una limitada capacidad de generalización (Munck y Snyder, 2019: 144).

A pesar de la diversidad de perspectivas teóricas y metodológicas, es importante destacar los esfuerzos de la nueva generación de comparativistas por franquear este estado de división y encontrar un consenso dentro de la subdisciplina (Laitin, 2000 y 2002), aunque esto haya llevado a caracterizar la política comparada como «ecléctica» (Kholi, 1996: 25). Así, las fronteras entre las distintas escuelas de análisis suelen ser difusas, no sólo porque representan énfasis que no necesariamente se contraponen, sino también debido a la diversidad de problemas que cada una aborda. Por ello, aunque los análisis empíricos realizados desde distintas perspectivas pueden cuestionar supuestos característicos de otros enfoques, dicho cuestionamiento no está intrínsecamente ligado a las premisas teóricas de estos marcos. En consecuencia, resulta inapropiado presentar estos enfoques como paradigmas cerrados, incompatibles entre sí y carentes de posibilidad de diálogo. La pluralidad teórica en las ciencias sociales radica también en la capacidad de integrar, en diversos análisis, perspectivas que en apariencia tienen pocos puntos en común. Un ejemplo de ello son los trabajos de Przeworski, quien combina las perspectivas teóricas del marxismo, la teoría de la elección racional y un enfoque metodológico no individualista (Llamazares, 1995: 292). Por lo que respecta a la diversidad metodológica en el seno de la política comprada, para Laitin (2002: 2), el consenso debe emerger, no a través de consideraciones metodológicas, sino de los comparativistas conduciéndose en su práctica por temas relevantes de estudio. La identificación de enfoques competitivos o variables explicativas alternativas resulta el camino equivocado para el desarrollo de una disciplina. Hacerlo de esta forma, supone focalizar la atención en los límites explicativos de un método particular o de una variable, más que en el grado en el que la política comparada ha contribuido a la explicación de las variaciones sobre los resultados.

Por último, el pluralismo teórico y metodológico dentro de la política comparada no consideramos que deba interpretarse como un signo de debilidad. Es precisamente la apertura del análisis comparado a diversos enfoques alternativos lo que le garantiza una continua fuente de fortaleza que ayuda a mantener su vitalidad y su capacidad para poder hacer frente y explicar el actual mundo político de rápidos y vertiginosos cambios y le permite, como resultado, el progreso intelectual de la ciencia política. Para Przeworski (1995) la variedad de enfoques teóricos permite a los comparativistas ser unos «oportunistas» que pueden utilizar el enfoque que mejor satisfaga a sus necesidades.

---

24. Sobre la experimentación en la ciencia política véase Gerber y Green (2012).

Cuadro 4. Etapas y características de la evolución de la política comparada

	POLÍTICA COMPARADA TRADICIONAL	EDAD DE ORO	NUEVA POLÍTICA COMPARADA	ACTUALIDAD
PERIODO	Finales s. XIX-fin década 1930	Tras Segunda Guerra Mundial-1970s	1980s-1990s	Siglo XXI
OBJETO DE ESTUDIO	Estado, instituciones, constituciones, formas de gobierno	Sistema político, comportamiento político, partidos, cultura política, desarrollo, grupos de presión, comunicación y propaganda políticas	Estado, instituciones, políticas públicas, decisiones estratégicas, transiciones democráticas, globalización, aspectos económicos e internacionales, nacionalismo y etnicidad	Crisis de la democracia, autocratización, globalización, populismo, género, identidad, cultura
ENFOQUES TEÓRICOS	Institucionalismo	Funcionalismo estructural Teoría de sistemas Teoría de la modernización Teoría de la dependencia	Neoinstitucionalismo Políticas públicas Teoría de la elección racional	Racionalismo Estructuralismo Culturalismo
METODOLOGÍA	Análisis histórico-descriptivo Análisis formal-legal	Desarrollo de la metodología cuantitativa y técnicas estadísticas	Predominantemente cualitativa, aunque también uso de metodología cuantitativa	Métodos mixtos (cuantitativos y cualitativos) Análisis Comparativo Cualitativo Experimentos
CASOS	Países de Europa y América del Norte Estudios de caso principalmente	Países no democráticos Países del tercer mundo Estudios globales Estudios de n pequeña Estudios de caso	Estudios de n pequeña Estudios de caso comparativos Estudios de Área Estudios globales	Estudios de n pequeña Estudios de caso Estudios globales

Fuente: Elaboración propia

CAPÍTULO 3
EL APARATO TEÓRICO EN
LA INVESTIGACIÓN COMPARADA

La política comparada se caracteriza por la utilización de enfoques teóricos que permiten la comparación de los casos de estudio, con la finalidad de realizar generalizaciones a partir de los resultados de la investigación y explicar fenómenos políticos complejos. En este sentido, la teoría cumple una doble función: por un lado, constituye el punto de partida de la investigación, ya que no es posible plantear un análisis adecuado sin recurrir a ellas; y, por otro lado, es el producto final de la investigación por su capacidad de organizar el conocimiento de manera sistemática, explicar y predecir escenarios políticos (Bartolini, 1995: 73).

De este modo, para que pueda considerarse una investigación comparada sistemática y científica, han de respetarse una serie de requisitos o condiciones: (a) la utilización de un marco teórico que sirva de base a la formulación del problema de la investigación y al diseño del análisis empírico; (b) la definición precisa y la operacionalización adecuada de los conceptos de la investigación; (c) la verificación o la refutación de hipótesis mediante comparaciones explícitas y el establecimiento de relaciones de causalidad; y, (d) la realización de generalizaciones o la construcción de modelos a partir del análisis de los casos analizados.

1. LA TEORÍA

La teoría es esencial para la investigación empírica. Funciona como un sistema de clasificación, un marco dentro del cual se organiza la observación de los fenómenos sociales y políticos. La teoría constituye una forma de explicar, comprender e interpretar la realidad (Marsh y Stoker, 1997: 28).

La utilización de un marco teórico es fundamental en el proceso de comparación (Schmitter, 1991: 3). Una investigación comparada rigurosa requiere construir una estructura teórica coherente y formular hipótesis basadas en estudios previos. Una construcción teórica adecuada facilita la selección de hipótesis, ayuda a delimitar el objeto de estudio y optimiza el uso de los recursos disponibles (Morlino, 1999: 19). Sin la teoría, los estudios comparados se limitarían a una simple recopilación de información sin un propósito claro (Peters, 2023: 39).

La teoría desempeña un papel fundamental antes, durante y después del análisis empírico. La investigación comienza con la teoría, partiendo de los conocimientos previos desarrollados por otros investigadores. De esta manera, la teoría resalta ciertos aspectos de la realidad y orienta sobre qué aspectos investigar, ayudando a definir las cuestiones relevantes y los casos más interesantes de analizar (Evans, citado por Kohli *et al.*, 1996). En el diseño metodológico, la teoría es clave para resolver problemas específicos de la investigación comparada, como el manejo de un número excesivo de variables o el número limitado de casos. Una buena teoría permite seleccionar casos de manera estratégica, definir conceptos que puedan ser medidos con precisión en el análisis e identificar explicaciones parsimoniosas. Además, la teoría proporciona un marco conceptual que guía la recolección y organización de datos, actuando como un filtro para identificar la información relevante en medio de una gran cantidad de datos sociopolíticos. Sin este marco, el investigador corre el riesgo de acumular datos dispersos sin una dirección clara. Por último, la teoría permite sistematizar los resultados de la investigación, realizar generalizaciones o construir nuevos modelos teóricos susceptibles de ser aplicados en contextos más amplios.

De todo lo anterior, se deduce que el proceso de construcción teórica incluye las siguientes fases.

> *(a) Problematización.* Esto es, la determinación del problema o cuestión que científicamente merezca la pena ser teorizada, ya sea a partir de la intuición e imaginación, o de preguntas sin resolver procedentes de anteriores investigaciones.
>
> *(b) Conceptualización y tipificación.* La investigación requiere el desarrollo de esquemas conceptuales y tipologías para la observación y clasificación de los datos.
>
> *(c) Formulación de hipótesis.* La observación sugiere ciertas uniformidades o regularidades que deben formularse a través de una hipótesis o generalización tentativa para su verificación.
>
> *(d) Verificación de la hipótesis.* Las hipótesis han de evaluarse mediante procedimientos científicos. Aunque ninguna teoría puede ser completamente confirmada, su poder explicativo aumenta a medida que resiste verificaciones rigurosas.
>
> *e) Generalización.* El comparativista debe intentar establecer generalizaciones sobre la base de lo analizado empíricamente. Las teorías se anuncian de forma abstracta, condensando y sistematizando la experiencia y los trabajos anteriores.

La construcción teórica no es un proceso lineal, sino que implica una interacción constante entre la inducción y la deducción. Reducir la teorización a una operación meramente deductiva simplifica y distorsiona significativamente este proceso. La idea de que las generalizaciones surgen deductivamente y después se verifican no refleja adecuadamente la realidad, que es mucho más compleja y que, sin duda, involucra un esfuerzo inductivo. Las teorías se generan a partir de la observación, la experiencia y la evidencia. Con frecuencia, las generalizaciones que surgen de estos procesos se convierten en la base para conclusiones deductivas. Existe un movimiento constante hacia adelante y hacia atrás entre la investigación y las hipótesis, entre la observación y la generalización, y entre los hechos y la teoría. Ambos procesos están estrechamente vinculados en una relación de mutua interdependencia (Hempel, 1965: 243). El método deductivo parte de lo que esperamos sean poderosas hipótesis teóricas, de las cuales se derivan implicaciones que pueden evaluarse mediante técnicas empíricas. Por otro lado, el método inductivo sigue el camino inverso, analizando similitudes y diferencias en los datos para formular hipótesis empíricas, que pueden servir como base para modelos o generalizaciones teóricas. Aunque ambos métodos tienen enfoques diferentes, su objetivo final es el mismo: encontrar poderosas conjeturas causales (Lane y Ersson, 1994: 106).

En relación con ello, la teorización consiste en un movimiento pendular entre lo específico y lo general, entre lo empírico y lo formal, entre el clima de descubrimiento y el ejercicio de verificación para acabar con la aplicación de la teoría como último paso en el proceso de teorización. Así, las similitudes o analogías detectadas en los casos estudiados no solo enriquecen el marco teórico, sino que pueden servir para que la teoría sea utilizada para la predicción y para el diseño de políticas como solución a problemas específicos.

Finalmente, hay que señalar que las teorías deben ser continuamente revisadas y modificadas de acuerdo con los nuevos hechos observados y la nueva evidencia empírica. Por otro lado, el alcance de las teorías empleadas en la política comparada ha variado a lo largo del tiempo. En las décadas de 1950 y 1960, predominaron teorías generales, tales como el funcionalismo estructural, la teoría de sistemas o la teoría de la elección racional. Sin embargo, en la década de 1980, surgieron teorías de rango medio o bajo, destacándose el neoinstitucionalismo.[1]. Actualmente, predominan los enfoques teóricos (*theoretical frameworks*) o aproximaciones teóricas (*theoretical approaches*) parciales que abordan ámbitos de estudio específicos, como los estudios sobre democratización o autocratización. Los marcos teóricos sirven para definir la perspectiva que adoptará el investigador, así como para comprender e interpretar los conceptos,

---

1. Sobre los enfoques teóricos aplicados a la política comparada, véase Mayer (1972, 1980); Hill y Hardgrave (1973), La Palombara (1974), Wiarda (1985); Weiner y Huntington (1987), Dogan y Pélassy (1990); Almond (1991), Rustow y Erikson (1991), Zuckerman (1991), Rogowski (1993), Lichbach y Zuckerman (1997), Chilcote (2000) y Keman (2002c).

seleccionar y analizar las variables según las definiciones establecidas, y construir conocimiento, validando o cuestionando los supuestos teóricos.

El hecho de que no exista una teoría que se haya impuesto en la política comparada se debe a varios factores, entre otros, la multiplicidad de objetos de estudio que centran su atención, la variedad de áreas geográficas que puede cubrir, los diferentes momentos históricos que se pueden estudiar y los constantes cambios que se producen en el mundo.

2. LOS CONCEPTOS

En este epígrafe se examina qué son los conceptos, la función que desempeñan en la política comparada, la estructura y las dimensiones de los conceptos, así como los principales desafíos teóricos y metodológicos a los que se enfrenta el comparativista en el proceso de conceptualización.

2.1. La utilidad de los conceptos y la conceptualización

Los conceptos son instrumentos teóricos que hacen posible explicar la realidad social y política, la cual no se percibe de manera directa, sino a través de ellos. Esto implica que diferentes observadores puedan interpretar los mismos conceptos de formas diversas. Así, los conceptos reflejan los fenómenos sociales en toda su profundidad y complejidad, incluyendo sus relaciones, interconexiones y contradicciones (Caïs, 1997: 41-42).

La conceptualización es el proceso mediante el cual se elaboran y definen los conceptos, determinando sus atributos, elementos y propiedades esenciales. Este proceso de especificación de un esquema de conceptos fundamentales resulta indispensable tanto para el estudio riguroso de cualquier objeto de estudio como para acompañar toda construcción teórica científica (Dikovick, 2023: 11). La fase de conceptualización es anterior a la descripción, la comparación, la medición, la teorización y la verificación teórica.

En primer lugar, la conceptualización sirve para formular las preguntas en la investigación, seleccionar los objetos a estudiar (unidades de análisis) y decidir qué de estos se va a investigar (propiedades o variables). Este proceso ayuda además a la elaboración de hipótesis, la selección de los casos a analizar y la delimitación de las dimensiones y variables relevantes para el análisis comparado. Asimismo, el esquema conceptual debe guiar la búsqueda y la selección de datos empíricos —ya sean cuantitativos o cualitativos— y preceder a la recogida de datos.

En segundo lugar, los conceptos facilitan la comparación. Para llevar a cabo esta labor de manera efectiva, es necesario identificar con precisión a qué género o clase pertenecen los objetos, así como tener claro cuáles son las características que los diferencian de otros. Por esta razón, toda comparación requiere intrínsecamente una clasificación adecuada. A través de conceptos como, por ejemplo, «democratización» y «autocratización», los comparativistas pueden identificar características divergentes entre estos dos procesos.

En tercer lugar, los conceptos permiten la construcción de teorías y la acumulación de conocimiento. Los conceptos organizan la información de manera lógica, conectan esta información con teorías y estructuran el conocimiento al clasificar y diferenciar los fenómenos observados (Nohlen, 2008: 9-10). Sin conceptos cuidadosamente definidos, tendríamos un gran compendio de información sobre distintos sistemas, pero careceríamos de las bases para representar y definir categorías nominales y sin éstas careceríamos de los criterios para relacionar y comparar estos datos acumulados de diferencias y similitudes observadas. En definitiva, no tendríamos el poder analítico con el cual construir generalizaciones sobre dichas variaciones (Rose, 1991: 447-448). Para desarrollar una teoría, estos conceptos deben organizarse lógicamente, representándose algunos como causas, mientras que otros son representados como efecto e, incluso, como opuestos de otros conceptos. Dado el hecho de que la explicación de estas diferencias requiere hipótesis y/o teorías, los conceptos operacionalizados proveen el vínculo crítico o crucial entre las observaciones empíricas y la discusión teórica inductiva generalizable y verificada.

Los conceptos deben de escogerse y definirse de forma muy cuidadosa. Como señala Sartori (1984a: 10), cuanto mejor sean los conceptos, mejor serán las variables que se extraigan de ellos. Por lo general, los comparativistas trabajan con conceptos consolidados en la política comparada o en la ciencia política en general, como puede ser el concepto de «poliarquía» de Robert Dahl. No obstante, en otras ocasiones, puede ser necesario incorporar nuevas propiedades a un concepto previo, por ejemplo, añadiendo la «rendición de cuentas» a las características que definen qué es una democracia; hacer más específico el concepto, mediante la adjetivación[2]; o, formular un nuevo concepto que consideramos que llena un vacío conceptual o que clarifica un referente empírico, como puedan ser los conceptos de «régimen híbrido» de Terry Karl o «autocracia electoral» de Andreas Schedler. En cualquiera de estos casos, la revisión de la literatura académica precedente sobre el concepto siempre es necesaria en el proceso de conceptualización (Luca, 2019).

Por último, es importante subrayar la valiosa contribución de la política comparada al desarrollo conceptual en la ciencia política. Así, los estudios comparados han enriquecido el acervo teórico de la disciplina al generar, refinar y problematizar conceptos clave. Como ejemplos de aportaciones significativas podemos señalar conceptos como

---

2. Consideremos, por ejemplo, la adjetivación que se ha hecho de la democracia para dar nombre a nuevos referentes de regímenes políticos. Al respecto, resulta relevante el artículo de referencia de Collier y Levitsky (1997), «Democracy with Adjectives: Conceptual Innovation in Comparative Research».

los de desarrollo político (Huntington, 1965), cultura política (Almond y Verba, 1963), calidad de la democracia (Morlino, 2009), integridad electoral (Norris, 2014), democratización (O'Donnell y Schmitter, 1986) y autocratización (Lührmann y Lindberg, 2019), entre otros.

2.2. Dimensiones de los conceptos y la escala de abstracción

El politólogo Giovanni Sartori es conocido, entre otras razones, por su énfasis en la necesidad de rigor conceptual en la política comparada. Sartori define el «concepto» como «la expresión de un término (palabra), cuyos significados son declarados por definición, lo que se relaciona con los referentes» (Sartori, 1984a: 84). De esta forma, palabra, significado y referente empírico conforman la estructura de un concepto. Además, es importante considerar dos dimensiones de un concepto: (a) la connotación o intensión, es decir, el conjunto de características y propiedades que lo definen; y (b) la denotación o extensión, el conjunto de objetos, fenómenos o acontecimientos a los que se aplica (véase gráfico 6).

Gráfico 6. Dimensiones de un concepto

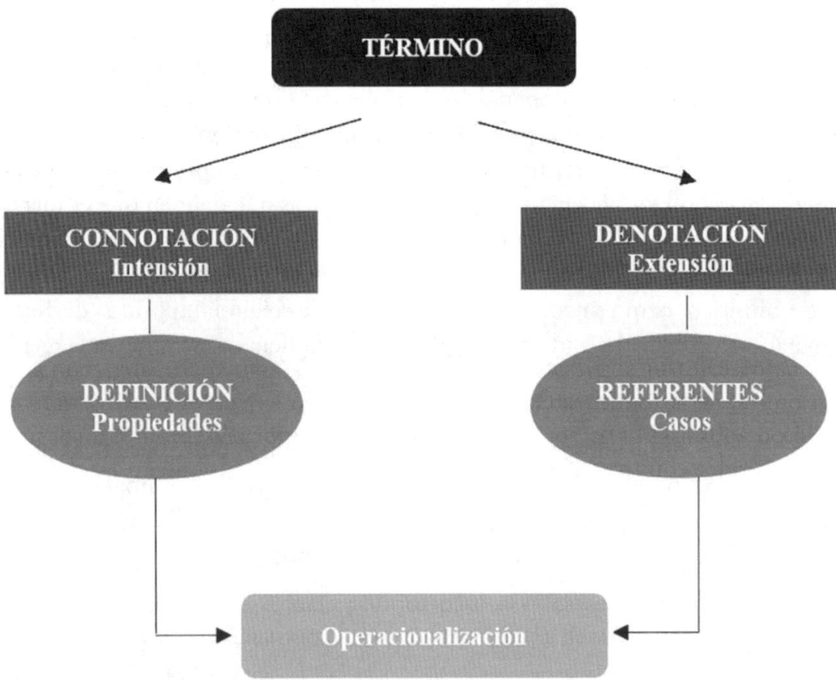

Fuente: Elaboración propia

De acuerdo con Sartori (1970: 1040), los conceptos utilizados en la investigación deben considerarse dentro de una escala de abstracción. En esta escala, cada concepto conecta su significado —las características y propiedades que lo conforman— con su significante, es decir, con los objetos, fenómenos o acontecimientos a los que se aplica. Entre la intensión de un concepto (significado) y su extensión (referente) existe una relación inversa, esto es, cuanto más se quiera ampliar la extensión de un concepto propio de un área a otras áreas, hay que reducir sus rasgos característicos.

Según la escala de abstracción propuesta por Sartori, en la zona de alto nivel de abstracción se encuentran categorías universales empíricas, aplicables a cualquier lugar o tiempo, por lo que se abarca un gran número de casos. Estas categorías se definen por la negación de sus diferencias. Un ejemplo sería el concepto de régimen político, definido como democrático/no democrático, civil/militar, competitivo/no competitivo, republicano/monárquico.

En el medio nivel de abstracción, se hallan categorías generales, pero no universales, que mantienen un equilibrio entre connotación y denotación y que se aplican a un número medio de casos. Aquí, los conceptos se forman utilizando clasificaciones siguiendo el principio *per genus et differentiam,* es decir, organizando los conceptos jerárquicamente según género y especie y, si es necesario, subespecie (o subespecies sucesivamente). En esta estructura jerárquica, el género representa la categoría más general y abstracta, caracterizada por un número reducido de atributos, lo que le permite incluir una mayor cantidad de casos. Las especies, por su parte, se definen a partir de criterios adicionales: comparten las características del género, pero también incorporan rasgos específicos que las hacen únicas, lo que reduce el número de casos que abarcan en comparación con el género. A esta forma de clasificación *per genus et differentiam* recurre Juan J. Linz (2006) en su tipología de regímenes políticos en la que, en primer lugar, diferencia entre democráticos y no democráticos. Entre los no democráticos establece las categorías de dictadura, regímenes totalitarios, regímenes tradicionales y regímenes autoritarios. Y, dentro de los autoritarios, siete subtipos: regímenes burocráticos-militares, estatalismo orgánico, regímenes de movilización post-democrática,

Por último, en el bajo nivel de abstracción se sitúan categorías específicas, desarrolladas en concepciones configurativas y definiciones contextuales, que son tan particulares que solo son aplicables a uno o unos pocos casos. Un ejemplo de ello es el concepto de estado burocrático-autoritario de O'Donnell (1982), que aplicó a ciertos países de América Latina durante las décadas de 1960 y 1970.

En cualquier estudio de política comparada —ya sea intranacional o entre naciones, ya se trate de estudios globales o de casos limitados— requiere de un esquema conceptual que sea aplicable más allá de sus fronteras geográficas, para lo que es necesario tener en cuenta esta escala de abstracción. Los conceptos «que pueden viajar» se convierten en los puntos comunes de referencia para agrupar fenómenos que, aunque varíen en términos geográficos y lingüísticos, comparten características clave. Por ejemplo, el concepto de «parlamento» nos permite comparar el Congreso de los

Diputados en España, la Cámara de Representantes en Estados Unidos, la Asamblea Nacional en Francia, el *Bundestag* en Alemania e, incluso, la Cámara de Representantes en Marruecos. Sin embargo, la acepción de «partido político» pude ser válida en regímenes de democracia representativa, pero no refleja la realidad de la representación política de países como Irán, Kuwait o Baréin. En estos países, caracterizados por regímenes autoritarios y una tradición político-cultural distinta, basada más en la consulta que en la representación, no existen partidos políticos en el sentido convencional. En su lugar, existen grupos, sociedades o asociaciones políticas cuya función de representación e intermediación entre el estado y la sociedad es muy limitada. Así, en el marco de la política comparada, las categorías analíticas exigen ser internacionalizadas. Los conceptos necesitan dotarse de un nivel de abstracción suficiente que les permitan convertirse en comunes denominadores de cara a afrontar el objeto de estudio y, por tanto, para posibilitar la comparación sistemática entre distintos escenarios y derivar generalizaciones que puedan ser probadas en otros sitios.

2.3. Desafíos teóricos y metodológicos en la formación de conceptos

Los buenos conceptos para la investigación deben ser claros, coherentes, consistentes y útiles (Dikovick *et al.* 2023: 10). No obstante, esto no es fácil de conseguir y el comparativista se enfrenta a diversos retos teórico-metodológicos en la formación de conceptos.

En primer lugar, cuando Sartori (1970) propuso su escala de abstracción, partía de dos problemas fundamentales que afectan a la formación de conceptos en los estudios comparados: la ambigüedad y la vaguedad.

— *Ambigüedad.* Se refiere a que la relación entre término y significado no es precisa, por lo que un concepto puede tener varios significados. Un ejemplo de esto es el término amplio de «populismo», sobre el que hoy día sigue existiendo debate y controversia entre la comunidad académica.
— *Vaguedad.* implica una indeterminación en los referentes del concepto, es decir, no queda suficientemente claro a qué realidades o fenómenos se aplica. Por ejemplo, el concepto de «corrupción» podría ser vago si lo que se pretende estudiar es la intervención para alterar la voluntad de los electores o falsear los resultados electorales. En este sentido el concepto de «corrupción electoral» acotaría mejor el ámbito de sus referentes empíricos.

Además de los problemas de la ambigüedad y la vaguedad, Sartori (1991: 247; 1994: 19) señala otros errores o peligros en la formación de conceptos:

— *Parroquialismo (parrochialism).* Cada investigador crea sus propios conceptos, menospreciando conceptos y teorías ya existentes. Esto puede dar lugar a una hiper inflación en los conceptos que se utilizan para referirse a un mismo fenómeno, así como a neologismos innecesarios. Esta mala práctica conceptual sucede, con mayor frecuencia, en los estudios de caso.

— *Clasificación equivocada o espuria (misclassification).* Se refiere a imputar erróneamente casos de investigación a un concepto porque no ha sido bien desarrollado. Por ejemplo, Sartori pone como ejemplo el concepto de «sistema de partidos monopartidista» que recogería como referentes empíricos tanto a sistemas de partidos competitivos (partido predominante) como no competitivos (sistemas de partidos hegemónicos y de partido único), cuando quizás no fuera lo más adecuado para los propósitos de la investigación.

— *Error de graduación (degreeism).* Consiste en la determinación arbitraria o manipulativa de puntos de corte (*cut-off-points*), en los cuales la cualidad de un fenómeno se transforma en otra, por lo que ésta debería ser conceptualizada de distinta forma. Este error puede ocurrir, por ejemplo, cuando democracias en transición son clasificadas de manera inapropiada dentro de la categoría de democracias consolidadas en base a la puntuación que reciben en un índice de democracia (Nohlen, 2007: 49).

— *Estiramiento conceptual (conceptual stretching).* Se aplica a la sobrextensión del concepto a través de la ampliación de sus dimensiones características, de forma que el conjunto de significados asociados al concepto original no se adapte a la realidad de todos los casos. Por ejemplo, esto sucede cuando se aplica el término de «ideología» a cualquier forma de pensamiento con independencia de sus características (Sartori. 1991: 249).

Por su parte, Nohlen hace hincapié en la relatividad de los conceptos. Esto es, los conceptos no son universales, sino que se inscriben en un contexto social específico. En consecuencia, los conceptos pueden variar en su significado y aplicación según el tiempo, el lugar, las condiciones sociales y culturales, o las perspectivas teóricas desde las cuales se analizan.

Por último, hay que señalar que el avance en el conocimiento exige un proceso continuo de ajuste, revisión o reformulación conceptual (Sartori, 1984a: 60). Los conceptos no son inmutables, sino que las características que se les atribuyen pueden transformarse con el tiempo. Para ello basta recordar cómo la definición de participación política, concebida originalmente como un comportamiento diseñado para incidir en la elección del personal y políticas gubernamentales, fue progresivamente ampliándose y extendiéndose hasta considerar la violencia y la desobediencia observados en países en vías de desarrollo como Pye y Verba (1978). Asimismo, Barnes y Kaase (1979) incluyeron formas no convencionales de participación como peticiones, manifestaciones legales, boicots, y huelgas tanto legales como ilegales, en su concepto de participación política. Incluso, categorizaciones más recientes, como las propuestas por Della Porta y Diani (2006), han ampliado el alcance del concepto de participación para incluir fenómenos como la violencia y la desobediencia civil. Por otro lado, el proceso de reformulación conceptual ha sido crucial para globalizar categorías analíticas que inicialmente surgieron en el mundo occidental. Conceptos como clase social, movilización social o construcción nacional, acuñados por autores como Dankwart A. Rustow y Karl W. Deutsch, han sufrido transformaciones sustanciales en función de los contextos observados. La comparación, por tanto, requiere conceptos dinámicos que puedan adaptarse a diferentes realidades sin perder su utilidad analítica.

3. LAS CLASIFICACIONES Y TIPOLOGÍAS

Las clasificaciones y tipologías constituyen una forma de estructurar el conocimiento y comprender la política. Tienen múltiples utilidades: permiten ordenar los casos o unidades de análisis de la investigación, ayudan a definir los conceptos que hay que medir, pueden constituir los objetivos mismos de la investigación y son la base del método de control comparado. Por ejemplo, solo a partir de una tipología previa de formas de gobierno, como la clasificación en categorías presidenciales y parlamentarias, es posible analizar los orígenes, características y efectos de cada uno de estos sistemas en diferentes países (Laiz y Román, 2003: 82).

Los comparativistas utilizan diferentes tipos de clasificaciones como taxonomías, tipologías y modelos clasificatorios, que se conciben como representaciones simplificadas y teóricas del mundo real. El propósito de estas clasificaciones es clarificar y sistematizar los resultados de la comparación, lo que resulta fundamental para el proceso de construcción teórica. Aunque clasificar y tipificar sean los primeros métodos de descripción de la realidad, esta clarificación y ordenación comparativa y sistemática les convierte en herramientas muy valiosas para la integración y síntesis de hallazgos empíricos en esquemas o construcciones teóricas. Además, el ordenamiento de los datos, basado en las semejanzas y diferencias observadas, actúa como catalizador en la teorización, ya que clarifica lo que, por lo general, son sujetos u objetos muy complejos. Asimismo, este ordenamiento se utiliza para sugerir hipótesis sobre correlaciones entre variables y estimular generalizaciones tentativas. Toda generalización —considerada como una declaración de uniformidades en las relaciones entre dos o más variables de clases bien definidas— o toda verificación de hipótesis —entendida como generalizaciones presentadas como conjeturas— requiere un ordenamiento sistemático y una clasificación rigurosa de los datos empíricos. Por último, las clasificaciones se utilizan como un instrumento esencial de control en la investigación. En el método de control comparado, donde no es posible manipular las variables ni controlar su influencia mediante técnicas estadísticas, las clasificaciones desempeñan el papel de parametrización. Esto implica que todos los casos pertenecientes a una misma clase se tratan de forma uniforme al no presentar variaciones respecto a la propiedad que define dicha clase (Laiz y Román, 2003: 87).

Las clasificaciones y taxonomías deben cumplir una serie de propiedades esenciales para permitir la comparación. En primer lugar, deben estar compuestas por clases que sean completamente exhaustivas y mutuamente exclusivas. Según Sartori, mientras la primera condición puede ser interpretada con cierto grado de tolerancia, en la segunda hay que ser intransigente: las clases deben ser estrictamente excluyentes, lo que significa que los conceptos de clase representan características que un elemento debe poseer o no. Así, para comparar dos objetos, primero es necesario verificar si comparten el mismo atributo y, solo si lo tienen en común, es posible evaluarlos en términos de grado de ese atributo (Sartori, 1984a: 282). Por otro lado, hay que tener también en cuenta que, cuanto mayor sea el número de clases establecidas, menor será la diferencia entre los casos incluidos en una misma categoría; en cambio, cuantas menos clases se definan, mayor será la diversidad dentro de cada clase. Por ejemplo, una clasificación que divida los regímenes políticos únicamente en «monarquías» y «repúblicas» generaría categorías demasiado amplias y heterogéneas para ser útiles en el análisis. De este modo, quien clasifica debe decidir si prioriza clases más inclusivas (pocas y amplias) o más precisas (numerosas y diferenciadas), dependiendo de los objetivos del estudio (Sartori, 1999: 36)

Por otro lado, las clasificaciones se pueden realizar en base a una o más dimensiones como criterios de organización, así como incluir un número diferente de categorías. En relación con ellos, en las clasificaciones se diferencia entre taxonomías, dicotomías y tipologías.

(a) *Taxonomías*

Las taxonomías constituyen una forma de clasificación poco compleja. En lugar de ofrecer una clasificación detallada, se limitan a listar los principales tipos dentro de una clase. Se basan en un esquema de variables para clasificar los casos, pero no consideran la interacción entre las variables, a diferencia de las tipologías.

Algunos ejemplos de taxonomías son la categorización de Peters (1995) sobre las relaciones entre burocracias y grupos de interés, distinguiendo cuatro tipos: legítima, clientelista, parentela e ilegítima; la clasificación de Berg-Schlosser (1984), que, en relación con los sistemas políticos africanos, diferencia entre poliárquicos, socialistas y autoritarios pretorianos; y la clasificación de Geddes, Wright y Frantz (2014) de regímenes autoritarios en función de quién controla el poder: monarquías, regímenes militares, regímenes personalistas y regímenes de partido único.

(b) *Dicotomías*

La versión extrema de la aproximación taxonómica en el análisis comparado es la dicotomía. Esta consiste en crear una descripción de un único tipo en el cual el investigador está interesado, utilizando un razonamiento simple como «un caso es X o no es X». La dicotomía se entiende como la oposición de dos clases o tipos polares. Para ello, se busca dividir, ordenar y clasificar el mundo en dos posibles categorías, tales como sociedades rurales/urbanas, modernas/tradicionales, desarrolladas/subdesarrolladas, democráticas/totalitarias, etc. Por esta razón, estas clasificaciones se centran generalmente en sistemas políticos heterogéneos.

Para la dicotomización, es necesario primero identificar categorías conceptuales lo suficientemente amplias como para abarcar la vasta gama de sistemas y formas presentes en la realidad. Sin embargo, esta estrategia no siempre tiene que culminar en una dicotomía formal. Es posible que las categorías consideradas no representen el inventario completo de los casos existentes. Un ejemplo de esto es la dicotomía entre proletariado y burguesía, utilizada por ciertos teóricos, que no lograba abarcar la totalidad del espectro social y político, ya que dejaba fuera a los campesinos y otras categorías sociales. La realidad sociopolítica actual es eminentemente heterogénea, lo que hace imposible clasificar a las sociedades modernas en dos tipos ideales, como las sociedades modernas y tradicionales, o en democráticas o totalitarias. En este sentido, la dicotomización distorsiona la realidad ya que en cada tipo no se pueden incluir una parte sustancial de esa realidad actual heterogénea, lo que hace que no sea posible explicar la diversidad de las naciones y sistemas políticos. Las diferencias mostradas entre éstos, los lleva a ser integrados en categorías intermedias entre los polos extremos. Por otro lado, los esquemas conceptuales utilizados en categorías dicotómicas muestran una evidente incapacidad para medir una progresión, pues se limitan a distinciones rígidas que no reflejan la complejidad de la realidad. De ahí la necesidad de abandonar la dicotomía unidimensional, donde los tipos se determinan por un solo contraste, y optar por enfoques más flexibles, como la tipología.

Un claro ejemplo de esto ocurrió cuando la dicotomía entre democracia-totalitarismo perdió interés analítico en el momento en el que muchos de los países del denominado tercer mundo se independizaron. En ese momento el concepto de totalitarismo era inadecuado y hacían falta nuevas tipologías para encasillar los nuevos casos para tener un grado explicativo coherente. Para clasificar a estos países recién independizados y en desarrollo surgieron nuevas tipologías como la de Edward Shils (1960), la de Almond y Coleman (1960), o la de Almond y Powell (1966). De cualquier forma, estos enfoques clasificatorios globales no impidieron que surgieran simultáneamente tipologías concretas para países de determinadas regiones o áreas, como la de Michael Hudson (1977) sobre los regímenes políticos árabes, o la de Richard Sklar (1986) para África, de acuerdo con tres tipos de democracias nacientes: la guiada, la social y la participativa. Más recientemente, a raíz de la involución sufrida por los países que habían experimentado procesos de cambio político en el último periodo de la tercera ola democratizadora, han surgido nuevas contribuciones teóricas para clasificar a los regímenes políticos, ya sea adjetivando la democracia o el autoritarismo.

(c) *Tipologías*

Las tipologías establecen un orden sistemático de fenómenos, basado en la identificación de tipos (Nohlen, 2013: 67). Constituyen la forma de clasificación más compleja, ya que se tiene en cuenta varias dimensiones o criterios de clasificación. Su aplicación está muy extendida en la política comparada, abarcando una amplia gama de aspectos políticos. A continuación, se presentan algunos ejemplos de tipologías referenciales sobre tres objetos de estudio:

— *Partidos políticos*. Maurice Duverger (1951) clasificó los partidos políticos en dos tipos de acuerdo con su organización interna, ideología y apoyo social: los partidos de cuadros, que se distinguen por un origen y una base tradicional y elitista, un grado bajo de ideologización y un carácter localista; y, los partidos de masas, que se caracterizan por una organización centralizada y burocrática, una ideología de izquierda o nacionalista, y un amplio apoyo popular.

— *Regímenes políticos*. Samuel E. Finer (1970) distinguió entre democracias liberales, sistemas totalitarios, regímenes militares, democracias de fachada y cuasi democracias. Ello lo hizo en base al grado de participación o exclusión de los ciudadanos en general en los procesos de gobierno, el grado de coerción o persuasión por parte de los gobernantes de cara a los ciudadanos y según la representatividad de los valores presentes de la sociedad en las decisiones de los gobernantes.

— *Democracias*. Arend Lijphart (1999) diferenció el modelo de democracia mayoritaria y el modelo de democracia consociacional. Para ello utilizó dos dimensiones: ejecutivos-partidos y federal-unitaria. En relación con estas dimensiones, analizó una serie de variables: gobiernos, parlamentos, relaciones entre el ejecutivo y el legislativo, sistema de partidos, sistema electoral, grupos de interés, organización territorial del estado, procedimientos de reforma constitucional, control constitucional o jurídico de las leyes e independencia o dependencia de los bancos centrales (véase cuadro 5)[3].

La tipología de modelos de democracia propuesta por Lijphart no representa tipos polares o puros, donde la diferenciación se construye teóricamente y luego se valida empíricamente a través del análisis empírico de los casos. En lugar de ello, Lijphart parte de la observación, midiendo una serie de variables, y mediante un análisis factorial descubre que estas variables están correlacionadas entre sí, lo que permite agruparlas en dos categorías. Así, Lijphart identifica que ciertos elementos (multipartidismo, coaliciones de gobierno, sistemas electorales proporcionales, etc.) están empíricamente relacionados y se presentan juntos en la realidad, lo que le lleva a construir el modelo consensual. De manera similar, la agrupación de elementos opuestos le permiten identificar el modelo mayoritario.

---

3. Otro buen ejemplo de tipología es la de Morlino (2009) basada en la calidad de las democracias a partir de cinco dimensiones: el respeto a la ley (*rule of law*), la rendición de cuentas (*accountability*), la reciprocidad o capacidad de dar respuesta a las demandas de los ciudadanos (*responsiviness*), la libertad y la igualdad. Según la presencia o ausencia de estos aspectos, Morlino distingue diversas categorías de democracia de calidad: democracia efectiva, responsable, legítima, liberal, igualitaria y perfecta.

Cuadro 5. Ejemplo de tipología: Modelos de democracia de Arendt Lijphart

	VARIABLES	MODELO DE DEMOCRACIA MAYORITARIA	MODELO DE DEMOCRACIA DE CONSENSO
Dimensión ejecutivo-partidos	Gobierno	Concentración del ejecutivo en gabinetes mayoritarios	División del poder ejecutivo en amplias coaliciones multipartidistas
	Relaciones ejecutivo-legislativo	Dominación del poder ejecutivo sobre el legislativo	Equilibrio entre el poder legislativo y el ejecutivo
	Sistema de partidos	Bipartidismo, espacio político unidimensional	Multipartidismo, espacio político multidimensional
	Sistema electoral	Mayoritario	Proporcional
	Representación de intereses	Sistemas de grupos de interés de mayoría relativa con competencia libre	Sistemas de grupos de interés coordinados y corporativistas orientados al compromiso y a la concertación
Dimensión federal-unitaria	Organización territorial del estado	Gobierno unitario y centralizado	Gobierno federal y descentralizado
	Parlamento	Unicameralismo o bicameralismo asimétrico	División en dos cámaras igualmente fuertes pero constituidas de forma diferente
	Procedimiento de reforma constitucional	Constituciones flexibles	Constituciones rígidas
	Control de constitucionalidad o jurídico de las leyes	Parlamentos tienen la última palabra en relación con la constitucionalidad de las leyes	Leyes sujetas a revisión judicial por tribunales supremos o constitucionales
	Banco central	Bancos centrales dependientes del ejecutivo	Bancos centrales independientes

Fuente: Elaboración propia a partir de Lijphart (1999)

Por otro lado, cabe destacar que, con frecuencia, surgen nuevos tipos o categorías a partir de una tipología original, los denominados tipos derivativos o evolutivos. Por ejemplo, en un primer momento, Linz (1964) distinguió dos tipos de regímenes no democráticos: el totalitario y el autoritario. Este último lo describió como un régimen *sui generis* y no un híbrido entre el totalitarismo y la democracia. Las características del autoritarismo las extrajo de la observación del régimen franquista en España después de 1945, un régimen que no encajaba ni en el totalitarismo ni, por supuesto, en la democracia. Posteriormente, Linz y Chehabi (1998) propusieron un tipo derivativo de régimen político, el sultanístico, que emerge de la evolución o decadencia de uno de los tipos originarios o genéticos, ya fuese el totalitario, autoritario o democrático[4]. En

---

4. Los regímenes sultanísticos se caracterizan por la difuminación de la frontera entre régimen y estado, el personalismo, la hipocresía constitucional, la reducida base social y el capitalismo distorsionado.

relación con ello, un régimen sultanístico puede surgir como resultado de la corrupción y de la concentración del poder de sus dirigentes autoritarios, como sucedió con los gobiernos militares de Noriega en Panamá o Suharto en Indonesia. Asimismo, un régimen sultanístico puede originarse a partir de un totalitarismo, como el caso de Corea del Norte, que comenzó como un régimen totalitario comunista. Posteriormente, debido al culto a la personalidad de su fundador, Kim Il-Sung, Corea del Norte se transformó en un régimen sultanístico, en donde la sucesión del poder se ha mantenido dentro de la misma familia, llegando hasta Kim Jong-Un en la actualidad. Incluso, un régimen sultanístico puede surgir desde una democracia, como se observa en los casos de Batista en Cuba, Trujillo en la República Dominicana o Marcos en Filipinas. Además del régimen sultanístico, Linz incorporó otro tipo más de régimen político derivativo o evolutivo, el régimen post-totalitario que surge de la relajación de las características del totalitarismo (ausencia de pluralismo, ideología fuerte y coherente, monolitismo, fuerte movilización). Estos serían los casos de la evolución que experimentaron los regímenes originarios totalitarios de Cuba y China.

Para finalizar este epígrafe, es importante señalar algunos problemas que pueden surgir al clasificar casos en diferentes categorías, ya sean en tipologías u otras clasificaciones:

— *Dicotomización y graduación de conceptos*. La dicotomización o «tricotomización» agrava el problema relacionado con la medición de los conceptos en la política comparada, especialmente en lo que respecta a la graduación de estos. La necesidad de establecer categorías graduales puede llevar a particiones, segmentaciones o categorizaciones arbitrarias, creando divisiones artificiales en las tipologías. Este problema es aún más evidente cuando ciertos países no encajan claramente en una categoría u otra, cruzando las fronteras entre ellas (Wildavsky, 1987).

— *Exceso de categorías en las tipologías*. Resulta también problemática la tendencia inversa a la anteriormente señalada, es decir, la creación de tipologías con un número excesivo de categorías para cada variable. Esto conduce a una confusión innecesaria y a una complejidad excesiva, dificultando la claridad y utilidad de la clasificación.

— *Homogenización y falta de consideración de particularidades*. Otro problema importante de las tipologías como herramienta de medición es que tienden a promover comparaciones entre sistemas en su totalidad, sin tener en cuenta las particularidades. Por ejemplo, en el modelo clasificatorio de Lijphart, Gran Bretaña se incluye en la categoría de democracia centrífuga, junto con otros países anglosajones, a pesar de que ciertos aspectos de su política, como la agrícola, se asemejan más a un modelo centrípeto, o que regiones como Escocia presentan características más cercanas a la política europea continental. El riesgo aquí es la homogenización indebida de los sistemas, lo que puede llevar a clasificaciones inexactas y reduccionistas.

4. LA VERIFICACIÓN O REFUTACIÓN DE HIPÓTESIS

La comparación constituye un valioso estímulo para la definición de los criterios para verificar las hipótesis, así como para el descubrimiento de nuevas hipótesis que orienten la construcción de teorías por vía inductiva.

A pesar de que las hipótesis pueden ser elaboradas y corroboradas recurriendo a otros métodos de las ciencias sociales en general, lo que mejor caracteriza a la comparación es su capacidad para controlar la(s) hipótesis formulada(s), permitiendo un análisis más riguroso y sistemático. En la política comparada, la verificación o refutación de hipótesis se realiza a través de comparaciones explícitas, principalmente, a través de la búsqueda de diferencias o semejanzas entre países y el establecimiento de relaciones causales entre los aspectos o propiedades (variables) de los fenómenos que se comparan, dejando constantes otros aspectos que también podrían influir. El investigador tiene flexibilidad para aplicar diversas estrategias comparativas con el objetivo de descubrir relaciones causales, las cuales serán abordadas en profundidad en el siguiente capítulo dedicado al método comparado.

Si la relación planteada en la hipótesis se confirma en los casos estudiados, ésta se considera provisionalmente verificada y puede servir como fundamento para el desarrollo teórico posterior. Por el contrario, si no se obtiene evidencia que respalde la hipótesis o si los datos contradicen la relación planteada, la hipótesis puede ser refutada. Ante una refutación, las hipótesis o las teorías son revisadas y reformuladas con el propósito de incorporar los nuevos hallazgos empíricos, asegurando así la evolución y el refinamiento continuo de loa marcos teóricos.

5. La realización de generalizaciones y la construcción de modelos

Las generalizaciones consisten en una declaración de uniformidades, regularidades o patrones en las relaciones entre dos o más variables. De acuerdo con Bartolini (1995: 73), las generalizaciones son proposiciones universales que adoptan una estructura lógica del tipo «para todo X, si X entonces Y». Constituyen hipótesis que han trascendido el nivel de simples conjeturas al alcanzar un grado razonable de verificación mediante numerosas observaciones realizadas en casos y contextos diversos. Por ejemplo, una investigación sobre procesos de transición democrática que han seguido una vía reformista podría concluir, tras el análisis comparado minucioso de distintos factores, con la generalización siguiente: «El éxito de un proceso de transición democrática está determinado por la existencia de una ruptura interna de las élites dirigentes autoritarias y la presión democrática ejercida por una oposición fuerte y unida».

Morlino (2010: 42) pone de relieve el diferente alcance teórico de las generalizaciones distinguiendo entre propuestas teóricas con alto nivel de generalización —de tipo nomotético— y propuestas de alcance regional —teoría local— referidas a un grupo de países[5]. Ilustra esta distinción con el artículo publicado por Valerie Bunce (2000), «Comparative Democratization: Big and Bounded Generalizations». La autora señala que el estudio comparativo de la democratización ha dado lugar a cinco proposiciones principales generales aplicables, como mínimo, a las nuevas democracias y, como máximo, a prácticamente todas las democracias, sea cual sea el momento de su aparición o desaparición: (1) un alto nivel de desarrollo económico funciona como una garantía de la democracia; (2) los líderes políticos son fundamentales para el diseño y la fundación de la democracia, así como su supervivencia o colapso en un contexto de crisis; (3) los sistemas parlamentarios son más eficaces para garantizar la continuidad de la democracia que los sistemas presidenciales; (4) la resolución de los problemas nacionales y estatales es fundamental para la calidad y la supervivencia de la democracia; (5) las democracias antiguas y bien establecidas y las nuevas y frágiles tienen, como punto en común, resultados inciertos, pero, como contraste entre ellas, presentan procedimientos seguros frente a inciertos. Por otro lado, las democratizaciones de las últimas décadas del siglo XXI en América Latina, Europa del Sur, Asia y África señalan generalizaciones robustas pero definidas espacialmente, en concreto: (1) el relevante papel de los acuerdos y pactos en las transiciones democráticas de Europa del sur y América Latina; (2) la importancia de la ruptura con el pasado socialista y sus elites en Europa del Este; (3) la correlación entre democratización y reforma económica capitalista en Europa del Este; la amenaza para las democracias de América Latina y Europa Oriental por las carencias en el respeto al imperio de la ley.

Por otra parte, las generalizaciones constituyen la base para la construcción de teorías. Así, una teoría está constituida por una serie de generalizaciones, que desempeñan un papel esencial en la explicación, ayudando a estructurar el conocimiento resultante de las relaciones identificadas en el análisis comparado de los fenómenos políticos.

Asimismo, las generalizaciones pueden servir para la construcción de modelos teóricos de cara a la explicación de los fenómenos políticos. Un modelo supone la simplificación de algún aspecto de la compleja realidad política como una forma de aproximación al mismo para entender, explicar o predecir fenómenos en diferentes contextos nacionales o subnacionales (King *et al.*, 2000: 60). Los modelos pueden ser tanto el punto de partida del análisis comparado como constituir el resultado de la investigación. Por un lado, los modelos proporcionan un marco que orienta la investigación y la interpretación de datos. Por ejemplo, el modelo de elección racional puede ser aplicado a una investigación sobre la formación de los gobiernos de coalición en sistemas parlamentarios, donde los partidos políticos buscan maximizar sus beneficios

---

5. El conocimiento nomotético se refiere a aquel que busca establecer leyes generales, principios o regularidades universales que puedan aplicarse y verificarse en diferentes situaciones o contextos. En contraposición, el conocimiento ideográfico se centra en lo particular y lo único, buscando comprender fenómenos específicos o casos individuales en lugar de generalizar.

en términos de obtener el mayor número de puestos clave y promover su programa político. Por otro lado, la construcción de modelos surge a partir de generalizaciones basadas en las relaciones causales identificadas durante la investigación, lo que contribuye a estructurar y organizar el conocimiento. En este sentido, un modelo teórico generalmente incluye los conceptos fundamentales relacionados con el fenómeno estudiado, las relaciones causales entre ellos, los supuestos de los que se parte y las predicciones, entendidas como en expectativas o hipótesis sobre los resultados esperados si el modelo es válido.

Gráfico 7. La construcción teórica en la política comparada

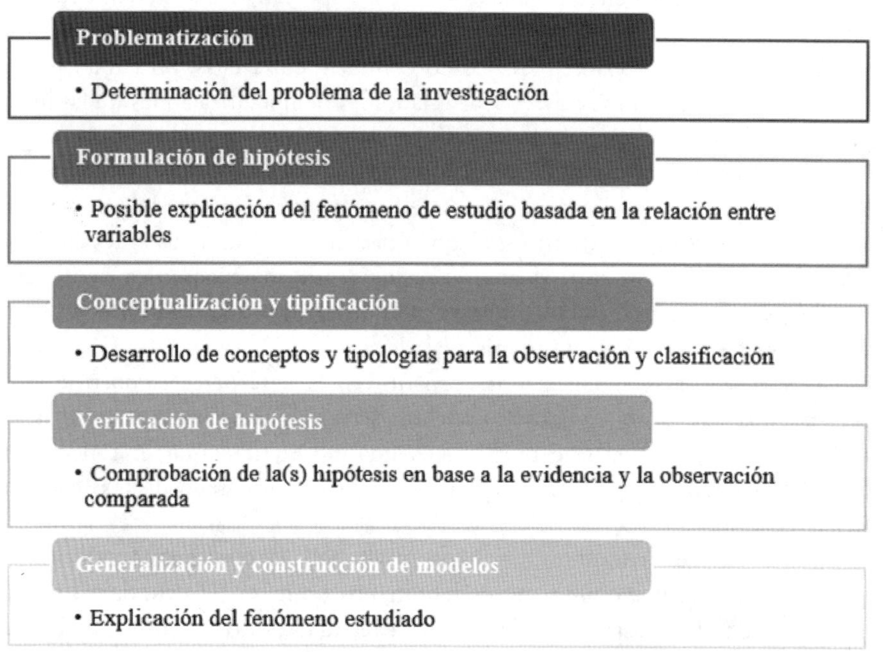

Fuente: Elaboración propia

CAPÍTULO 4
EL MÉTODO COMPARATIVO

La investigación científica requiere de una metodología que sirva como herramienta para organizar y hacer efectiva su realización. De acuerdo con Bartolini (1995: 39), la metodología se entiende como «aquellos procedimientos lógicos que se refieren a la formulación de los problemas de la investigación, la formación y el tratamiento de los conceptos, la elección de los casos y las variables, los procedimientos de control de los resultados». En este epígrafe, abordaremos el método comparativo como metodología a disposición de quienes investigan en el ámbito de las ciencias sociales y, en particular, en la ciencia política. No obstante, no existe una única forma de concebir la metodología comparada. De ahí que, dentro de la comunidad académica, exista debate sobre los distintos enfoques posibles en la política comparada: empirismo radical frente al racionalismo lógico, método cuantitativo frente al cualitativo, comparación extensiva frente a intensiva, estudios con un gran número de casos (n grande) frente a aquellos con pocos casos (n pequeña) o estudios sincrónicos frente a los diacrónicos (Jolías 2008: 3).

En este capítulo, haremos referencia al método comparado como método de investigación científica, señalaremos las distintas estrategias para llevar a cabo un estudio comparado y analizaremos cómo realizar una investigación comparada de manera sistemática.

1. EL MÉTODO COMPARATIVO COMO MÉTODO DE INVESTIGACIÓN CIENTÍFICA

Pese al debate metodológico dentro de la política comparada, en la comunidad académica existe consenso en ubicar el método comparativo entre los métodos científicos de investigación. Lijphart (1971: 682) lo considera uno de los cuatro métodos fundamentales para descubrir y establecer proposiciones empíricas generales en las ciencias sociales. Concretamente, el politólogo neerlandés distingue entre un método experimental y tres métodos no experimentales: el estadístico, el comparado y el estudio de caso. Los tres últimos se basan exclusivamente en la observación y en la medición, mientras que el método experimental implica la manipulación de variables. En relación con estos cuatro métodos, Lijphart señala diversas ventajas y desventajas en su aplicación al estudio de fenómenos sociales y políticos.

El método experimental, utilizado en las ciencias naturales, se basa en el establecimiento de relaciones empíricas entre dos o más variables mientras que el resto permanecen constantes o invariables, según la condición *ceteris paribus*. De este modo, se establecen dos grupos de estudio: un grupo experimental que se expone a un estímulo y un grupo de control que permanece invariable. Los dos grupos se comparan de forma que cualquier variación que se produzca se atribuye al estímulo introducido. Según Sartori (1992), el método experimental tiene en su haber el poder proporcionar firmes criterios para la eliminación de explicaciones rivales. Sin embargo, su utilización en la política comparada es muy difícil por la dificultad de crear datos experimentales para la gran parte de temas relevantes de los que se ocupa esta disciplina. Przeworski (1987: 38-39) sostiene que la naturaleza dinámica de la realidad social no puede ser capturada o encapsulada por medio de experimentos controlados. En el mundo real de la política y del gobierno es impensable manipular una institución o una ley solamente para observar qué puede suceder. Por ejemplo, para analizar las consecuencias sobre la estabilidad gubernamental que podría provocar el cambio de un sistema presidencial a uno de tipo parlamentario, no podríamos reformar la constitución de un país para observar el efecto real. De esta forma, en las ciencias sociales y, particularmente, en el estudio de la política, el método experimental sólo es aplicable a micro fenómenos muy concretos. No obstante, hay que señalar que los experimentos son un método en creciente desarrollo en la política comparada actual.

El método estadístico, por su parte, permite contrastar explicaciones rivales mediante el control estadístico de variables. Este método implica una forma avanzada de medición y observación utilizando datos cuantificables y técnicas estadísticas que permiten identificar relaciones de covariación entre variables, así como controlar el efecto de otras variables adicionales que también influyen, aunque en menor medida. Además, este método permite la realización de generalizaciones fuertes a partir del análisis de una muestra de casos representativa del universo objeto de estudio. No obstante, como veremos más adelante, el uso del método estadístico en la política comparada presenta ciertas desventajas, entre ellas la dificultad para recopilar una cantidad suficiente de datos que sean lo suficientemente fiables y comparables, así como las limitaciones para identificar relaciones causales complejas. A pesar de esto, en la investigación comparativa es posible emplear técnicas estadísticas tanto como metodología principal como complementaria en la investigación, tal y como lo demuestran los estudios comparados sobre comportamiento político, cultura política o democracia.

Por su lado, el estudio de caso permite un examen intensivo de casos sin necesidad de contar con grandes recursos y tiempo; sin embargo, su capacidad para el control sistemático de hipótesis es bastante limitada. Pese a ello, Lijphart reconoce la contribución de los estudios de caso a la ciencia política, ya que, en su opinión, favorecen la acumulación de conocimiento. Más adelante en este capítulo, profundizaremos en las características del estudio de caso de carácter comparativo.

Por último, Lijphart (1988: 59) asocia el método comparativo con la investigación cualitativa y de pocos casos. Lijphart define el método comparativo en relación con el estadístico como

> el método de testar relaciones empíricas hipotizadas entre variables sobre la base de la misma lógica que guía el método estadístico, pero en el cual los casos son seleccionados de tal forma que se maximiza la varianza de las variables independientes y se minimiza la varianza de las variables de control.

Cuando utilizamos el método comparativo intentamos aproximarnos al experimento controlado en el laboratorio: mantenemos variables constantes y observamos la variación de una o más variables para explicar el impacto en el resultado. No obstante, el método comparativo supone un menor control de las hipótesis que el experimental y el estadístico, pero mayor que el del estudio de caso. Sobre todo, al trabajar los estudios comparados con un número pequeño de casos, la capacidad de desarrollar generalizaciones a partir de hipótesis de investigación es limitada.

Además de Lijphart, otros autores han incluido también el método comparativo entre sus categorías de métodos científicos. Para Sartori (1999: 34) el método comparativo se justifica y desarrolla como una «especialización» del método científico —científico-empírico o científico-lógico— en general. Sartori (1984b) señala, según una fuerza de control decreciente, las siguientes formas de procedimientos científicos: (a) el método experimental, que pretende observar los cambios en la variable dependiente a través de la influencia de una de las independientes manteniendo constantes el resto; (b) el método estadístico, que estudia las relaciones y las correlaciones entre variables; (c) el método comparado; y, (d) el método histórico, que se basa en la búsqueda de fuentes, en la crítica y la síntesis. En relación con este último, no debemos confundir el método histórico utilizado por los politólogos con el método historiográfico de los historiadores. El objetivo del método histórico en la ciencia política es formular hipótesis y generalizaciones a partir de observaciones y ejemplos históricos, o bien sustentarlas en ellos (Sartori, 1992). No obstante, algunos autores excluyen el método histórico de los métodos científicos, puesto que, si bien es cierto que resultan muy fructíferos de cara a la formulación de hipótesis, no resultan tan rigurosos desde la perspectiva del control de la investigación (Bartolini, 1995: 70).

Por otra parte, Miguel Beltrán (1985) propone una clasificación alternativa de los métodos científicos en ciencias sociales, en la que incluye el método comparativo como una de las cinco principales vías de acceso a la realidad social, junto con los métodos histórico, crítico-racional, cuantitativo y cualitativo. Laiz y Román (2003) consideran que esta propuesta fomenta una mayor pluralidad metodológica en el campo de las ciencias sociales, al otorgar a estos métodos un mismo nivel de importancia, superando así la tradicional división entre metodología cuantitativa y cualitativa.

Desde nuestra perspectiva, el método comparado posee entidad propia como forma de proceder científica. No obstante, consideramos que los métodos anteriormente citados pueden ser herramientas útiles en la investigación comparada. Así, en determinadas circunstancias, el método estadístico puede servir como instrumento de control en el análisis de variables. Del mismo modo, el análisis histórico resulta valioso también en la investigación comparativa, ya que evidencia cómo los factores históricos influyen en el desarrollo de los procesos políticos, como buena muestra de ello son los estudios sobre transiciones hacia la democracia. Por otro lado, tanto la metodología cuantitativa como la cualitativa se integran en la investigación comparada, ya sea de manera independiente o combinada (métodos mixtos). E, incluso, ya hemos señalado como los experimentos (*field experiments*) suponen una de las innovaciones metodológicas más interesantes en la política comparada actual. Coincidimos con Landman (2011: 46), quien señala que la elección de los distintos procedimientos metodológicos dependerá de la cuestión a investigar, el tiempo y los recursos del investigador, la técnica con la que se encuentre más cómodo, así como la posición epistemológica que adopte.

2. FUNDAMENTOS DEL MÉTODO COMPARATIVO

Muchos autores consideran el método comparativo como el instrumento más apropiado para la investigación en ciencia política y el propio de la política comparada (Duverger, 1996: 411; Apter, 2001: 535; Nohlen, 2008: 3-4). Esta metodología es fundamental para el estudio y análisis de diversas unidades sociales, ya que facilita tanto la interpretación como la explicación en la ciencia política (Mayer, 1989: 56). En este sentido, el método comparativo se define como el proceso de comparar diferentes casos para mejorar la comprensión de los fenómenos políticos y desarrollar hipótesis, teorías y conceptos (McCormick, 2022: 31). Una definición detallada del método comparado la ofrece Colino (2001) en el *Diccionario Crítico de Ciencias Sociales*.

> Por método comparativo debe entenderse, pues, aquel procedimiento científico-lógico para llevar a cabo análisis comparativos de la realidad social, que fija su atención en dos o más unidades macrosociales. Estas deben seleccionarse de forma sistemática, ser comparables en subconjuntos o totalmente (contextos homogéneos o heterogéneos), y ser consideradas como el contexto del análisis de la variación (semejanzas o diferencias) entre variables o relaciones; éstas, además, pueden ser observadas a diferentes niveles de análisis, para llegar, bien a la comprobación de hipótesis y proposiciones causales explicativas de validez general, o bien a la interpretación de diferentes pautas causales particulares de cada caso.

Bartolini (1999: 111) señala cuatro premisas sobre las que se basa el método comparativo:

(a) La investigación tiene un propósito explicativo, partiendo del supuesto de que es posible identificar regularidades en los acontecimientos.

(b) La comparación entre distintas unidades —ya sean espaciales o temporales— es necesaria para garantizar el nivel mínimo de varianza entre la variable dependiente y las independientes.

(c) Es fundamental traducir los informes descriptivos y los aspectos idiosincráticos en configuraciones de variables con un objetivo heurístico, facilitando la comunicación e intercambio intersubjetivo de los resultados de la investigación.

(d) La configuración de variables se organiza mediante una matriz de datos, cuya finalidad es esclarecer las dimensiones espaciales y/o temporales de variación, identificar las unidades de análisis y sus propiedades, así como las características de la estrategia de investigación que resulta de esa combinación. Esta organización es útil independientemente del carácter cuantitativo o cualitativo de las variables consideradas. Concretamente, la matriz de datos está conformada por las unidades de variación (variables), las unidades de observación (casos) y las unidades de medida (valores) (Pennings *et al.*, 1999: 11).

Si bien los politólogos comparativistas pueden coincidir en estas cuatro premisas, no hay un consenso generalizado sobre la forma de abordar el método comparativo. Entre los elementos de discusión metodológica se encuentran los siguientes: cómo los conceptos se aplican a los casos; cuál es el valor de tratar conceptos como variables que son medidas por indicadores; cuál es el uso más apropiado de la información de un caso específico en las teorías que cubren muchos casos; cómo afecta la elección de los casos a las proposiciones generales que se ofrecen; si existen requerimientos que definen los números de casos que necesitan ser incluidos en el análisis; cuál es la relevancia de los estudios de caso para el desarrollo de la teoría; cómo pueden los estudios de caso contribuir a los conjuntos generales de fenómenos; si es posible o deseable incluir todos los casos relevantes en el análisis; si es factible desarrollar una metodología adecuada que permita generalizaciones poderosas basadas en la observación de un número pequeño de casos; etc. En relación con ello, hace casi cuarenta años, Sartori (1970) reflexionó sobre las cuestiones fundamentales de la formación de conceptos. Al mismo tiempo, Lijphart (1971) y Przeworski y Teune (1970) iniciaron un controvertido debate sobre la metodología más apropiada, cualitativa o cuantitativa, en la investigación comparativa. Eckstein (1975), Skocpol y Somers (1980), Ragin (1987) y Ragin y Becker (1992) ofrecieron su propia perspectiva a favor de los estudios cualitativo de pocos casos. Hace una década, Collier y Mahon (1993), Collier (1993) y Sartori (1994) ilustraron nuevos desarrollos concernientes a la adecuada formación de conceptos y la importancia de la operacionalización de conceptos en la validez de las comparaciones. Ragin (1987) y King, Keohane y Verba (1994; trad. 2000) iniciaron un productivo debate sobre la inferencia causal en la investigación comparada. En definitiva, aunque el término de método comparado sugiere la existencia de un único enfoque general para la comparación, en realidad hay una variedad de posibilidades metodológicas en la investigación. Lejos de tener que percibirse esto como un problema, esta diversidad representa una fortaleza del método comparado, ya que brinda al investigador la flexibilidad necesaria para seleccionar el enfoque más adecuado para su investigación (Mc Cormick, 2022: 31).

Independientemente de cómo se entienda la metodología comparada —ya sea a través de estudios de muchos o pocos casos, sistemas homogéneos o heterogéneos, técnicas cuantitativas o cualitativas, etc.— la investigación comparada sigue las siguientes fases, que se detallarán en epígrafes posteriores de esta monografía (véase gráfico 5). En primer lugar, se parte de la observación de un fenómeno político de interés, que constituye el objeto de estudio. A partir de la definición del problema y la formulación de la pregunta de investigación, se desarrolla una o varias hipótesis que se pretende comprobar a través de la comparación. En base a todo ello, se seleccionan los casos pertinentes para la investigación. Seguidamente, se definen los conceptos clave de la investigación y se operacionalizan, es decir, los conceptos se traducen en variables e indicadores que puedan «medir» los conceptos. Tras la recogida de datos y de información, se examinan las relaciones entre la variable dependiente (aquel fenómeno que queremos examinar) y las variables independientes (aquellos factores que consideramos que pueden influir sobre el fenómeno de estudio). Durante este análisis, las variables de control se mantienen constantes de acuerdo con la estrategia seguida por el comparativista (por ejemplo, sistemas más similares, sistemas más diferentes u otra técnica). Esto permite identificar los factores (variables causales) o condiciones (configuraciones causales) que explican el fenómeno de nuestro estudio. Las comparaciones realizadas nos llevarán a confirmar o refutar la(s) hipótesis de orden causal propuestas inicialmente. Finalmente, el análisis de las relaciones de causalidad entre variables nos posibilitará llegar a conclusiones en nuestra investigación (generalizaciones), que pueden ser extrapoladas a otros contextos que reproduzcan las mismas condiciones de los casos seleccionados. Esto nos puede permitir la construcción de teorías válidas, apoyadas en la evidencia científica que nos proporciona nuestras observaciones y hallazgos.

Gráfico 8. Fases de la metodología y del análisis comparativo

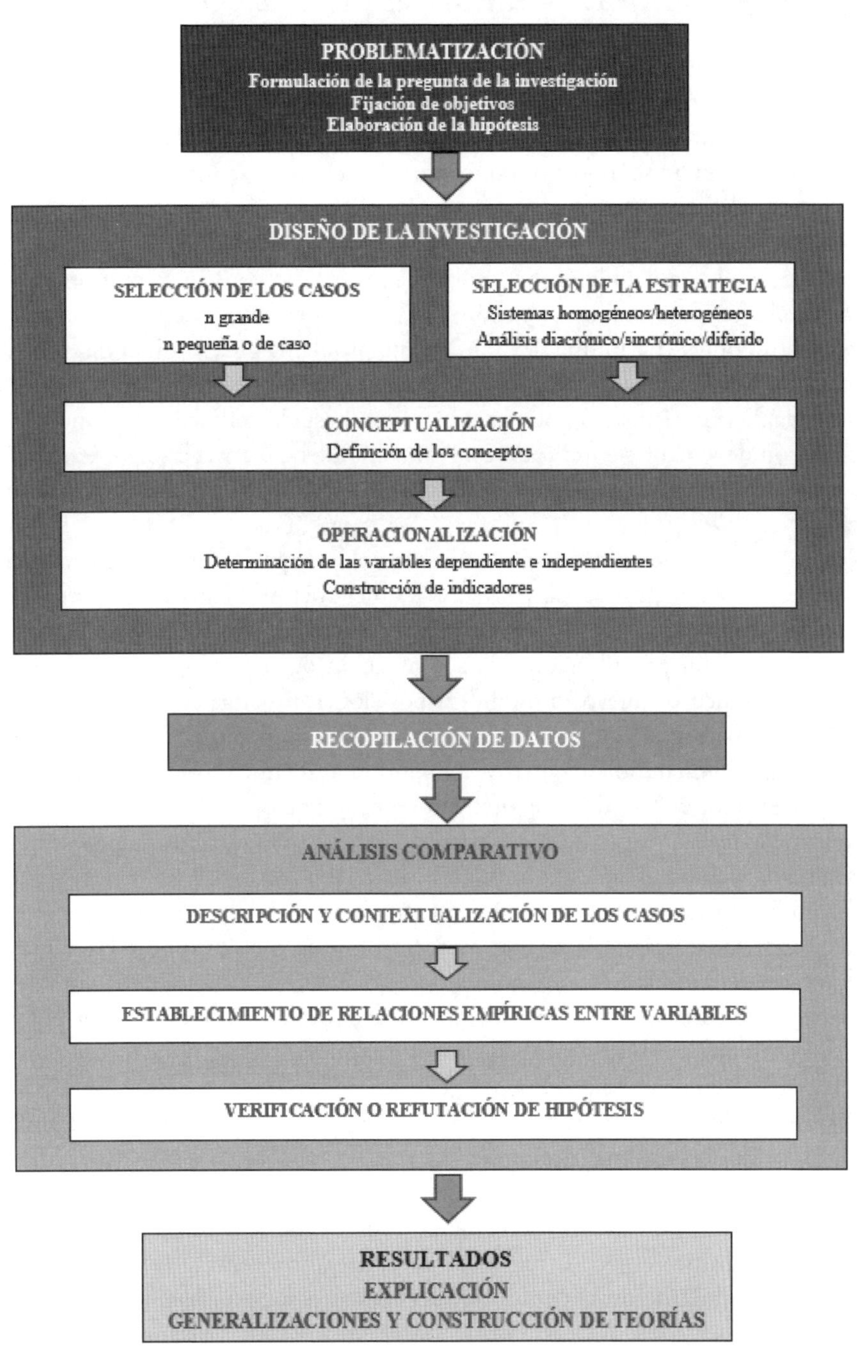

Fuente: Elaboración propia

3. LA DEFINICIÓN DEL PROBLEMA DE LA INVESTIGACIÓN Y LA ELABORACIÓN DE LA(S) HIPÓTESIS DE TRABAJO

La investigación comparada se inicia con la formulación y acotación del problema de estudio que, como se señaló en el primer capítulo de esta monografía, es un fenómeno políticamente relevante para el mundo en el que vivimos. La problematización debe entenderse en un sentido amplio, como el proceso de identificación de la cuestión a investigar y de los objetivos que se pretende alcanzar en la investigación (Morlino, 2010: 49).

De este modo, la definición del problema de estudio constituye el momento más crucial en el diseño de una investigación, puesto que determina y condiciona todos los procesos posteriores (Bartolini, 1995: 40). Este problema guía tanto el diseño teórico como metodológico de la investigación, desde la selección de las unidades de análisis y la estrategia de la investigación que se va a aplicar, hasta la definición de conceptos y la construcción de variables e indicadores. Asimismo, debe mantenerse presente durante todo el análisis comparativo para garantizar la consecución de los objetivos de la investigación.

En la elección del problema de estudio, el comparativista considera diversos factores, como sus intereses, valores y la relevancia del problema desde un punto de vista social y académico. Desde esta última perspectiva, el problema de investigación se selecciona por su contribución a la acumulación de conocimiento, porque pueda ofrecer conocimientos nuevos o modificar posiciones o teorías existentes (King *et al.*, 1994: 16-17; Bartoloni, 1995: 41). En este sentido, al formular la cuestión a investigar, resulta imprescindible recurrir a la literatura académica previa existente sobre la materia (Morlino, 2010: 50). Por otro lado, antes de emprender la investigación, es recomendable realizar un estudio exploratorio que permita clarificar la problemática y determinar la viabilidad del estudio (Gamboa, 2010: 129).

El problema de investigación se expresa generalmente mediante una pregunta —sin proporcionar respuesta en ese momento— que busca explicar las causas que producen un determinado fenómeno político. Por ejemplo, para un tema tan relevante en la actualidad como es la regresión democrática que se está produciendo en el mundo en el siglo XXI, una posible pregunta de investigación podría ser: ¿Qué factores influyen en el retroceso democrático en el siglo XXI?

Bartolini (1995: 42) señala cuatro reglas que ayudan a la formulación del problema que se pretende abordar analíticamente:

(a) La formulación de un problema empírico debe ser lo más *explícita* posible. Esto significa especificar al máximo la pregunta central de la investigación, separándola de otras cuestiones periféricas o secundarias.

(b) Ha de ser *clara*, de forma que los términos utilizados no generen ambigüedad ni confusión intelectual acerca de su significado, ni se encuentren afirmaciones o respuestas implícitas.

(c) El problema debe señalarse de forma que pueda tener una *respuesta empírica*. Por tanto, se deben excluir cuestiones que, indirectamente o de modo incompleto, no sean susceptibles de ofrecer tal respuesta.

(d) La formulación del problema debe estar dotada de *valor teórico,* en el sentido de que se inserte y contribuya al desarrollo de los conocimientos ya acumulados.

Por otra parte, una vez delimitado el problema de estudio y formulada la pregunta de la investigación, se debe establecer la hipótesis de trabajo. La hipótesis de partida ha de estar en consonancia con la definición del problema y ofrecer una posible respuesta a la pregunta de la investigación, estableciendo una relación de causa y efecto respecto al fenómeno de estudio. La hipótesis debe ser explicativa y verificable empíricamente. Además, debe partir del conocimiento científico acumulado, lo que no significa replicar las ideas de otros autores, sino que una buena hipótesis debe ser original y responder a los objetivos de la propia investigación (Dickovick *et al.* 2023: 49).

Toda hipótesis se compone de tres elementos: (a) una variable dependiente (Y), que constituye el fenómeno que se pretende explicar; (b) una o más variables independientes (X), que representan los posibles factores explicativos; y, (c) una relación causal que se pretende verificar y que consideramos vincula la variable dependiente con la(s) independiente(s) (Pérez Liñán, 2010: 127). Para el ejemplo de la pregunta de investigación que planteamos anteriormente, una posible hipótesis podría ser la siguiente: *La llegada al poder de líderes populistas influye en el retroceso democrático en el mundo, ya que implica una mayor concentración del poder en la figura del presidente en detrimento de la autoridad del poder legislativo.*

4. CASOS, UNIDADES DE ANÁLISIS, OBSERVACIONES Y NIVELES DE ANÁLISIS

En la investigación comparada, se suele producir cierta confusión sobre qué constituye el «caso» o la «unidad de análisis». Esta incertidumbre surge porque, hasta bien entrada la segunda mitad del siglo XX, los casos de estudio se identificaban con los estados-nación, los cuales se trataban como un todo. En aquel entonces, los estudios comparativos se basaban en la comparación de países de una misma región geográfica en un momento determinado, los denominados «estudios transnacionales» (*cross-national studies*) (Lucca y Pinillos, 2015: IV).

No obstante, los estudios comparados que utilizan unidades subnacionales como casos, tales como regiones, provincias, ciudades o cualquier otra unidad política o sociocultural dentro de un país, también son posibles y especialmente interesantes.

Son los denominados «estudios intranacionales» (*within-nation studies*)[6]. Autores como Linz y De Miguel (1966: 268) en su referencia a «las ocho Españas», Putnam y Nanetti en su estudio de las «seis Italias» (1993), o Smelser (1967: 114-115) y Lijphart (1988: 62-63) han defendido el análisis dentro de una única nación como un buen procedimiento para controlar mejor las variables de la comparación. El argumento es que la utilización de estas unidades de análisis puede suponer un componente superior de verificación de la teoría política, respecto a cuando se realiza entre naciones. Al mantenerse constantes ciertos factores o variables culturales y sociales, se puede eliminar del análisis comparado algunas de ellas, permitiendo una comprensión mejor de las diferencias y de las relaciones entre variables en estos sistemas políticos que de otra forma no sería posible en un estudio de ámbito nacional. Sin embargo, como señala Snyder (2001) la comparación de casos dentro de un mismo país no siempre asegura la similitud de condiciones históricas, culturales, económicas o sociales, lo que el investigador debe tener en cuenta.

Hay que subrayar que un caso rara vez se corresponde con un país en la política comparada actual. Si bien es fundamental definir el alcance geográfico o territorial de los casos, también es necesario precisar qué aspecto específico se estudiará, ya que un país no puede ser analizado como un todo homogéneo (Lucca y Pinillos, 2015: 5). En este sentido, los casos seleccionados en una investigación comparada pueden ser cualquier unidad, independientemente de que se trate de países, de la comparación dentro de un mismo país o del mismo país en diferentes épocas (Mackie y Marsch, 1997: 181). Como muestra, Huntington en su controvertido libro *The Clash of Civilizations and the Remaking of World Order* (1996), en lugar de estudiar países, examina civilizaciones culturales (occidental, islámica, china, hindú, ortodoxa, latinoamericana, japonesa, africana y bisagra). En su trabajo, argumenta que las civilizaciones, y no los estados-nación, serán las unidades clave de análisis en las relaciones internacionales del futuro, anticipando conflictos culturales entre estos bloques civilizacionales.

En definitiva, la política comparada se centra en analizar y comparar aspectos concretos de la política, de los sistemas, procesos y fenómenos políticos, con independencia del ámbito territorial o espacial de la investigación. Es decir, los casos o las unidades de análisis son los objetos o acontecimientos que constituyen el foco de una determinada investigación (Bartolini, 1995: 43). Estos pueden abarcar una amplia variedad de objetos de estudio, como elites parlamentarias, gobiernos democráticos, partidos y sistemas de partidos, procesos electorales, movimientos y organizaciones sociales, políticas públicas específicas, procesos de transición democrática, revoluciones, conflictos civiles, entre otros. De esta forma, podemos definir un caso como la unidad básica de análisis en la política comparada (Dickovick, 2023: 15).

---

6. Se pueden comparar también unidades subnacionales de distintos casos nacionales (*between-nation*). Un ejemplo de esto sería analizar los proyectos de independencia de partidos independentistas de diversas regiones y países.

Por otra parte, el número de casos o unidades de análisis no solo responde a un criterio espacial, sino que también puede depender de un criterio temporal. Es decir, dependerá de si la investigación incorpora el factor tiempo; en ese caso, hablamos de estudios diacrónicos o longitudinales. Por ejemplo, podemos analizar el fenómeno de la estabilidad gubernamental en España, considerando como unidades de análisis cada uno de los gobiernos en las legislaturas de la etapa democrática. Asimismo, es posible realizar comparaciones que involucren diferentes países en distintos momentos temporales. Pongamos como ejemplo que queremos analizar los factores explicativos del diferente grado de integridad electoral en las elecciones legislativas celebradas en los países del Magreb durante el siglo XXI, antes y después de la Primavera Árabe. En este estudio comparado, las elecciones legislativas realizadas en cada país magrebí se considerarían como las unidades de análisis, tal como se ilustra en el cuadro 6.

Cuadro 6. Ejemplo de unidades de análisis en un estudio diacrónico

INTEGRIDAD ELECTORAL		
Marruecos	Argelia	Túnez
Elecciones legislativas de 2002 *Unidad de análisis 1*	Elecciones legislativas de 2002 *Unidad de análisis 6*	Elecciones legislativas de 2004 *Unidad de análisis 11*
Elecciones legislativas de 2007 *Unidad de análisis 2*	Elecciones legislativas de 2007 *Unidad de análisis 7*	Elecciones legislativas de 2009 *Unidad de análisis 12*
Elecciones legislativas de 2011 *Unidad de análisis 3*	Elecciones legislativas de 2012 *Unidad de análisis 8*	Elecciones Asamblea Constituyente de 2011 *Unidad de análisis 13*
Elecciones legislativas de 2016 *Unidad de análisis 4*	Elecciones legislativas de 2007 *Unidad de análisis 9*	Elecciones legislativas de 2014 *Unidad de análisis 14*
Elecciones legislativas de 2021 *Unidad de análisis 5*	Elecciones legislativas de 2021 *Unidad de análisis 10*	Elecciones legislativas de 2022 *Unidad de análisis 15*

Fuente: Elaboración propia

Por otro lado, otro término que suele introducir cierta confusión es el de «observación», puesto que ha sido entendido por algunos comparativistas como sinónimo de caso. No obstante, se trata de dos conceptos diferentes. Las observaciones se refieren al valor particular de una variable y no al caso en sí (King, et al. 2010: 116).

Por último, los niveles de análisis se refieren a los distintos enfoques desde los cuales se estudian los fenómenos políticos. Tradicionalmente se han considerado tres niveles de análisis en política comparada, tal y como sucede en la ciencia política en general: (a) nivel macro, se estudia cómo las estructuras y características de un país (históricas, económicas, políticas, culturales, internacionales, etc.) influyen en la política; (b) nivel meso, pone el foco de atención en determinadas organizaciones o grupos, como instituciones, partidos, sistemas de partidos, movimientos sociales, etc.; y, (c) nivel micro, se analiza la influencia de las características de los individuos (psicológicas, sociales, contextuales) en la toma de decisiones y en el comportamiento de los actores políticos y de los ciudadanos. El enfoque multinivel se basa en la combinación de varios o todos los niveles de análisis mencionados, lo que permite una comprensión más completa de los fenómenos políticos. En el cuadro 7, se pueden encontrar algunos ejemplos de preguntas de investigación para cada uno de los niveles de análisis.

Cuadro 7. Niveles de análisis y preguntas de la investigación

Nivel de análisis	Ejemplo de pregunta de investigación
Macro	¿Afecta el desarrollo económico a la consolidación de la democracia?
Meso	¿Qué impacto ha tenido el movimiento feminista «Me Too» en los procesos de reforma de la legislación sobre el acoso y abuso sexual en el mundo?
Micro	¿Qué papel juegan las emociones en el comportamiento electoral de los ciudadanos?
Multinivel	¿Cómo afectó la organización territorial del estado en la evolución de la pandemia del COVID-19 en los países de la UE?

Fuente: Elaboración propia

5. LA SELECCIÓN DE CASOS Y LOS TIPOS DE ESTUDIO EN FUNCIÓN DEL NÚMERO DE CASOS

En el análisis comparado, la selección de los casos de estudio es un proceso fundamental que ha de responder a los objetivos de la investigación. En la fase de construcción de los casos, es necesario hacer explícito los criterios de elección de las unidades de análisis que servirán como base para el análisis comparado. Así, el investigador debe plantearse por qué los casos elegidos son significativos y evaluar su pertinencia. La relevancia de un caso puede depender de diversos factores, como la necesidad de verificar una teoría existente, su carácter único o raro, su impacto excepcional en la sociedad, o cualquier otro motivo que justifique su integración en el estudio (Coller, 2000: 30). No obstante, la selección de casos no debe fundamentarse solo en criterios teóricos, sino también asegurar el control empírico de la investigación (Geddes, 2003).

Existen principalmente dos formas de proceder comparativamente para la determinación de qué unidades (objetos o acontecimientos políticos) y qué propiedades (características o dimensiones de las unidades o casos) se toman en consideración en función de los intereses de la investigación. Así, teniendo en cuenta el número de casos y variables podemos diferenciar entre una estrategia extensiva o intensiva en el diseño de la investigación (Bartolini, 1995: 44):

— *Extensiva*: implica el análisis de muchos casos y de pocas propiedades o variables. Esta estrategia supone la posibilidad de realizar conclusiones generales sobre lo analizado comparativamente. Es la utilizada por los estudios comparativos globales o de n grande.

— *Intensiva*: supone el análisis de pocos casos y de muchas propiedades o variables. Implica el conocimiento profundo de uno o pocos casos. Esta forma de proceder está limitada en cuanto a la realización de generalizaciones sobre lo observado. Esta estrategia es normalmente la utilizada por el enfoque histórico y por los estudios comparados de n pequeña.

De esta forma, las investigaciones en política comparada pueden dirigir su atención al análisis de un gran número de países (estudios globales, de n grande o de orientación de variables), pocos países seleccionados en función de los objetivos del investigador (estudios de n pequeña o de orientación de casos) o un único país (estudio de caso). A continuación, expondremos las características de cada uno de los posibles tipos de estudios.

5.1. Estudios globales o de n grande

Los estudios globales o de n grande (*large-n*) analizan un amplio número de casos, abarcando todo o casi todo el universo de estudio. La inclusión de una gran cantidad de casos implica que el número de variables consideradas en la investigación sea reducido. No obstante, son las variables las que cobran protagonismo en la investigación, puesto que lo que interesa indagar es su influencia sobre el objeto de estudio. Por esta razón, este tipo de estudios se conoce también como estudios de orientación de variable (*variable-oriented*).

Los análisis de gran número de casos conocieron su auge en la década de 1960, gracias a la creciente disponibilidad de datos socioeconómicos y políticos, así como los avances informáticos de la época. Aparecieron nuevas formas de recolección de datos, principalmente demoscópicas. La revolución informática, por su parte, facilitó el almacenamiento, análisis y acceso a los datos, permitiendo una compilación más eficiente y precisa de la información. Organizaciones internacionales como las agencias especializadas de Naciones Unidas, el Banco Mundial, el Fondo Monetario Internacional, así como entidades regionales como la OCDE o la Comunidad Europea —con su Eurobarómetro— comenzaron a proporcionar datos estadísticos estandarizados para todos los países del mundo. Estos datos, disponibles en formatos como los *data handbooks* y archivos de datos agregados, facilitaron enormemente la investigación comparada (Daalder, 2002: 20).

Los estudios globales han sido identificados tradicionalmente con la utilización de técnicas cuantitativas de tipo estadístico en las que se trabaja con variables que pueden ser fácilmente operacionalizadas y cuantificadas. Un referente de este tipo de estudios es el trabajo de Lipset de 1959, *Some Social Requisites of Democracy: Economic Development and Political Legitimacy*, en el que analizó las democracias de Europa, Estados Unidos y América Latina utilizando como variables la riqueza, la industrialización y la educación. La tesis de Lipset, sobre la existencia de una correlación positiva entre el desarrollo económico y la probabilidad de que una democracia emerja y se consolide, inició una fructífera línea de investigación que impulsó numerosos estudios cuantitativos sobre esta relación, aunque sus postulados fueron posteriormente objeto de debate y revisión. Otros ejemplos de estudios globales cuantitativos incluyen los trabajos de Ronald Inglehart sobre cultura política, basados en los datos de la Encuesta Mundial de Valores (*World Values Survey*, WVS), y continuados por sus colaboradores, como Christian Welzel; así como las recientes investigaciones del instituto V-Dem (*Varieties of Democracy*) sobre los procesos de autocratización y resiliencia democrática.

Aunque el uso de técnicas cuantitativas sea más frecuente, es importante señalar que también existen estudios cualitativos que abarcan gran número de países. Un ejemplo destacado de ello es el trabajo de Bernard Finer, *The History of Government from the Earliest Times* (1997), que explora una amplia gama de países y civilizaciones a lo largo de la historia para ilustrar la evolución de las estructuras gubernamentales y sus características. Asimismo, Samuel Huntington, en *The Third Wave: Democratization in the Late Twentieth Century* (1991), examina los procesos de democratización en casi treinta países de varias regiones desde la década de 1970. Asimismo, De igual modo, Dietrich Rueschemeyer, Evelyne Huber Stephens y John D. Stephens, en *Capitalist Development and Democracy* (1992), analizan una variedad de países a nivel global para argumentar que la democratización está ligada a las relaciones de clase y al poder estatal, en lugar de simplemente a factores económicos. Otro tipo de investigaciones recurren a la combinación de datos cuantitativos y cualitativos, tal y como lo hace Lijphart (1999) en su conocido estudio sobre 36 democracias, en el que determina que el funcionamiento y el rendimiento de las democracias de consenso es superior al de las democracias mayoritarias.

Como ocurre en cualquier tipo de investigación, los estudios globales o de n grande presentan tanto ventajas como desventajas. En cuanto a las ventajas, se pueden resumir en las siguientes (Hague *et al.* 1998; Landman, 2011: 53; Keman, 2023: 53):

— Cobertura amplia de países, lo que minimiza o elimina el sesgo en la selección de los casos.
— Capacidad para controlar estadísticamente las variables en estudios cuantitativos.
— Identificación de casos atípicos o desviados, es decir, aquellos que divergen respecto a los patrones esperados.
— Potencial para realizar fuertes generalizaciones. La inclusión de una amplia variedad de casos permite identificar patrones y tendencias a nivel global, facilitando así el desarrollo de teorías aplicables a múltiples contextos.
— Mayor validez externa. Como consecuencia de lo señalado anteriormente, los resultados de la investigación serán más robustos y generalizables cuanto mayor sea el número de casos en el estudio. Esto es, la validez externa será mayor.

Por otro lado, este tipo de investigaciones presenta una serie de inconvenientes:

— Análisis poco profundos debido al elevado número de países o unidades de análisis —que pueden ser muy diferentes entre sí— utilizando pocas variables. Esto conlleva la simplificación en la comprensión de fenómenos políticos, los cuales son generalmente complejos y multicausales.

— Dificultad de acceso a los datos necesarios para todas las unidades de análisis, que además pueden presentar problemas de fiabilidad y comparabilidad. Un ejemplo es el estudio de Jean Blondel (1969) sobre líderes políticos y estructuras de gobierno en 138 países, que debió restringirse a aquellos conceptos para los cuales contaba con indicadores disponibles y fiables. Además, los datos suelen ser proporcionados por organismos cuyas prioridades en la recolección de información —económica, financiera, desarrollo— no siempre coinciden con los objetivos de análisis político.

— Problemas en la medición de conceptos. La forma en que se miden ciertos conceptos puede afectar la validez de los resultados. Por ejemplo, en la literatura sobre desarrollo económico y democracia, se empleaba el PIB como indicador principal, ignorando otros factores esenciales como la distribución de la renta, necesarios para entender la naturaleza del desarrollo de un país. Igualmente, la «democracia» se conceptualiza y se operacionaliza de distintas maneras, lo que genera variaciones significativas en los rankings de democracia según la institución que los elabore.

— Los estudios que abarcan un gran número de casos tienen un mayor riesgo de caer en el problema del «estiramiento conceptual» (Sartori, 1970: 1034). Así, los estudios de n grande requieren un alto nivel de abstracción en la especificación de los conceptos, con el fin de incluir la mayor cantidad posible de países. Al aplicar conceptos analíticos a una amplia gama de casos, el significado original de dichos conceptos puede no ajustarse a la realidad de todos los contextos analizados (Landman, 2011: 53).

— Capacidad limitada de explicación de las relaciones causales. Los estudios globales cuantitativos muestran correlaciones entre variables, pero no explican el «porqué», el «cómo» ni las consecuencias de los fenómenos observados. Aunque una relación causal implica alguna correlación entre variables, la presencia de correlación no garantiza causalidad. La covarianza puede ser efecto de X sobre Y, pero también puede ser el resultado de Y sobre X. Además, la relación entre las dos variables puede ser producto de una tercera variable (Z) (Jolías, 2008: 14-15). Por ello, es fundamental que los politólogos profundicen más allá de los números para extraer significados más profundos e implicaciones más amplias (Hague *et al.*, 1998).

— Exigencia de grandes recursos, infraestructuras y amplios equipos de investigación, así como habilidades avanzadas en técnicas estadísticas por parte de los investigadores.

Cuadro 8. Ventajas y desventajas de los estudios de n grande

ESTUDIOS GLOBALES O DE N GRANDE	
VENTAJAS	**DESVENTAJAS**
Cobertura extensiva de casos	Alto nivel de abstracción y de generalidad
Ausencia o menor sesgo en la selección de casos	Dificultad en la disponibilidad, fiabilidad y comparabilidad de los datos
Identificación de casos atípicos o desviados	Problemas de medición de los conceptos
Control estadístico de las relaciones entre variables	Riesgo de estiramiento conceptual
Establecimiento de fuertes generalizaciones	Limitada capacidad para explicar relaciones causales
Alta validez externa de la investigación	Necesidad de grandes recursos y habilidades del investigador

Fuente: Elaboración propia

5.2. ESTUDIOS DE N PEQUEÑA

Los estudios de n pequeña (*small-n*) analizan un fenómeno político a través de un reducido número de casos o unidades de análisis, elegidos de manera rigurosa por su relevancia para responder a la pregunta de investigación. Dada la importancia explicativa que adquieren los casos seleccionados en este tipo de estudios, también se les conoce como «estudios de orientación de casos» (*case-orientated*) (Ragin, 1994). La reducción de número de casos permite un análisis más en profundidad de los casos, incorporando más variables a la investigación que en los estudios globales. Estas variables se analizan sin ser aisladas del contexto, para así descubrir las diferentes combinaciones o configuraciones de condiciones causales empíricamente relevantes que producen un fenómeno o resultado. Además, puede tenerse en cuenta la dimensión histórica del caso. De este modo, los estudios de n pequeña buscan el equilibrio entre ofrecer descripciones detalladas de los casos y proporcionar explicaciones generales de los fenómenos estudiados.

El objetivo principal de los estudios de n pequeña es identificar los factores explicativos (similares o distintos) que provocan los fenómenos políticos en los casos de estudio y no la relación o correlación entre diversas variables como en el caso de los estudios de n grande. Es decir, lo que interesa es conocer cómo esos casos llegaron al resultado observado. Un ejemplo de estudio de n pequeña es el libro de referencia editada por Juan J. Linz y Alfred Stepan, *The Breakdown of Democratic Regimes* (1978), en la que estos autores junto con sus colaboradores examinaban las causas de la inestabilidad democrática y los factores que llevan a la quiebra de los regímenes democráticos de cinco países de Europa y siete de América Latina. Otra muestra de estudio de un número limitado de casos es la obra clásica de la «transitología» de O'Donnell, Schmitter y Whitehead, *Transitions from Authoritarian Rule* (1986, traducción en castellano de 1994), en cuatro volúmenes, en la que analizan trece procesos de transición democrática —no siempre exitosa— en América Latina (Argentina, Bolivia, Brasil, Chile, Méjico, Perú, Uruguay, Venezuela), Europa del Sur (Italia, Grecia, Portugal, España) y Turquía.

Por lo que se refiere a la metodología, las investigaciones comparativas de n pequeña utilizan generalmente técnicas cualitativas, como análisis documental, análisis histórico, clasificaciones o entrevistas. Por otro lado, los estudios de n pequeña pueden utilizar tanto la estrategia de comparación de sistemas más similares como la de sistemas más diferentes, las cuales estudiaremos en el siguiente epígrafe. Por lo que respecta a la lógica de la inferencia causal, este las investigaciones de n pequeña se basan en el método inductivo, es decir, desarrollan teorías y generalizaciones a partir de la observación empírica de casos individuales.

Lijphart (1988: 66), un firme defensor del método comparado de pocos casos en contraposición al método estadístico, destaca diversas ventajas de los estudios de n pequeña. Entre ellas se incluyen la capacidad de profundizar en los detalles que podrían pasarse por alto en estudios de numerosos casos estadísticos; evitar el estiramiento de los conceptos; asegurar la máxima fiabilidad de los datos; garantizar la validez de los indicadores utilizados; y, asegurar que los casos seleccionados sean realmente independientes entre sí. Además, los estudios de caso fortalecen nuestra capacidad para observar con mayor detalle un fenómeno causal, al permitir la triangulación de datos e información provenientes de múltiples fuentes, junto con la posibilidad de profundizar en los aspectos históricos de los casos (Jolías, 2008: 9). Como contrapartida, a los estudios de pocos casos se les ha señalado como principales limitaciones su capacidad restringida de generalización, debido a la dificultad de extrapolar los resultados de la investigación a otros contextos; y, el posible sesgo en la selección de los casos, que pueda llevar a que no sean realmente representativos del fenómeno que se quiere estudiar y, por lo tanto, que se lleguen a conclusiones no válidas en la investigación.

Desde hace ya varias décadas, muchos comparativistas han optado por el análisis de un número reducido de casos. Esta tendencia se puede atribuir a varios factores, entre los cuales destacan el desarrollo de la ciencia social interpretativa y el éxito de la escuela de análisis histórico-comparativo, que realiza investigaciones de países a lo largo de períodos prolongados lo que limita la posibilidad de incluir una gran cantidad de países como casos de estudio. Además, los avances e innovaciones en la metodología del estudio de caso, la continuidad de la tradición intelectual e institucional de los estudios de área y el escepticismo hacia el análisis estadístico cuantitativo también han contribuido al mayor desarrollo de los estudios de pocos casos (Collier, 1999: 74). Estas innovaciones han ayudado a cambiar la percepción de los estudios de n pequeña, que algunos consideraban un paso previo hacia estudios estadísticos más complejos. En este sentido, se han desarrollado nuevas técnicas estadísticas adaptadas a analizar un número reducido de casos y, con ello, mantener la familiaridad de los estudios de área, prestar atención a los contextos particulares y demostrar que los aspectos deducidos de los estudios de caso/s y de una investigación comparativa más cualitativa pueden contribuir significativamente al análisis estadístico. Entre estas estrategias se incluye la estrategia del remuestreo, que utiliza simulaciones por ordenador para crear artificialmente una muestra más amplia a partir de una muestra reducida sobre la que realizar después test estadísticos; así como el desarrollo de medidas estadísticas robustas, diagnósticos de regresión o los efectos medios en el análisis de regresión.

Cuadro 9. Ventajas y desventajas de los estudios de n pequeña

ESTUDIOS DE N PEQUEÑA	
VENTAJAS	DESVENTAJAS
Análisis detallado y consideración de mayor número de variables	Capacidad limitada de generalización
Atención al contexto particular	Riesgo de sesgo en la selección de los casos
Identificación de las relaciones causales	
Mayor validez interna	
Menor riesgo de estiramiento conceptual	
Datos más accesibles y fiables	
Investigaciones abordables por un investigador	

Fuente: Elaboración propia

5.3. Estudios binarios

Los estudios binarios son un tipo de estudio de n pequeña que consiste en la comparación de dos casos seleccionados en función del problema de estudio, en los que puede aplicarse tanto la estrategia de sistemas similares como diferentes. Una muestra de estudio comparativo binario en contextos similares es nuestro artículo sobre las transiciones democráticas de dos países tras la Primavera Árabe; en concreto, el éxito de la transición hacia la democracia en Túnez frente al fracaso en Egipto[7]. Identificamos como factores explicativos de la transición fallida en Egipto el rol del ejército como *veto player*, la falta de consenso entre las fuerzas políticas y la actitud hegemónica del partido islamista frente a los partidos seculares y progresistas (Szmolka, 2015). Por otra parte, el libro editado por Ward y Rustow (1964), *Political Modernization in Japan and Turkey*, representa un ejemplo de estudio binario en contextos heterogéneos. En esta obra se estudia la influencia de aspectos económicos, internacionales, de liderazgo o movilización social en los respectivos procesos de modernización política de ambos países. Otro ejemplo de contraste entre dos casos es el capítulo de libro de Lipset (1994), «Binary Comparaisons: American Exceptionalism-Japanese Uniqueness», donde subrayó la utilidad y la capacidad explicativa de los estudios binarios.

---

7. No obstante, la democracia no llegó a consolidarse en Túnez, como consecuencia de la deriva autoritaria del presidente Kaïs Saied que, en un autogolpe, disolvió el parlamento y puso fin al gobierno de Hichem Mechichi en julio de 2021.

Las ventajas de los estudios binarios son similares a las que se atribuyen a los estudios de n pequeña. Su principal utilidad radica en la capacidad de realizar un análisis más profundo de cada uno de los dos casos, considerando el contexto en el que ocurren los fenómenos políticos. Otra ventaja fundamental del análisis comparado binario es que permite identificar y establecer de manera clara las relaciones causales entre variables, así como examinar cómo diferentes factores influyen en los resultados, lo que podría no ser tan evidente en estudios más amplios. Esto se logra a través de un estudio menos complejo y más manejable en términos de tiempo y recursos, al centrarse únicamente en dos casos. Por otro lado, ya sea mediante el análisis de países similares, con el objetivo de extender las conclusiones a otros contextos parecidos, o, al utilizar países de contraste, para lo que se suele considerar prototipos de dos tipos de países, esta estrategia fomenta una mayor sofisticación teórica, proporcionando un estímulo para presentar las conclusiones y resultados en términos más generales y científicamente relevantes.

Por otra parte, la comparación binaria comparte las desventajas de los estudios de n pequeña y, especialmente, del estudio de caso, ya que requiere la misma cautela en el diseño y la ejecución de la investigación que un estudio monográfico. El problema con los estudios binarios no recae en la limitación del tamaño de la muestra en sí, sino el desequilibrio entre un número reducido de casos y un amplio conjunto de variables. Cuando se selecciona un país para un estudio comparado de este tipo, se introducen numerosas variables históricas, culturales, económicas y sociales, todas las cuales vienen con su dimensión política particular en la cual el investigador está primordialmente interesado. Esto resulta en un gran número de fuentes de varianza externa, mientras que solo hay unos pocos casos en los que se puede intentar comprender cómo operan todas estas variables. Expresado en lenguaje estadístico, la variable dependiente está sobre determinada por demasiadas posibles explicaciones en la observación de solo dos casos. El investigador puede concentrarse en algunas variables que considere particularmente relevantes, pero a menos que los casos se seleccionen cuidadosamente para probar una hipótesis, el número de explicaciones posibles seguirá siendo significativo. De ahí de la importancia de elegir bien los dos casos para asegurar el control o capacidad para remover o excluir tantas explicaciones alternativas como sea posible de la ecuación. Otra desventaja de la comparación binaria es que algunos trabajos suelen centrarse en un aspecto que es claramente más apropiado y específico en uno de los países más que en el otro, o que al menos la cuestión en particular es difícil de aplicar a ambos casos por igual, pudiendo el estudio ser interesante en detalle, pero no muy convincente en sus resultados. Por último, a menudo, estos estudios binarios incluyen la contribución de una serie de expertos en cada uno de los casos analizados, quienes no suelen tener experiencia en el otro sistema o país. Cada experto aporta sus propias sensibilidades, lo que puede romper la homogeneidad del trabajo colectivo y hacer que muchos estudios, a primera vista comparativos, se conviertan en simples recopilaciones de monografías adyacentes (Dogan y Pélassy, 1990: 129).

Cuadro 10. Ventajas y desventajas de los estudios binarios

ESTUDIOS BINARIOS	
VENTAJAS	DESVENTAJAS
Análisis detallado de los dos casos	Riesgo de sesgo en la selección de los casos
Atención al contexto particular	Dependencia del contexto específico
Identificación de las relaciones causales	Control de la varianza de las variables por el desequilibrio entre casos y variables
Menores riesgo de estiramiento conceptual	Homogeneidad de las contribuciones realizadas al estudio por dos investigadores
Datos más accesibles y fiables	Posibilidad de desequilibrio entre los dos casos
Investigaciones que requieren menos recursos	Capacidad limitada de generalización

Fuente: Elaboración propia

5.4. Estudios de caso

Los estudios de caso constituyen análisis intensivos centrados en un único caso. A continuación, abordaremos el debate en torno a su relevancia dentro de la política comparada, examinando su posible contribución como método científico, las ventajas y desventajas que ofrecen, así como las distintos de estudio de caso existentes. A través de este análisis, señalaremos cómo los estudios de caso pueden utilizarse de manera efectiva en la investigación comparativa, contribuyendo a la comprensión de los fenómenos políticos en el ámbito de la política comparada.

El debate sobre la cientificidad de los estudios de caso

A pesar de que los estudios de caso han constituido una forma de análisis muy frecuente en la política comparada, su estatus científico ha suscitado un intenso debate sobre su consideración dentro del método comparativo. Por un lado, hemos mencionado anteriormente cómo Lijphart (1971: 688) situaba el estudio de caso dentro de los métodos de investigación social, reconociendo sus limitaciones. Por otro lado, otros académicos han cuestionado la cientificidad del estudio caso, particularmente, por su incapacidad para realizar generalizaciones a partir de la observación de una única unidad de análisis (Campbell y Stanley, 1966: 6; Dogan y Pélassy, 1981: 122; Dogan y Pélassy, 1990: 121; Sartori, 1994: 24).

No obstante, muchos comparativistas reconocen que los estudios de caso pueden tener un carácter comparativo. Según Hague *et al.* (1998: 275), «es perfectamente posible practicar política comparada estudiando un solo país». La clave está en distinguir entre un estudio de caso y un mero estudio monográfico descriptivo. Un caso es un ejemplo que refleja una categoría más amplia; por lo tanto, realizar un estudio de caso implica investigar algo que posee un significado que trasciende sus propios límites. Mackie y Marsch (1997: 185) señalan que el estudio de caso puede considerarse como un procedimiento que se puede considerar comparativo siempre que se utilicen y valoren conceptos previamente desarrollados, se ponga a prueba alguna teoría general o hipótesis verificable, o se generen conceptos o hipótesis aplicables en otros contextos. En opinión de Caramani (2023: 3), los estudios de caso pueden ser útiles para el análisis comparado si generan hipótesis que puedan ser testadas en estudios que impliquen más de un país, examinan casos desviados, o si sientan las bases para nuevas investigaciones más complejas.

Por su parte, Flyvbjerg (2004: 33-62) defiende firmemente el carácter científico del estudio de caso, rebatiendo cinco malentendidos clásicos que existen sobre los estudios de casos en relación con que:

— El conocimiento general, teorético (independiente del contexto), es más valioso que el conocimiento concreto, práctico (dependiente del contexto).
— No se puede generalizar sobre la base de un caso individual; por consiguiente, el estudio de caso no puede contribuir al desarrollo científico.
— El estudio de caso es más útil para generar hipótesis, esto es, en la primera fase del proceso completo de la investigación, mientras que otros métodos son más adecuados para la comprobación de hipótesis y la construcción de teoría.
— El estudio de caso contiene un sesgo hacia la verificación, es decir, una tendencia a confirmar las nociones preconcebidas del investigador.
— Suele ser difícil resumir y desarrollar proposiciones y teorías generales sobre la base de estudios de caso específicos.

Nuestra propia perspectiva es que el estudio de caso puede considerarse como un método comparativo, siempre y cuando el investigador vaya más allá del análisis específico del caso. En primer lugar, el caso ha de seleccionarse cuidadosa y deliberadamente de acuerdo con presupuestos teóricos previos. Y, en segundo lugar, la finalidad del estudio de caso no debe ser meramente descriptiva, sino dirigirse a la acumulación de conocimiento a través de la generación, verificación o refutación de generalizaciones o hipótesis teóricas (Scarrow, 1969: 7; Verba, 1967: 114). Como muestra, nuestro estudio sobre la ingeniería electoral como factor explicativo de la resiliencia del autoritarismo tomó como caso la reforma del sistema electoral en Marruecos previa a la celebración de las elecciones parlamentarias de 2021. Dicha reforma electoral sirvió como instrumento para controlar la competencia política mediante la cooptación de los partidos y la prevención de la emergencia de un partido hegemónico y, por tanto, contribuyendo a la resiliencia del régimen monárquico autoritario marroquí (Szmolka, 2023).

Desde todas las consideraciones anteriores, podemos plantear la siguiente definición del estudio de caso con finalidad comparativa:

Cuadro 11. Definición de estudio de caso

DEFINICIÓN DE ESTUDIO DE CASO
Análisis intensivo de un solo caso, que proporciona una descripción detallada de la interacción entre variables en relación con un fenómeno específico, con el objetivo de ofrecer conclusiones cuyo alcance y validez transciendan el caso particular, contribuyendo a la evaluación de teorías o el desarrollo de nuevas preguntas de investigación

Fuente: Elaboración propia

Ventajas y desventajas del estudio de caso

Teniendo en cuenta lo anterior, podemos señalar aspectos positivos y negativos de la utilización del estudio de caso. Dentro de los aspectos positivos hay que señalar que el diseño de la investigación resulta relativamente más sencillo con el análisis de un solo caso. Se evitan muchos de los problemas metodológicos que son habituales en la investigación comparativa, especialmente cuando se trata de estudios en diferentes contextos, como el de la equivalencia de los conceptos e indicadores. Además, focalizar la investigación en un único caso posibilita una estrategia intensiva, lo que facilita un análisis en profundidad de una gran cantidad de características del caso en su contexto y evaluar su relevancia dentro de la compleja red de relaciones que caracteriza cualquier fenómeno político o social. Por otro lado, el análisis empírico de un solo caso permite tanto la utilización de técnicas cualitativas como cuantitativas. En cuanto a su carácter explicativo, aunque sobre la base de los estudios de caso no se puede generalizar, estos pueden servir para validar o refutar teorías, o explorar otras nuevas sobre las que aún no existe suficiente evidencia científica. Otra de las ventajas del estudio de caso es que el acceso a los datos y la obtención de información suele ser más fácil y los costes más bajos, tanto en términos de recursos económicos como humanos (Bartolini, 1995: 71). Por último, el análisis en profundidad de un caso puede ofrecer un conocimiento que pueda dirigirse a la práctica política, como la formulación de políticas o las reformas legislativas.

No obstante, no podemos ignorar los importantes inconvenientes asociados a los estudios de caso. En primer lugar, los resultados de la investigación de un solo caso no permiten la generalización a otros contextos o situaciones. En segundo lugar, existen importantes riesgos en la selección de un caso, bien porque el caso escogido no sea el más pertinente para analizar el fenómeno de estudio o, bien, porque los países para el análisis suelen ser aquellos con los que el investigador se siente cómodo, porque domina la misma lengua o comparte los mismos esquemas conceptuales y culturales. En este sentido, el investigador se convierte en la principal fuente de variable extraña al impregnar el estudio con sus sesgos teóricos y conceptuales, al decidir las fronteras y los límites del caso y las cuestiones relevantes a tratar (De Cueto y Durán, 2008: 14). Por otro lado, en la selección del caso puede producirse una sobrerrepresentación de la unicidad, particularidad, especificidad y distintividad del caso analizado, ignorándose tendencias similares en otros países. Podemos llegar a pensar que nuestro caso es más especial de lo que realmente es. Por ejemplo, muchos de los estudios de caso se realizan sobre los Estados Unidos, cuando este país se puede considerar un caso desviado en relación con muchos aspectos, e, igualmente, la mayor parte de los estudios de caso tienen en cuenta los regímenes políticos democráticos, cuando este sistema no es el más extendido globalmente. En tercer lugar, existe un escaso control de la investigación con el estudio de un solo caso. Al contar con una sola unidad de análisis, cada variable de las consideradas en el estudio de caso puede ser causas de la dependiente, puesto que no hay forma de estudiar su varianza. Finalmente, los estudios de caso tienden más a acumular más que a cumular. Sólo sobrevive a la memoria colectiva de la ciencia política aquellos estudios que tienen alguna significación general y muchos de los estudios de caso no la tienen (Hague *et al.*, 1998: 275-276).

Cuadro 12. Ventajas y desventajas de los estudios de caso

ESTUDIOS DE CASO	
VENTAJAS	DESVENTAJAS
Profundidad del análisis	Riesgo de sesgo en la selección de los casos
Atención al contexto particular	Riesgo de la sobrerrepresentación de la particularidad del caso
Sencillez del diseño de la investigación	Riesgo del sesgo del investigador
Ausencia de riesgo de estiramiento conceptual	Escaso control de la investigación
Fácil acceso a los datos y las fuentes	Conocimiento acumulativo
Flexibilidad metodológica	Incapacidad de generalización
Bajo coste en recursos humanos y económicos	
Validación o refutación de teorías y exploración de nuevas	
Generación de conocimiento práctico	

Fuente: Elaboración propia

Tipología de los estudios caso

Son diversas las tipologías de estudios de caso que se han elaborado en la política comparada, las cuales se derivan principalmente de las realizadas por Lijphart (1971: 691-693) y Eckstein (1975: 96-123).

En primer lugar, Lijphart (1971: 691-693) plantea la siguiente tipología de estudios de caso, en relación con las funciones que estos pueden desarrollar:

(a) *Estudio descriptivo ateórico.* Se caracteriza por la falta de formulación clara y explícita del problema. Su objetivo no es afrontar un problema concreto formulado teóricamente, sino reconstruir imágenes configurativas generales de unos fenómenos cuyos aspectos significativos se interpretan intuitivamente, apoyándose en el argumento de que un estudio intensivo y, a veces, una reflexión garantiza la comprensión de un fenómeno. Este tipo de estudio no permite la acumulación del conocimiento científico por más importante que sea la recogida de datos y la circulación de informaciones utilizables en distintos contextos de investigación (Bartolini, 1995: 71).

(b) Estudio interpretativo generador de hipótesis. Concentra su atención en relaciones entre las propiedades del caso que se pueden generalizar. De hecho, muchas de las hipótesis planteadas en investigaciones comparadas tienen su origen en estudios de caso. Esto es así debido al hecho de que el estudio de caso ofrece la ventaja de poder tomar en consideración muchos factores y, por tanto, formular diferentes hipótesis incluso alternativas (Bartolini, 1995: 72).

(c) Estudio explicativo. Trata de explicar aspectos particulares recurriendo a generalizaciones existentes previamente. Así, el acontecimiento o fenómeno se interpreta aplicando generalizaciones y teorías a las condiciones específicas del caso.

(d) Estudio de control de las teorías. El estudio de caso, en cuanto que intenta aplicar teorías y generalizaciones, supone un control sobre la validez de éstas, principalmente señalando sus debilidades.

(e) Estudio de caso desviante. El caso se diseña en función de su importancia teórica, porque se aleja respecto a la tendencia prevista en una teoría o generalización previa. En su análisis se trata de establecer comparaciones entre el caso desviante y aquellos sobre los que construyó la teoría, intentando explicar el porqué de la desviación.

Por su parte, Eckstein (1975) distingue cuatro tipos de estudios de caso: (a) el estudio configurativo-ideográfico, de carácter descriptivo; (b) el estudio de caso configurativo-disciplinado, donde el investigador prueba la validez de una teoría en un contexto particular o la utiliza para explicar las características del caso; (c) el estudio de caso heurístico generador de hipótesis; y, (d) el caso crucial, con el objetivo de probar o refutar una teoría con un alto grado de certeza. El caso crucial representa la principal contribución de Eckstein a la tipología de estudios de caso. En particular, Eckstein diferencia entre el «caso crucial más probable» y el «caso crucial menos probable». En el primer tipo, se elige un caso en donde la teoría se espera que funcione con claridad, de modo que, si falla, es probable que sea incorrecta. Por ejemplo, si una teoría indica que bajo ciertas condiciones se logra la consolidación democrática y observamos que la democracia de un país donde estos requisitos se cumplen de forma óptima no se consolida, podemos llegar a la conclusión de que la teoría no es válida. En el segundo tipo, la teoría se prueba un caso en la que se considera que no debería funcionar. Si la teoría se confirma en este contexto difícil o poco favorable, ésta demuestra su validez y aplicabilidad a otros escenarios. Así, cuando presupuestos teóricos sobre la construcción de la paz son aplicados de forma exitosa a la solución de un conflicto violento donde existe una elevada polarización étnica y religiosa, se puede confirmar la robustez de esa teoría.

Otra tipología de estudios de caso muy utilizada en política comparada es la que proporcionan Hague *et al.* (1998: 277-278), que distinguen las siguientes categorías:

(a) Estudio de caso representativo. Se trata de la primera y más común forma de estudio de caso, que corresponde al estudio configurativo-disciplinado de Eckstein. Se utiliza para ilustrar una hipótesis general, por servir como ejemplo típico y estándar de una categoría más amplia, como puede ser la transición democrática desde el comunismo en Polonia. Su validez científica viene acreditada por realizarse dentro de una proyección comparada que guía y determina que la descripción del caso particular sea moldeada en términos de construcciones analíticas más amplias o generales. De este modo, aunque la teoría ha sido desarrollada fuera del caso particular, éste sirve para ilustrar que la teoría funciona efectivamente. Con este propósito fueron seleccionados los casos por Linz y Stepan, en *The Breakdown of Democratic Regimes* (1978), para poder comparar la quiebra de la democracia en Europa y Latinoamérica.

(b) Estudio de caso prototipo. En este tipo de estudio el caso se escoge, no porque sea representativo, sino porque se espera que lo sea. En este sentido, aún en Europa, desde la obra de Tocqueville, muchas investigaciones siguen mirando a los Estados Unidos como paradigma que está a la cabeza de los cambios o tendencias políticas. Aunque no haya aún una teoría general para ser confirmada o falseada, el recurso a una prototeoría —forma temprana o preliminar de una teoría— que el investigador quiere probar usando el caso particular puede darle a ésta un empujón o apoyo importante, o al menos exponer algunos aspectos o rasgos de ésta utilizando el caso de cara al refinamiento teórico de la misma[8].

(c) Estudio de caso desviado. El caso se selecciona para que pueda arrojar luz sobre lo excepcional y lo atípico y no tanto sobre lo regular e ilustrativo. Se persigue fortalecer nuestro conocimiento sobre las causas subyacentes de las excepciones y anomalías, aunque es cierto que corremos el riesgo de sobreestudiar los casos anómalos, críticos o excepcionales como una excepción a la norma. Pese a ello, los casos desviados han sido de gran interés en la política comparada al obligar al investigador a desarrollar o reformular los aparatos teóricos de la disciplina para dar respuesta al alto número de puzles, enigmas y cuestiones no respondidas observadas en determinados

---

8. Muchos autores han optado por verificar y desarrollar modelos teóricos generales a partir del esquema de un único país. Entre ellos cabe destacar los trabajos de David Apter sobre Gana, James Coleman sobre Nigeria, Fred Riggs sobre Tailandia, Michael Hudson sobre Líbano, Harry Eckstein sobre la plausibilidad del concepto de teoría cultural en Noruega o Michel Crozier sobre el fenómeno burocrático en Francia.

casos concretos y particulares (Lijphart, 1970: 26). Así, puede ser más útil preguntarse por qué los Estados Unidos no cuentan con un partido socialista importante, en lugar de por qué Suecia sí es relevante. O bien, cabe preguntarse por qué Gran Bretaña fue una excepción por no desarrollar una fuerte burocracia central hasta mitad del siglo XIX mientras el resto de Europa lo había hecho bastante antes. Igualmente, es de interés conocer por qué Turquía se adhiere, tras su independencia, a un sistema de gobierno laico en contraposición a los patrones de gobierno islámico de otros países de Oriente Próximo.

Como una variante del caso desviado se encuentra el denominado «caso extrapolable» o «caso con validez externa» (*extroverted case*) propuesto por Rose (1991: 454). Se trata de un caso muy particular que busca caracterizar un fenómeno que parece ser especial o específicamente aparente en aquel caso concreto, lo cual convierte a este estudio en un ejercicio preteórico, para llegar a ser una afirmación o proposición general sobre aquel fenómeno. El investigador ha identificado, o cree haberlo hecho, una excepción importante a una teoría imperante, o un caso que demuestra un fenómeno que anteriormente había sido excluido de la literatura. De ahí que el estudio de caso extrapolable surja para explorar plena o intensamente un caso con la teoría existente en la mente, con la esperanza de elaborar o expandir aquel cuerpo de teoría con los datos resultantes de este estudio. Como representación de ello, podrían mencionarse la investigación sobre el pluralismo corporativo en Noruega de Rokkan (1966), cuando no había aún apenas un edificio teórico considerable sobre dicho fenómeno como concepto general que describiese las interacciones estado-sociedad, lo cual vendría posteriormente de la mano de Schmitter (1974) y Wiarda (1974). Algunos criticaron al estudio de caso de Rokkan diciendo que, aunque se llegase a partir de ellos a una estructura teórica para la comprensión de la política en Noruega, el modelo resultante no podría ser aplicado a otros países.

(d) *Crucial.* El estudio de caso también muestra ser especialmente útil en el análisis comparado cuando intenta verificar cierta proposición teórica política mediante su prueba en las condiciones menos favorables de acuerdo con el patrón de relación entre variables. Mientras haría falta una ingente cantidad de investigación de estudios de caso para poder confirmar una teoría definitivamente, demostrar que la teoría funciona en un concreto escenario especialmente difícil u hostil, o, por el contrario, demostrar que no opera en uno probable o favorable puede constituir para el investigador una evidencia definitiva y creíble sobre la idoneidad o no respectivamente del aparato teórico. Si la relación entre variables opera o funciona en ese escenario hostil o no lo hace en uno favorable se puede deducir que podría hacerlo en cualquier otro o en ningún otro, y que por tanto existe o no existe un estable, fiable y creíble patrón de comportamiento político. Como señala Eckstein: «un único caso crucial consigue ciertamente un limpio *K.O.* sobre una teoría». Como muestra de ello, el sociólogo alemán Robert Michels intentó demostrar cómo todas las organizaciones llegan a estar dominadas por una elite gobernante y para ello se propuso probar que, si esto ocurría en los partidos socialistas, organizaciones comprometidas con la norma de la democracia interna, ocurriría en el resto. Asimismo, esta estrategia ha sido muy utilizada en muchos análisis contemporáneos sobre el sistema político de Japón, utilizado este caso por la «mística» creada a su alrededor como la prueba más difícil que tenía que pasar una proposición teórica política.

(e) Arquetipo. Es el estudio del caso definidor que genera una categoría, la cual es después tomada y testada, como la revolución francesa, que alteró para siempre el concepto de revolución reconstruyendo la idea como una fuerza progresiva y modernizadora. El arquetipo no es simplemente una ilustración más, sino la base de una teoría, no pudiendo ser utilizado para probar la propia teoría. Ha sido una estrategia de análisis muy adecuada para explicar y desarrollar teóricamente conceptos que parecen ser particularmente evidentes en un único escenario particular nacional, es decir, un análisis de caso que se convierte en estudio definidor de conceptos algo muy útil para rellenar el almacén conceptual de la política comparada (Peters, 1998: 12). Se trata de examinar un sólo país para llegar inductivamente a un esquema teórico, una generalización más amplia y extensa aplicable a un gran número de ellos. Ejemplos paradigmáticos de esta tendencia fue el estudio de caso sobre los Países Bajos como arquetipo del consociacionalismo desarrollado por Lijphart (1966a) y el de Putnam (1993) sobre Italia y el concepto de capital social.

Cuadro 13. Tipología de estudios de caso de Hague *et al.*

CATEGORÍA	CARACTERIZACIÓN	EJEMPLO
Representativo	Típico de una categoría	La transición democrática en Polonia tras el comunismo
Prototipo	Se espera que se convierta en representativo	El estudio de Tocqueville de la democracia en América
Desviado	Excepción a lo esperado en una teoría	India como contradicción a las tesis que asocian la democracia con la prosperidad económica
Crucial	Probar una teoría en circunstancias desfavorables en donde es poco probable que ocurra lo que se pretende investigar	El éxito de un proceso de paz en un país donde existe un conflicto violento y una elevada polarización étnica y religiosa
Arquetipo	Casos que crean una categoría	La revolución francesa de 1789

Fuente: Elaboración propia a partir de la tipología de Hague *et al.*, 1998

La última tipología de estudios de caso que presentamos es la propuesta por Coller (2000: 32). El autor señala que, aunque su clasificación busca ser exhaustiva, pueden existir otras formas de estudios de caso; y, por otro lado, que las categorías no son excluyentes, ya que un caso puede situarse en una o varias dimensiones. La clasificación se realiza en función de los siguientes criterios:

(a) Lo que se estudia:
— *Objeto*.
— *Proceso*.

(b) El alcance del caso:
— *Específico*: también denominado excepcional o intrínseco. Se trata de un caso relevante *per se,* que se analiza como caso único o extraordinario.
— *Genérico*: también denominado ejemplar (porque ilustra acerca de una característica que se encuentra en otros casos y que al investigador le interesa estudiar) o instrumental (porque a través de él se ilustra una teoría sobre el funcionamiento de un fenómeno).

(c) La naturaleza del caso:
— *Ejemplar*: se corresponde con la categoría antes analizada como caso genérico.
— *Polar o extremo*: distinto en comparación de otros de su misma especie o en el que las condiciones son las peores para encontrar aquello que se considera normal en otros casos.
— *Típico*: uno más entre su grupo, dado que reúne las características de ese grupo, se puede estudiar de la misma manera que se estudiaría otro caso.
— Único: excepcionalidad del caso basada en el contexto, su carácter irrepetible, su naturaleza pionera o su relevancia social.
  • *Desviado*: también referido a él como anormal, inesperado o negativo porque aporta pruebas que contradicen lo esperado o lo considerado normal. Se trata de un caso relevante tanto teórica como empíricamente porque ayuda a refutar o confirmar una teoría y, al mismo tiempo, puede ayudar a discernir las causas de la desviación.
  • *Teóricamente decisivo*: permite expandir o reformular una teoría, clasificación o concepto una vez que ha sido analizado y descubierto sus características que hacen que encaje mal en una tipología establecida.

(d) El tipo de acontecimiento:
— *Histórico*: hace referencia a objetos de estudio que tuvieron lugar en el pasado y que interesa analizar para arrojar nueva luz sobre una teoría o reconstruir un acontecimiento que ha sido explicado de forma insuficiente o errónea o para el que se puede encontrar una nueva explicación tras la elaboración de una teoría nueva.

— *Contemporáneo*: análisis de fenómenos que tienen lugar en el momento en que se desarrolla la investigación.

— *Híbrido*: Combinación de los anteriores, se recurre a acontecimientos pasados para explicar uno presente que es el que configura el caso.

(e) El uso del caso:

— *Exploratorio*: de naturaleza descriptiva.

— *nalítico*: estudia la relación entre fenómenos, sus causas y sus efectos. Suelen disponer de un marco teórico que encuadra el caso y le dota de significado y relevancia.

- Con hipótesis previas.
- Sin hipótesis. A partir de sus observaciones, el investigador elabora un conjunto de proposiciones que pueden dar lugar a una teoría nueva, siguiendo un método inductivo de investigación.

(f) El número de casos: en función del número de casos:

— Único

— Múltiples

En conclusión, el estudio de caso resulta de especial utilidad en la política comparada, no solo para explicar particularmente el caso, sino por su potencial en la labor de teorización. En este sentido, la ciencia política ha avanzado gracias a los estudios de casos realizados por reconocidos comparativistas, entre los que cabe citar la caracterización del autoritarismo realizada por Linz (1964) a partir del caso de la España franquista; la teoría de la estabilidad de la democracia desarrollada por Eckstein (1966), basada en su análisis detallado de Noruega; el concepto de Sartori (1966) de sistema de partidos de pluralismo polarizado, a partir del caso italiano; el concepto de democracia consociacional de Lijphart (1966a), que utilizó el caso de los Países Bajos para demostrar que la segmentación podía ser compatible con la estabilidad a través de formas consociacionales de democracia; la teoría de los *cleavages* históricos y las relaciones centro-periferia de Rokkan (1970, 1975), a partir del caso de Noruega; la investigación de Lijphart (1975a), que utilizó el caso de los Países Bajos para demostrar que la segmentación podía ser compatible con la estabilidad a través de formas consociacionales de democracia; y, la teoría del capital social de Putnam (1993).

6. LAS PRINCIPALES ESTRATEGIAS DE LA INVESTIGACIÓN

Existen esencialmente dos estrategias como forma de control de las hipótesis en el diseño de la investigación comparada: el Diseño de los Sistemas Más Semejantes (*Most Similar Systems Design*) y el Diseño de Sistemas Más Diferentes (*Most Different Systems Design*) (Przeworski y Teune, 1970). Estas estrategias se basan, respectivamente, en los métodos de la diferencia y del acuerdo formulados por el filósofo John Stuart Mill en la obra *A System of Logic, Ratiocinative and Inductive* (1843). La elección de una u otra estrategia debe depender del objeto de estudio, de los objetivos y de las características de cada investigación, por lo que no puede afirmarse que una de ellas sea superior a la otra, aunque este aspecto haya sido objeto de debate entre los comparativistas.

Las estrategias de sistemas más similares o disimilares coinciden en compartir la lógica de análisis de las relaciones causales y controlar factores externos. Ambos procedimientos se basan en la variación de las condiciones en las que ocurre un fenómeno con la intención de eliminar factores y variables causales accesorias que sean externas para llegar a determinar las relaciones causales constantes y fundamentales a partir de la covarianza entre las variables independientes y la variable dependiente. Por el contrario, estas estrategias difieren en el proceso de eliminación de dichas variables externas. Si se espera que alguna característica o relación sea constante a través de los casos, la técnica de sistemas heterogéneos será la más adecuada, mientras que la de sistemas similares será más pertinente cuando se suponga *a priori* que la característica o relación presenta variación.

6.1. La comparación de Sistemas Más Similares

El diseño de los sistemas más semejantes es la estrategia de investigación más utilizada en política comparada. La lógica en la que se basa esta estrategia es la de que, cuanto más similares son los casos que se comparan, más posibilidad hay de encontrar los factores comunes que explican la diferencia particular que se estudia.

Esta estrategia elimina las variables externas seleccionando como objetos de investigación sistemas que son similares en el máximo número de variables independientes posibles y que varían sólo, si es posible, en la variable que influye en el fenómeno que se quiere examinar, es decir, en la variable dependiente. Se entiende que las propiedades en común se mantienen constantes, por lo que, si se encuentra alguna que difiera, las demás pueden descartarse como explicación de la variable dependiente (Caïs, 1997: 23). De esta forma, cuanto más similares sean dos o más casos respecto a sus variables clave, más capaz será el investigador para aislar y analizar la influencia de las otras variables que deberían explicar las diferencias que se buscan.

La estrategia de sistemas homogéneos es inherente a los estudios de área, que se focalizan en una determinada región. Por ejemplo, en el libro que editamos *Political change in the Middle East and North Africa*, se ofrecía una explicación de los diferentes procesos de cambio político que se produjeron en esta región tras la Primavera Árabe, analizando también sus consecuencias (Szmolka, 2017). No obstante, como se mencionó anteriormente, la proximidad geográfica no es el único criterio para buscar la homogeneidad para el control de las variables y, en ocasiones, puede no ser el más idóneo. De esta forma, los comparativistas pueden también aplicar la estrategia de sistemas similares a países que comparten otras características comunes, como la cultura, el nivel de desarrollo económico, las estructuras políticas o la historia. Estos son los factores controlados que se mantienen constantes, lo que permite apreciar mejor las diferencias.

Por otro lado, en casos similares, el objetivo es explicar por qué un mismo fenómeno ha dado lugar a resultados distintos. Por ejemplo, por qué algunos países occidentales industrializados han adoptado modelos de estado de bienestar diferentes; por qué en ciertos países africanos se han establecido y consolidado gobiernos militares, mientras que en otros no; o por qué en algunos países de Europa Occidental ha habido un significativo ascenso electoral de partidos de extrema derecha y en otros no.

A continuación, se presenta un ejemplo de investigación que utiliza la estrategia de sistemas similares u homogéneos, en el que se identifican las variables y el valor de cada una de ellas para cada caso en una tabla de verdad. El fenómeno de estudio es el éxito o fracaso de los procesos de transición democrática que han tenido lugar en cinco países de una misma región durante un período similar de tiempo. Por tanto, la variable dependiente (Y) la constituye la transición hacia la democracia, que resultó exitosa en tres casos (C1, C3, C4) y fallida en dos (C2, C5). Para identificar los factores explicativos del éxito o fracaso de estos procesos de transición, se analizan cinco variables independientes: la muerte previa del dirigente autoritario (X1), una amplia movilización popular (X2), un crecimiento económico previo (X3), la existencia de presión internacional (X4) y la existencia de una oposición democrática unida (X5). Tras el análisis de la presencia (1) o ausencia (0) de cada aspecto en los cinco procesos de transición, comprobamos que la única variable que explica en todos los casos el éxito de la transición democrática es la existencia de una oposición unida. De esta forma, como resultado de la investigación, podemos realizar la generalización de que el éxito de una transición hacia la democracia depende necesariamente de la existencia de una oposición unida.

Cuadro 14. Investigación sobre el éxito o fracaso de un proceso de transición hacia la democracia a través de la estrategia de sistemas más similares

CASO	(Y) TRANSICIÓN EXITOSA O FALLIDA	(X1) MUERTE DEL AUTÓCRATA	(X 2) MOVILIZAC. POPULAR	(X3) CRECIM. ECONÓMICO	(X4) PRESIÓN INTERNAC.	(X5) OPOSICIÓN UNIDA
C1	1	1	0	1	0	1
C2	0	0	0	1	1	0
C3	1	1	0	0	0	1
C4	1	0	0	1	0	1
C5	0	1	1	1	0	0

Fuente: Elaboración propia

El análisis de casos homogéneos ha sido defendido por varios autores como la estrategia más adecuada para la comparación. Sartori, en particular, sostiene que sólo los fenómenos que pertenecen a la misma clase pueden ser comparados (Sartori, 1970; Sartori, 1984a: 268). Desde su perspectiva, se debe proceder clasificando fenómenos en categorías mutuamente excluyentes y exhaustivas, mediante el modo de análisis *per genus et differentiam*. Es decir, agrupándolos según su pertenencia a un mismo género, especie o subespecie o, dicho en términos de política comparada, diferenciándolos por clase dentro de una clasificación. Por su parte, Smelser (1967: 111-113) sostiene que cuanto más similares sean los casos, mayor será la capacidad del investigador para aislar y analizar la influencia de otras variables que pueden explicar las diferencias observadas. En este sentido, la selección de los casos es crucial, de manera que estos deben ser lo suficientemente similares como para que la comparación sea efectiva (De Meur y Berg-Schlosser, 1984; Ragin, 1987). No obstante, no existe un ámbito de estudio completamente homogéneo, por lo que corresponde al investigador identificar los elementos que constituyen los factores de homogeneidad (Dogan y Pélassy, 1981: 154).

Por otra parte, se han señalado tres debilidades principales a la estrategia de sistemas homogéneos. En primer lugar, su principal desventaja es que la selección de países relativamente análogos sitúa el estudio en un nivel medio de generalización (Dogan y Pélassy: 1981: 138). Al elegir casos muy similares, puede que los resultados no sean generalizables a países o contextos muy diferentes.

En segundo lugar, aunque se parta del supuesto de que cuanto más similares sean las unidades que son comparadas más fácil será aislar los factores responsables de las diferencias entre ellos, este método no puede excluir las explicaciones potencialmente posibles o rivales que suponen las diferencias observadas entre los países. Como no es posible encontrar casos tan similares que permitan eliminar la totalidad del impacto del medio exterior para estudiar una relación causal en distintos contextos, cualquier variable que diferencie a los sistemas o casos en estudio tiene las mismas posibilidades de ser la fuente de la variación observada entre ellos. Aunque se verifique una hipótesis en concreto quedarían aún un amplio número de explicaciones posibles en competición en términos de factores o variables, que pueden serlo igualmente[9]. A pesar de las posibles explicaciones eliminadas al delinear la selección de casos por su similitud, el investigador aún tiene que hacer frente a un alto número de ellas siendo incapaz de identificar todos los factores relevantes que pueden producir diferencias entre los sistemas. Por ello, se dice que la variable dependiente está sobredeterminada por el número de variables que no pueden ser refutadas o rechazadas. Este problema se agrava cuanto menor sea el número de casos del estudio pues habría más variables que casos, y la única solución pasa por el aumento de estos[10].

---

9. Este problema se puso de manifiesto en el estudio de Lijphart (1988) sobre las democracias mediterráneas. Aunque las democracias escogidas se creían muy similares, a medida que avanzó el trabajo emergieron diferencias en sus procesos de transición a la democracia, lo que impidió identificar las causas profundas y verdaderas de estas diferencias.

10. Si se quiere averiguar la razón del nivel desigual de desarrollo del estado de bienestar en Suecia y en los Estados Unidos, cabe pensar en razones como que en un estado federal es más difícil acordar los estándares nacionales sobre provisión de bienestar, o motivos culturales como la concepción más individualista de los Estados Unidos y más colectiva de la sociedad en Suecia. Para extraer

Y, en tercer lugar, al reducir la muestra de casos surge el riesgo de que el análisis se confine a los escenarios regionales (o no regionales) más familiares para el investigador, incluso cuando las cuestiones a estudiar no sean específicas del ámbito analizado. Así, junto a las regiones que han atraído más la atención de los científicos comparativistas, como Latinoamérica y Europa Occidental, se encuentran otras áreas donde la falta de familiaridad del investigador o la ausencia de analogías sociales, políticas o culturales suficientes impide realizar comparaciones que permitan una acumulación de conocimiento.

A pesar de los riesgos o inconvenientes que conlleva la estrategia de sistemas similares, la elección de un campo de estudio relativamente homogéneo y las generalizaciones de nivel intermedio que se obtienen permiten generar resultados teóricos de significativo alcance *a posteriori*, ya que el comparativista puede verificar estas explicaciones teóricas en otras regiones en posteriores investigaciones, ampliando así su validez más allá del contexto inicial.

6.2. La comparación de Sistemas Más Diferentes

El diseño de investigación de sistemas más diferentes está dirigido a la explicación de un resultado o fenómeno específico de interés, como pueda ser las transiciones democráticas exitosas, el estallido de guerras civiles, la llegada al poder de dirigentes populistas, etc. De esta forma, los casos se seleccionan por compartir la característica o el fenómeno particular que se pretende explicar, a pesar de las considerables diferencias existentes entre ellos. El objetivo es identificar, dentro de la diversidad, un conjunto de elementos comunes que demuestren tener una acusada capacidad explicativa (Collier, 1993: 111).

De este modo, el diseño de sistemas diferentes o heterogéneos elimina las variables externas justamente de manera contraria a la estrategia de sistemas similares: en lugar de comparar casos con muchas características en común, se eligen casos muy dispares entre sí, salvo en el aspecto que se investiga. Así, mientras que en la estrategia de sistemas similares las variables coincidentes no pueden ser consideradas causas de la diferencia en la variable dependiente, en la estrategia de sistemas heterogéneos son precisamente las variables en las cuales los casos difieren las que no ejercerán ninguna influencia causal.

Un ejemplo de esta forma del procedimiento de sistemas diferentes es la obra referencia de Theda Skocpol (1979), *States and Social Revolutions: A Comparative Analysis of France, Russia, and China*, en la que, a través de un análisis comparativo histórico de estos tres países con situaciones sociales, económicas y políticas muy diferentes entre

---

conclusiones válidas tendríamos que extender nuestro análisis buscando otros casos que representen estados federales con culturas colectivas y países unitarios individualistas.

sí, identifica las causas de las revoluciones sociales que transformaron las estructuras del estado y las clases sociales. Asimismo, Verba, Nie y Kim (1978), en *Participation and Political Equality: A Seven-Nation Comparison*, analizan la relevancia de factores sociales, económicos y educativos en la participación e igualdad política en países tan dispares como Austria, India, Japón, Holanda, Yugoslavia, Nigeria y los Estados Unidos.

A continuación, se ofrece un ejemplo de una hipotética investigación comparada utilizando la estrategia de sistemas más disimilares o heterogéneos. Supongamos que se pretende estudiar un fenómeno global contemporáneo, como es el retroceso democrático en el siglo XXI. Para ello, seleccionamos cinco países de distintas regiones del mundo que han experimentado un marcado descenso en sus índices de democracia durante los últimos 25 años (variable dependiente Y). Como posibles factores explicativos, se analizan las siguientes variables independientes: la presencia de un dirigente populista en el gobierno (X1), el control del poder judicial por parte del ejecutivo (X2), la participación de un partido de extrema-derecha en el gobierno (X3), la ausencia de movilización democrática por parte de la sociedad civil (X4) y el control estatal de los medios de comunicación (X5). Tras examinar estas variables en cada uno de los casos, concluimos que el retroceso democrático se ha producido en todos los países bajo las condiciones comunes de la presencia de un dirigente populista y el control del poder judicial por parte del ejecutivo.

Cuadro 15. Investigación sobre el retroceso democrático a través de la estrategia de sistemas más diferentes

CASO	(Y) RETROCESO DEMOCRÁT.	(X1) DIRIGENTE POPULISTA JEFE DE GOBIERNO	(X 2) PODER JUDICIAL BAJO CONTROL DEL GOBIERNO	(X3) PARTIDO DE EXTREMA DERECHA EN EL GOBIERNO	(X4) AUSENCIA DE MOVILIZAC. SOCIAL DCA.	(X5) CONTROL ESTATAL DE LOS MEDIA
C1	1	1	1	0	1	1
C2	1	1	1	1	0	0
C3	1	1	1	0	1	1
C4	1	1	1	1	0	1
C5	1	1	1	1	1	0

Fuente: Elaboración propia

La estrategia de sistemas heterogéneos cuenta con firmes defensores, entre ellos y de forma destacada, sus precursores Przeworski y Teune (1970). Los autores argumentan que estudiar países con grandes diferencias puede ofrecer una mayor capacidad explicativa, ya que permite identificar los elementos comunes que contribuyen a la explicación del fenómeno en cuestión. Como revisión del método del acuerdo de Mill, entienden que, si dos o más casos difieren en todos los aspectos, excepto en la variable dependiente y en una de las variables independientes, entonces es probable que esta última sea la condición para la similitud entre los casos en los resultados observados en la variable dependiente. Przeworski y Teune sostienen que esta estrategia ofrece una mayor capacidad de generalización, ya que permite demostrar la causalidad en contextos muy diversos.

El método basado en casos diferentes presenta algunos inconvenientes. En primer lugar, al comparar casos muy distintos entre sí, la investigación se ve afectado por la generalidad de los conceptos utilizados que hace que sus resultados no sean del todo significativos y útiles para el desarrollo teórico. En segundo lugar, existe una tendencia a seleccionar casos extremos o muy opuestos, lo que lleva a que se representen situaciones atípicas que distorsionan la realidad en lugar de reflejarla adecuadamente y a exagerar los contrastes. En tercer lugar, aunque contrastar signifique dar claridad a través de la oposición, la noción de contraste tiende a perderse a medida que se introducen más y más casos de representantes de categorías en el análisis. Y, en cuarto lugar, y más criticado, los estudios realizados bajo la lógica de la similitud suelen escoger no solamente variables dependientes parecidas sino generalmente además que sean positivas del fenómeno escogido, es decir, que hayan ocurrido. De esta forma, se incurre en un grave problema de sesgo de selección de los casos (King *et al.* 1994: 129; Geddes, 2003). Esta tendencia generalizada elimina cualquier variación o contraste para explicar las causas verdaderas. Así, por ejemplo, un estudio centrado solamente en los países que se han democratizado exitosamente no nos dice nada sobre las verdaderas condiciones para dicha democratización, ya que éstas solamente pueden ser identificadas a través de una comparación con procesos de democratización fallidos. De esto, podemos deducir que escoger casos que presenten un mismo resultado, siendo enteramente legítimo cuando el objetivo investigador es más descriptivo que analítico o explicativo, sólo podrá identificar las condiciones o variables necesarias de una relación causal pero no las variables suficientes.

Cuadro 16. Comparación entre la estrategia de sistemas más similares
y sistemas más diferentes

	SISTEMAS MÁS SIMILARES	SISTEMAS MÁS DIFERENTES
VARIABLE DEPENDIENTE	Diferente resultado	Igual resultado
VARIABLES DE CONTROL	Similares	Diferentes
VARIABLES INDEPENDIENTES	Similares	Diferentes
VARIABLE(S) CAUSAL(ES)	Distinta propiedad	Igual propiedad
APLICACIÓN PRINCIPAL	Estudios de área	Resultado de un fenómeno específico

Fuente: Elaboración propia

7. LA DIMENSIÓN TEMPORAL EN LA INVESTIGACIÓN COMPARATIVA

En el diseño de la investigación comparada, otra de las decisiones que hay que determinar es si es relevante considerar la dimensión temporal en el estudio, además de la dimensión espacial. Dependiendo de si el «factor tiempo» se incorpora o no al análisis como una unidad de variación y el cómo se haga, los estudios comparativos pueden clasificarse en sincrónicos, diacrónicos o diferidos en el tiempo, los cuales analizaremos a continuación. Por otro lado, abordaremos también en este epígrafe el análisis histórico-comparativo, un enfoque metodológico estrechamente vinculado a la sociología histórica, pero de gran relevancia en los estudios políticos comparados.

7.1. Los estudios sincrónicos

Los estudios sincrónicos comparan los casos exclusivamente en una dimensión espacial (países, regiones o cualquier otra unidad territorial o de distinta índole). Esta comparación se realiza en un mismo momento histórico, ya sea en el presente o en el pasado, por lo que no existe posibilidad de analizar la varianza temporal. Ejemplos hipotéticos de investigaciones sincrónicas podrían ser, por un lado, el análisis de los factores explicativos de la abstención electoral en las elecciones europeas de 2024 en los países miembros; y, por otro lado, el estudio del comportamiento electoral de los españoles durante las elecciones fundacionales de 1977 en la transición democrática.

La comparación sincrónica no implica necesariamente que el aspecto estudiado ocurra exactamente en el mismo momento o intervalo temporal, sino que en ocasiones es más apropiado referirse a la «simultaneidad» de procesos o fenómenos políticos (Lucca y Pinillos, 2015: 18). Este sería el caso, por ejemplo, de una investigación centrada en analizar el apoyo a la investidura de gobiernos actuales de coalición en sistemas parlamentarios, donde el inicio de cada legislatura de cada país ocurre en fechas distintas.

Por último, aunque no se realice una comparación longitudinal entre periodos consecutivos de tiempo, los estudios sincrónicos requieren, asimismo, delimitar claramente el periodo de estudio en su inicio y final, conforme a consideraciones teóricas y metodológicas.

7.2. Los estudios diacrónicos

Los estudios diacrónicos, también denominados longitudinales, pretenden conocer en el tiempo los cambios de las variables por medio del estudio de un acontecimiento o fenómeno a través de distintos momentos. Así, la varianza es el resultado de una serie cronológica de los estados o valores que toman las variables (Bartolini, 1999: 44). La estrategia de investigación diacrónica se puede aplicar tanto a varios casos en momentos diferentes como a un mismo caso en distintos periodos. De este modo, la observación en el tiempo de las propiedades de un único caso no constituiría un estudio de caso, sino una investigación comparativa en toda regla sujeta a las reglas del diseño de la investigación comparativa (Eckstein, 1975: 85; Bartolini, 1999: 116).

La observación de la variación temporal puede llevarse a cabo de diversas formas, dependiendo del fenómeno estudiado y los objetivos específicos de la investigación. Una de las formas más comunes consiste en la observación en intervalos regulares en momentos concretos como, por ejemplo, en un estudio comparado de la volatilidad electoral en los años concretos de celebración de elecciones legislativas en un determinado país. Muchas otras investigaciones diacrónicas definen la unidad temporal atendiendo a una periodización. Esta alternativa sería la que utilizaría una investigación sobre la polarización ideológica del sistema de partidos a lo largo de distintas legislaturas. Por último, la subdivisión en fases definidas temporalmente es otra modalidad de análisis diacrónico, como sucede en los estudios sobre democratización en el que se utilizan como unidades temporales la fase de crisis de autoridad, transición, instauración democrática y consolidación (Morlino, 2010: 76)

En el cuadro 17 presentamos un ejemplo de estudio comparado con cinco casos y cuatro variables (X1, X2, X3, X4) en tres momentos temporales (T1, T2, T3). Por lo tanto, tendríamos un total de 60 observaciones en la investigación.

Cuadro 17. Ejemplo de matriz de datos en un estudio diacrónico

PERIODO	Caso 1	Caso 2	Caso 3	Caso 4	Caso 5
T1	X1 t1	X1 t1	X1 t1	X1 t1	X1 t1
	X2 t1	X2 t1	X2 t1	X2 t1	X2 t1
	X3 t1	X3 t1	X3 t1	X3 t1	X3 t1
	X4 t1	X4 t1	X4 t1	X4 t1	X4 t1
T2	X1 t2	X1 t2	X1 t2	X1 t2	X1 t2
	X2 t2	X2 t2	X2 t2	X2 t2	X2 t2
	X3 t2	X3 t2	X3 t2	X3 t2	X3 t2
	X4 t2	X4 t2	X4 t2	X4 t2	X4 t2
T3	X1 t3	X1 t3	X1 t3	X1 t3	X1 t3
	X2 t3	X2 t3	X2 t3	X2 t3	X2 t3
	X3 t3	X3 t3	X3 t3	X3 t3	X3 t3
	X4 t3	X4 t3	X4 t3	X4 t3	X4 t3

Fuente: Elaboración propia

Los estudios diacrónicos han sido menos utilizados en política comparada que los estudios sincrónicos, que predominan en este campo y han concentrado la mayor parte de la atención en los debates metodológicos de los comparativistas (Bartolini, 1999: 121). Esta diferencia se debe a la mayor complejidad de los estudios diacrónicos, ya que implican un incremento significativo en el número de observaciones y en la cantidad de información que el investigador debe considerar en su análisis. En los estudios comparativos diacrónicos, el foco de atención se ha centrado, en su mayoría, en la formación, desarrollo, transformación y desaparición de estructuras políticas como burocracias, grupos de interés o partidos políticos, siguiendo la huella de institucionalistas históricos como Krasner, Thelen, King, Mahoney y Rueschemeyer o Pierson. Otro ámbito de interés ha sido los cambios de régimen o de gobierno, los cuales, en general, no pueden ser clasificados ni comprendidos a través de estudios meramente estáticos. Asimismo, las políticas e intervenciones públicas constituyen un campo de estudio particularmente relevante para las investigaciones diacrónicas, ya que pueden analizarse como el resultado de una acumulación de hechos y tendencias previas, como sucede con las políticas del estado de bienestar. Por otro lado, la dimensión temporal es también fundamental en los estudios sobre comportamiento y cultura políticos, ya que los realineamientos y cambios no ocurren de manera abrupta, sino que, en la mayoría de las ocasiones, requieren ser observados en periodos largos de tiempo.

Las investigaciones diacrónicas permiten un análisis más completo del objeto de estudio y, en términos generales, contribuyen a evitar que la consideración de un período concreto de tiempo sesgue los resultados del análisis. En palabras de Lijphart, «el mismo país realmente no es el mismo en tiempos diferentes» (1971: 689). A lo largo de la historia, las unidades de análisis experimentan transformaciones que no solo influyen en las variables específicas que se están analizando, sino también aquellas consideradas contextuales (Llamazares, 1995: 286). Autores como Tilly (1981, 1984), Bartolini (1999) o Morlino (2010: 74) han reivindicado la superioridad cognoscitiva del análisis de dimensión histórica respecto a la de carácter sincrónico. En primer lugar, la investigación diacrónica permite evaluar hipótesis sobre los efectos de una determinada situación en otras posteriores, es decir, la presencia de causas históricas y constantes que afectan al objeto de estudio. En segundo lugar, el análisis diacrónico contribuye, no sólo a determinar los elementos del pasado que inciden en la forma de los presentes, sino también a analizar las características de las situaciones del pasado (Llamazares, 1995: 287) y analizar el cambio (Morlino, 2010: 75). En tercer lugar, por lo que se refiere al control de la investigación, la varianza temporal permite aumentar los casos y controlar el efecto de las terceras variables potencialmente influyentes. Como propugna Lijphart, se pueden aumentar los casos comparables, o bien estudiando a un sólo país o unidad, por tanto, en el contexto lo más homogéneo posible, en distintos períodos o series temporales; o bien, estudiando comparativamente distintos países o unidades a lo largo de diferentes períodos de tiempo en los que se analizan las mismas variables y relaciones. Estas dos modalidades operan sin ningún o mínimo aumento del número y peso de las terceras variables de control. Con ello se evita el problema del exceso de variables potenciales para hacer frente al poco número de casos (Bartolini, 1999: 122). Como sucede en el caso de las comparaciones que utilizan unidades de análisis subnacionales, la varianza temporal, al analizar las relaciones entre variables sobre todo dentro de una única unidad o entidad individual a lo largo del tiempo, permite excluir del análisis un mayor número de variables o factores comunes tanto culturales como sociales que afectan y distorsionan el análisis.

En particular, Bartolini (1999: 146) aboga por el uso de una diacronía de rango medio en las investigaciones comparadas para controlar la validez de las generalizaciones empíricas. Según el autor, un análisis comparativo sistemático debe centrarse en un objetivo explicativo; garantizar la existencia de varianza tanto en la variable dependiente como en las independientes; realizarse la comparación temporal de forma similar a la espacial —lo que requiere la delimitación del momento o periodo a estudiar— y el establecimiento de variables que permiten identificar el cambio en esa unidad; y, construir una matriz de datos. En concreto, la matriz de datos supone una organización mental que evita que el estilo usual de análisis narrativo oculte la introducción de un aspecto, consideración o evento sólo para una o más unidades de análisis. Así, solo cuando se establecen los segmentos de la dimensión vertical y sus condiciones de variación, es posible reconocer una comparación en términos temporales (Bartolini, 1999: 111-112). Más específicamente, Bartolini (1999: 124-142) señala tres aspectos a considerar en el establecimiento de una estrategia para la construcción de una matriz de varianza temporal que permita la comparación:

— *Definición de las unidades temporales.* Para determinar la varianza temporal de cualquier propiedad de una unidad espacial es necesario identificar con precisión las unidades temporales de análisis o las periodizaciones. La varianza temporal está constituida, o bien por observaciones realizadas en diferentes unidades temporales separadas por intervalos que pueden ser más o menos regulares, o bien por observaciones de características de períodos sucesivos. Las unidades temporales son sencillas de determinar cuando esos períodos de tiempo se refieren, por ejemplo, a una legislatura o el mandato de un dirigente político. Sin embargo, delimitar las unidades temporales puede resultar más complejo en otras ocasiones, como puedan ser el período de una transición democrática o un proceso de autocratización.

— *Especificidad de las generalizaciones de desarrollo.* Es fundamental determinar si las relaciones causales entre las variables observadas en el tiempo tienen algún vínculo con las relaciones causales entre las variables observadas sincrónicamente y, en relación con ello, cómo se identifican las secuencias temporales entre fenómenos y en fases diferentes. Es decir, hay que determinar si las relaciones que se establecen entre variables que mutan en el tiempo poseen un estatus específico o diferente de las establecidas entre variables que cambian en el espacio; o si existe o no una peculiaridad en las unidades de análisis que están conectadas temporalmente en lugar de separadas especialmente.

— *Multicolinealidad temporal.* Es necesario preguntarse si es posible estudiar un desarrollo «único» o «general» en términos causales únicamente a partir de la varianza temporal. En este sentido, hay que plantearse cómo considerar la multicolinealidad, es decir, la presencia de múltiples factores que pueden estar relacionados y que se han desarrollado de forma paralela; qué consecuencias tiene esto para el análisis de macrofenómenos generales; y de ahí, la oportunidad de estudiar las diversidades en el interior de aquellos fenómenos en general similares. Para afrontar este problema, Bartoli propone combinar el análisis diacrónico y sincrónico. En lugar de comenzar con una explicación general, se debe partir de los casos particulares que surgen de esa tendencia, realizando comparaciones más sistemáticas entre los diferentes casos a lo largo del tiempo. Mediante la acumulación de índices e hipótesis, se pueden formular hipótesis generales sobre las causas del macrofenómeno en cuestión.

En relación con todo esto, cuando se construye una matriz de varianza temporal de propiedades o variables de una o varias casos surgen problemas básicos como: la falta de datos fiables, completos y adecuados en determinadas series temporales en relación a ciertas variables; la identificación precisa de las franjas cronológicas temporales lo suficientemente representativas que constituyan la base para la recogida de datos ya que pueden no ser las mismas para los diversos casos utilizados dependiendo del análisis en cuestión; la posibilidad de que ciertas variables a examinar no se puedan evaluar sobre la misma unidad temporal; el problema de la especificidad o validez de las generalizaciones o relaciones y de su control que se derivan de análisis que consideran solamente la varianza temporal de las variables/propiedades en contraposición a las obtenidas de la varianza sincrónica entre unidades espaciales[11]; o, el citado problema de la multicolinealidad de las variables en el análisis de la varianza temporal, es decir, la posibilidad de que las observaciones de variables estén todas fuertemente asociadas unas con otras y el cambio en el tiempo esté constituido por conjuntos paralelos de fenómenos que varían potencialmente y para los que es difícil establecer la precedencia temporal y el peso causal relativo.

7.3. LOS ESTUDIOS DIFERIDOS EN EL TIEMPO

Los estudios diferidos en el tiempo o asincrónicos se encuentran en un punto intermedio entre la investigación sincrónica y la diacrónica. Al igual que la investigación sincrónica, en los estudios diferidos en el tiempo no se considera la varianza de las propiedades de las variables en una dimensión temporal, sino que se busca explicar un mismo fenómeno o proceso político que ocurre en distintos espacios y momentos

---

11. Mientras que la varianza espacial se expresa normalmente en términos de presencia/ausencia, mayor/menor intensidad, desviación/ o no respecto de una media, la varianza temporal se identifica en términos de desviación de una prevista o estimada tendencia temporal. Así, la naturaleza de la generalización secuencial entre al menos dos variables deriva de la comparación de tendencia y, en concreto, de la particular relación establecida entre precocidad y retraso de una propiedad/variable respecto de la otra (Bartolini, 1999).

cronológicos. No obstante, dado que el análisis se realiza en diferentes contextos temporales, es posible identificar la relevancia —o la falta de ella—de factores históricos, culturales o económicos propios de cada periodo analizado.

Los estudios diferidos en el tiempo suelen tratarse generalmente de estudios de pocos casos, frecuentemente binarios, donde la selección de casos se basa en la semejanza entre los casos y las variables de contexto, a pesar del transcurso del tiempo (Lucca y Pinillos, 2015: 22). Por esta razón, no siempre se adopta una estrategia estricta de diseño basada en sistemas homogéneos o heterogéneos. Este tipo de perspectiva temporal histórica es característico de los estudios sobre democratización, procesos de cambio político, guerras, revoluciones, entre otros fenómenos. Un ejemplo destacado es el trabajo de Leonardo Morlino (1998), que comparó los procesos de democratización en países como Italia durante la década de 1950 y España, Grecia y Portugal a finales de los años 70 y principios de los 80, desarrollando su conocida teoría del anclaje para analizar su influencia sobre la legitimidad y, por tanto, en la consolidación y crisis de las democracias.

Para Bartolini (1995: 123), uno de los desafíos que afronta la comparación asincrónica o en diferido es el de la difusión, es decir, el hecho de que la varianza entre unidades pueda producirse por influencia directa de una unidad sobre otra. Este fenómeno se conoce como el «problema de Galton», que plantea la dificultad de probar si las similitudes entre países son causadas por la difusión a través de los países o, por el contrario, responden a un desarrollo paralelo, simultáneo e independiente (Hague *et al.*, 1998: 275). Este problema es particularmente relevante en los estudios sobre democratización y otros procesos de cambio político.

7.4. EL ANÁLISIS HISTÓRICO COMPARATIVO

A diferencia de los estudios diacrónicos, el análisis histórico comparativo no considera el «tiempo» como una unidad de variación, sino que su finalidad es explicar los fenómenos políticos desde un enfoque genético, buscando las causas de estos en su origen y desarrollo (Ragin 1987, Nohlen, 2012: 334).

El análisis histórico comparativo tiene como referentes principales a Max Weber y los posteriores estudios desarrollados desde el ámbito de la sociología histórica, cuyo objetivo es contrastar y observar teorías sociales a partir de casos históricos (Caïs, 1997: 63)[12]. Skocpol y Somers (1980), en su artículo «The Uses of Comparative History in Macrosocial Inquiry» señalan tres lógicas o formas de comparación en la investigación histórica macrosocial: la demostración paralela de teoría, el contraste de contextos y el análisis macro-causal.

---

12. En el libro colectivo editado por Mahoney y Rueschemeyer (2003) puede encontrarse una revisión del análisis histórico comparativo.

El análisis histórico basado en la demostración paralela de teoría considera que la historia es comprensible sólo y a través de la teoría. El razonamiento lógico es de tipo deductivo, a partir de la teoría se analizan los casos históricos como evidencias empíricas para mostrar la validez de los presupuestos teóricos. De esta forma, la comparación cumple una función ilustrativa, produciéndose entre el caso y la teoría, no entre los casos (Caïs, 1997: 64). La aplicación detallada del modelo general a uno o más casos históricos de relevancia es muy valiosa, porque le permite al teórico especificar y operacionalizar lo que de otra manera permanecería necesariamente como conceptos y proposiciones abstractas (Skocpol, 1980: 32). Si los datos históricos no confirman el modelo, este debería cambiar a la luz de los datos (Caïs, 1997: 70). Como muestra de este tipo de estudios, Skocpol y Somers (1980: 177) señalan el libro de Eisenstadt (1963), *The Political System of Empires: Rise and Fall of Historical Bureaucratic Societies*. Eisenstadt presenta una teoría funcionalista estructural sobre el origen, la persistencia y el declive de los imperios burocráticos centralizados, comparando diversos casos históricos incluidos en una tipología general. El análisis se estructura en fases que se ilustran con eventos concretos de los casos estudiados, como los antiguos imperios de Egipto, Babilonia, los incas y los aztecas; el imperio chino; los imperios persas; los imperios romano y helénico; los imperios bizantinos; algunos estados hindúes; el califato árabe, los estados musulmanes árabes y el imperio otomano; y varios estados europeos e imperios de ultramar. En el ámbito de la política comparada, Lucca y Pinillos (2015: 15) ponen de relieve los numerosos estudios realizados desde el enfoque del neoinstitucionalismo y la teoría de la acción racional —teorías de alcance medio—que siguen esta forma de comparación. Citan como ejemplo el libro de Josep María Colomer (1998), *La transición a la democracia: el modelo español* (1998), cuya finalidad es validar el enfoque teórico de la acción racional y la teoría de los juegos para hacer extensible el caso español a otras transiciones democráticas.

En segundo lugar, la estrategia de contraste de contextos es la que utilizan los sociólogos históricos interpretativos, escépticos con la posibilidad de desarrollar explicaciones generalizadoras (Caïs, 1997: 74). Así, la estrategia de contraste de contextos puede entenderse como una reacción frente a los estudios basados en las teorías de gran alcance —como la estructural funcionalista o marxista— que tendían a ignorar las particularidades de cada caso (Jolías, 2008). En este enfoque histórico comparativo, la finalidad es subrayar cómo las particularidades únicas de cada caso afectan el funcionamiento de los procesos sociales, haciéndole diferente de otros. La comparación entre los casos es de naturaleza analítica y los contrastes se desarrollan con el apoyo de conceptos o tipos ideales, los cuales sirven como marco para la selección, organización e interpretación de las evidencias empíricas (Caïs, 1997: 72). La idea principal de esta variante del análisis histórico es que ciertas naciones, imperios, civilizaciones o religiones forman conjuntos irreducibles que son resultado de una configuración sociohistórica compleja y única (Skocpol, 1980: 178). Como ilustración del análisis de contraste de contextos, Skocpol y Somers (1980) citan la obra clásica de Reinhard

Bendix (1964), *Nation-Building and Citizenship: Studies of our Changing Social Order,* en el que las formas de modernización política de Europa Occidental se contrastan con cambios análogos —o su ausencia— en Rusia, Japón e India. Bendix introduce cuestiones teóricas que sirven de marco al libro, aunque no las presenta como explicativas de casos históricos concretos similares, sino como tipos ideales destinados a establecer un marco de referencia para delimitar las diferencias entre los casos históricos que se comparan. Otro ejemplo mencionado por Skocpol y Somers es el del libro de Clifford Geertz (1968), *Islam Observed: Religious development in Morocco and Indonesia,* en el que el antropólogo estadounidense contrasta los desarrollos del islam en dos países musulmanes de regiones y culturas distintas.

Por último, el análisis macro causal busca realizar inferencias causales sobre estructuras y procesos sociales amplios. Se parte del cuestionamiento de teorías de largo alcance, que se contrastan con la evidencia empírica histórica, lo que puede dar lugar a nuevas teorías desde una lógica inductiva. Para la selección de casos, los sociólogos históricos analíticos recurren a uno de los diseños analíticos de la semejanza o la diferencia propuesto por John Stuart Mill o una combinación de ellos. Uno de los principales problemas que presentan estos estudios es la limitada cantidad de casos históricos disponibles, lo que exige trabajar con un mayor número de variables para establecer relaciones causales (Caïs, 1997: 79). Como ejemplo de este tipo de investigación histórica, Skocpol y Somers señalan el trabajo de Barrington Moore, Jr., *Social Origins of Dictatorship and Democracy. Lord and Peasant in the Making of Modern World* (1966; trad. de 1973), que identifica tres caminos por los que pasan siete naciones distintas en los siglos XIX y XX para el surgimiento de tres estructuras políticas diferentes como consecuencias de secuencias revolucionarias distintas: la revolución burguesa hacia la democracia liberal (Estados Unidos, Francia e Inglaterra); la revolución fascista hacia el fascismo (Japón y Alemania); y la revolución campesina hacia el comunismo (China y Rusia). Asimismo, es destacable el libro de Theda Skocpol, *States and Social Revolutions: A Comparative Análisis of France, Russia, and China* (1979), en el que la autora sostiene que, a pesar de las diferencias señaladas por muchos teóricos de la revolución entre la Francia borbónica de finales del siglo XVIII, la China imperial tardía después de 1911, y la Rusia zarista de 1917, todos estos países experimentaron crisis sociales revolucionarias que transformaron las estructuras del estado y las clases sociales.

A pesar de la sistemática diferenciación de estos tres tipos de análisis, Skocpol y Somers (1984) reconocen que su clasificación tiene un carácter principalmente analítico, pues consideran que es poco probable que un comparativista se limite de manera exclusiva y permanente a uno de estos enfoques. En lugar de eso, la comparación se desarrolla como un ciclo en el que el uso de la teoría, los contextos y las causas son abordados en diferentes momentos (Lucca y Pinillos, 2015: 17).

Cuadro 18. Formas de comparación en el análisis histórico

	DEMOSTRACIÓN PARALELA DE TEORÍA	CONTRASTE DE CONTEXTOS	ANÁLISIS MACRO-CAUSAL
OBJETIVO	Probar la validez de una teoría	Mostrar las particularidades de los casos	Generar nuevas hipótesis
RAZONAMIENTO LÓGICO	Deductivo	—	Inductivo
COMPARACIÓN	Ilustrativa Entre el caso y la teoría	Analítica Tipos ideales	Ilustrativa Analítica

Fuente: Elaboración propia a partir de Skocpol y Somers (1980)

8. LA OPERACIONALIZACIÓN DE LOS CONCEPTOS: LA SELECCIÓN DE VARIABLES Y EL DISEÑO DE INDICADORES

Elegida la estrategia y seleccionado los casos de estudio, el siguiente paso en el diseño de la investigación es la operacionalización de los conceptos, es decir, el establecimiento de variables e indicadores que permitan su observación, medición y análisis comparado.

Hay que recordar que una de las principales características de los conceptos utilizados en la política comparada es su naturaleza empírica, ya que se derivan de la observación de la realidad y son susceptibles de ser analizados empíricamente. Para ello, los conceptos —sobre los que previamente se han establecido sus propiedades y referentes— deben ser operacionalizados. La operacionalización permite enfocar la investigación y la forma en la que se realice determinará la coherencia interna de la investigación. Para garantizar esta coherencia, los investigadores siguen los principios de precisión y eficiencia, esto es, que los conceptos estén bien definidos y que sus indicadores realmente midan esos conceptos (Coller, 2000: 70-71). Por lo tanto, operacionalizar implica definir una serie de procedimientos o acciones que se deben llevar a cabo para obtener uno o varios indicadores empíricos que reflejen la manifestación de una propiedad o variable en un caso específico (Anduiza, Crespo y Méndez, 1999: 38). En definitiva, el proceso de operacionalización implica seleccionar fenómenos observables que representen los conceptos, convertir sus propiedades en variables empíricamente verificables y, debido a la complejidad inherente a los conceptos, simplificar sus dimensiones para hacerlos medibles de manera práctica.

Muchos de los conceptos que se utilizan en la ciencia política son generales y con un alto grado de abstracción, lo que dificulta su definición semántica y la observación de lo que realmente indican en términos empíricos. Para reducir esta distancia entre la intensión de un concepto y sus referencias empíricas, se recurre a definiciones operativas (Bartolini, 1995: 51). Al operacionalizar un concepto abstracto, lo descomponemos en partes más simples y lo transformamos en variables que se pueden medir. Estas variables se representan mediante indicadores, que permiten asignar valores concretos a cada caso según lo que se está observando (Laiz y Román, 2003: 83). La operacionalización supone inevitablemente alguna simplificación o pérdida de significado, porque los indicadores raramente reflejan todo lo que queremos decir con un concepto (Manheim y Rich, 1988: 69).

De esta forma, la operacionalización de un concepto implica la descomposición del concepto en dimensiones (si es necesario), así como la construcción de variables que representen las propiedades de dicho concepto. Estas variables, a su vez, necesitan de indicadores que permiten la medición mediante la asignación de distintos valores según la propiedad o dimensión observada.

Tomemos como ejemplo el concepto de sistema de partidos. Para realizar un análisis comparativo del impacto de los distintos sistemas de partidos en la estabilidad de las democracias, se podría descomponer el concepto de sistema de partidos en varias dimensiones, como su formato, la polarización ideológica y su institucionalización. Cada una de estas dimensiones pueden ser medidas a través de variables e indicadores específicos. Así, el formato numérico del sistema de partidos, se puede estudiar analizando el número de partidos relevantes a través de un indicador como el Número Efectivo de Partidos Parlamentarios (NEPP) de Laakso y Taagepera (1979), así como clasificando los sistemas de partidos recurriendo a la tipología de Siaroff (2000), quien tiene en cuenta tanto el número de partidos como el equilibrio entre ellos utilizando como indicadores el número de partidos con al menos el 3% de los escaños (P3%S), la concentración parlamentaria de los dos partidos mayoritarios (2PSC), la ratio de escaños entre el primer y el segundo partidos (SR1:2), la ratio entre el segundo y tercer partidos (SR2:3) y la media de NEPP en la que se sitúan los casos analizados[13]. La dimensión de polarización ideológica puede ser examinada recurriendo a la distancia ideológica entre los partidos parlamentarios utilizando el índice de polarización de Dalton (2008), además de la existencia de alianzas partidistas estables o semiestables en relación con la concurrencia electoral, la formación de gobiernos de coalición, coaliciones parlamentarias o plataformas de oposición. Por último, la dimensión de la institucionalización del sistema de partidos se puede evaluar a través de variables como el origen del sistema de partidos, tomando como indicador el año en el que se celebraron las primeras elecciones legislativas competitivas del actual régimen democrático, así como la estabilidad o cambio de los partidos parlamentarios, calculando el índice de Pedersen (1979) de volatilidad agregada en su dimensión parlamentaria[14].

13. Utilizando estos indicadores, Siaroff categoriza los sistemas de partidos como bipartidistas, de dos partidos y medio. multipartidismo moderado con un partido dominante, multipartidismo moderado con dos partidos principales, multipartidismo moderado con equilibrio entre partidos, multipartidismo extremo con un partido dominante, multipartidismo extremo con dos partidos principales y multipartidismo extremo con equilibrio entre partidos.

14. Ejemplo basado, parcialmente, en la propuesta de tipología de sistemas de partidos de Szmolka y G.Del Moral (2019).

Cuadro 19.
Operacionalización de los conceptos: dimensiones, variables e indicadores

SISTEMA DE PARTIDOS		
DIMENSIONES	VARIABLES	INDICADORES
Formato	Número de partidos relevantes	NEPP de Laakso y Taagepera
	Clasificación de Siaroff	P3%; 2PSC; SR1:2; SR2:3; Media de NEPP
Polarización ideológica	Distancia ideológica entre partidos parlamentarios	Índice de polarización de Dalton
	Alianzas partidistas estables	Formación de coaliciones electorales, de gobierno, parlamentarias o de oposición
Institucionalización	Origen del sistema de partidos	Año de las primeras elecciones democráticas
	Estabilidad o cambio de los partidos parlamentarios	Índice de Pedersen de volatilidad electoral

Fuente: Elaboración propia

Por otra parte, hay que señalar que «medir» un concepto no implica necesariamente cuantificarlo, sino establecer criterios para su observación y clasificación basados en la presencia, ausencia o grado de estas características. Las propiedades de un concepto se pueden operacionalizar de diferentes formas mediante variables e indicadores:

(a) Nominal o categóricamente: los casos se distribuyen entre distintas categorías de acuerdo con un criterio escogido por el investigador.

(b) Ordinalmente: tiene como propósito no clasificar, como en el caso de la medición nominal, sino establecer una graduación en las unidades de variación.

(c) Cuantitativamente o a través de una escala. Las categorías pueden ordenarse a lo largo de un *continuum* de menor a mayor o de mayor a menor, que indica el grado en el que cada caso posee esa característica. Esta categorización permite el uso de técnicas estadísticas para el manejo de los datos.

Por ejemplo, al estudiar la democracia en un país, podemos clasificarlo como un régimen democrático o no democrático (clasificación nominal), ubicándolo en categorías en las que exista un orden de mayor a menor grado de democracia como democracia plena, democracia defectiva, autoritarismo moderado, autoritarismo cerrado (clasificación ordinal) o utilizar una escala que varíe desde el autoritarismo hasta la democracia (clasificación cuantitativa). No obstante, es habitual utilizar múltiples categorizaciones en la investigación comparada. Así, conceptos que inicialmente se operacionalizan de forma cuantitativa suelen transformarse en clasificaciones nominales u ordinales durante la fase de análisis. Esto ocurre con varios índices de democracia, donde una puntuación específica determina la clasificación. Un ejemplo es *Freedom*

House, que utiliza una escala de 1 a 7 para clasificar a los países como libres (1-2.5), parcialmente libres (3-5) y no libres (5.5-7).

Por último, hay que tener en cuenta que la validez de un indicador depende de los fines teóricos para los que se va a aplicar un concepto (Smelser, 1976; Bartolini, 1995: 53). Así, los conceptos pueden ser operacionalizados de diferentes formas y éstas pueden justificarse en función de diferentes razones cognoscitivas. Por ejemplo, la operacionalización marxista del concepto de clase puede ser adecuada en relación con el propósito de establecer las condiciones de un comportamiento revolucionario de ciertos grupos, mientras que la realizada en términos de estatus socioeconómico puede resultar más indicada si se quiere aplicar el concepto de clase en un estudio de comportamiento electoral (Bartolini, 1995: 53).

CAPÍTULO 5
EL ANÁLISIS COMPARADO DE RELACIONES DE CAUSALIDAD

1. LA CAUSALIDAD EN LAS CIENCIAS SOCIALES

La causalidad —como forma de explicación— se concibe de diversas formas en las ciencias sociales. Mientras que en la investigación de orientación metodológica cuantitativa la causalidad se concibe como la relación de causa y efecto entre una variable independiente (X) y una variable dependiente (Y), la investigación cualitativa difiere en la concepción de la causalidad y en la importancia que le otorga, según la posición ontológica y epistemológica de la que partan sus investigadores (Ruffa y Evangelista, 2021: 164). En este sentido, Della Porta y Krating (2008) distinguen cuatro enfoques sobre la causalidad en los estudios cualitativos en las ciencias sociales: el positivista, el pospositivista, el interpretativista y el humanístico.

(a) *Enfoque positivista.* Los positivistas en la investigación cualitativa adoptan una concepción de la causalidad similar a los estudios cuantitativos, con el objetivo de generalizar sus hallazgos a una población amplia de casos. Buscan captar la causalidad proporcionando explicaciones plausibles de procesos y patrones amplios, a partir de estudios de casos detallados que representan fenómenos generales de interés. Para ello recurren a métodos comparativos, análisis contrafáctico y/o al método de rastreo de procesos (*process tracing*), prestando especial atención al diseño de la investigación. Algunos investigadores, además, emplean el análisis histórico causal con el propósito de generar conclusiones relevantes para el diseño y evaluación de políticas públicas actuales (Ruffa y Evangelista, 2021: 164).

(b) *Enfoque pospositivista.* Los pospositivistas reconocen la existencia de la realidad social, pero enfatizan la complejidad de la causalidad y la dificultad que existe para captarla. Este enfoque pone menos énfasis en las asociaciones entre variables y destaca, en cambio, la importancia del contexto en la interpretación de los procesos sociales. Asimismo, adopta una postura más crítica respecto a la posibilidad de generalizar los hallazgos más allá del caso o los casos estudiados. Si bien el diseño de la investigación orientado a maximizar la validez externa es relevante, la prioridad que se le da es menor en comparación con el enfoque positivista.

(c) *Enfoque interpretativista.* Al igual que los pospositivistas, los interpretativistas destacan la relevancia de la posición del investigador y la intersubjetividad en la investigación. Dentro de este enfoque, algunos investigadores reconocen la causalidad como un fenómeno contextual y local, mientras que otros la rechazan por completo. Los interpretativistas prestan especial atención a las estrategias cualitativas de recolección de datos —en particular, las entrevistas y la etnografía—, así como a las implicaciones éticas y prácticas que esta metodología conlleva.

(d) *Enfoque humanístico.* El enfoque humanista sitúa la subjetividad en el centro de atención y no se interesa por la causalidad. Desde esta perspectiva, la ciencia social se concibe como una ciencia interpretativa en búsqueda de significados.

Más allá de sus diferencias en la concepción de la causalidad, los tres enfoques que la reconocen —el positivista, el pospositivista y el interpretativista— comparten cuatro características fundamentales: un interés por la teorización, la atención a los procesos, el uso de conceptos amplios y la consideración del contexto como elemento clave del análisis. De este modo, gran parte de la literatura de orientación cualitativa se interesa por el proceso, es decir, por cómo un *explanandum* —lo que hay que explicar— es explicado por un *explanans* —la narrativa o la historia que explica el objeto que se está explicando. El proceso se entiende como la concatenación de condiciones, perspectivas, puntos de vista y puntos de inflexión que, en su conjunto, pueden explicar de forma plausible por qué ocurrió un determinado resultado (Y). Los estudios cualitativos interesados en la causalidad describen y explican dicho proceso, ya sea desarrollando o probando teorías o explorando alguna parte específica del proceso que contribuya a comprender el puzle (Ruffa y Evangelista, 2013: 175).

Cuadro 20. Enfoques cualitativos sobre la causalidad en las ciencias sociales

		ENFOQUES			
		Positivista	Pospositivista	Interpretativista	Humanístico
Cuestiones ontológicas	¿Existe la realidad social?	Objetiva Realismo	Objetiva Realismo crítico	Lo objetivo y lo subjetivo están intrínsecamente vinculados	Ciencia subjetiva, ciencia del espíritu
	¿Se puede conocer la realidad?	Sí, es fácil de capturar	Sí, pero no es fácil de capturar	De alguna forma, pero no separada de la subjetividad humana	No, se centra en la subjetividad humana
Cuestiones epistemológicas	Relación entre el académico y su objeto	Dualismo Procedimientos inductivos	El conocimiento está influenciado por el investigador Procedimientos deductivos	Tiene por objetivo la comprensión del conocimiento subjetivo	No es posible el conocimiento objetivo
	Forma de conocimiento	Leyes naturales (causales)	Ley probabilística	Conocimiento contextual	Conocimiento empático
Visión de la causalidad		Causalidad como relación entre la variable independiente y dependiente	Causalidad compleja	Causalidad contextual o no causalidad	No causalidad
Énfasis en el diseño de la investigación para generalizar		⟶			
Énfasis en la posicionalidad, la ética y la recogida de datos				⟶	

Fuente: Della Porta y Keating, 2008: 23; Ruffa y Evangelista, 2021: 167

Estas diversas concepciones de la causalidad, tanto desde perspectivas metodológicas cuantitativas como cualitativas, coexisten en el campo de la política comparada, aunque el enfoque interpretativista tiene una presencia relativamente menor. El hecho es que no existe un consenso generalizado sobre los que se entiende por explicar y, por lo tanto, no existe una única forma de entender el proceso causal en la política comparada (Jolías, 2008). No obstante, existen unos fundamentos básicos en el estudio de la causalidad como forma de explicación de los fenómenos políticos, los cuales serán desarrollados en el siguiente epígrafe.

2. LAS RELACIONES DE CAUSALIDAD Y LAS CONFIGURACIONES CAUSALES EN LA POLÍTICA COMPARADA

El análisis comparativo en la política comparada se orienta, de forma general, al estudio de las relaciones de causalidad entre una variable dependiente —que representa aquel fenómeno que se busca explicar— y las variables independientes —aquellos factores que se considera que pueden influir sobre este fenómeno. Con ello se pretende encontrar los factores explicativos (variables causales), condiciones (configuraciones causales) o mecanismos causales que explican el fenómeno de estudio.

Las relaciones de causalidad se representan a través de la construcción de tablas o matrices que indican la presencia o ausencia de las propiedades estudiadas y de operadores lógicos. Estas tablas o matrices, denominadas «tablas de verdad», se construyen con base en el álgebra booleana y, en su forma más sencilla, asignan un valor de 1 a cada variable cuando un caso cumple con el criterio de estudio, y un valor de 0 cuando no lo hace.

Las principales relaciones de causalidad en la investigación comparada son las siguientes (Pérez Liñán, 2010: 135):

> (a) *Causalidad coyuntural.* Dos (o más) factores intervienen conjuntamente para producir el fenómeno: $Y = X$ y Z (conjunción). Ejemplo: «La guerra civil se produce cuando existe una alta polarización étnica/religiosa y, a su vez, existe un estado débil».
>
> (b) *Causalidad múltiple.* Un fenómeno puede ser explicado por uno u otro factor: $Y = X$ o Z (disyunción inclusiva). Ejemplo: «La guerra es civil es causada, bien por la existencia de una alta polarización étnica/religiosa, o bien, por instituciones estatales débiles».
>
> c) *Condición suficiente.* La presencia de una variable garantiza la ocurrencia de un determinado efecto o resultado: si X, entonces Y (implicación). Ejemplo: «La debilidad del estado conduce a la guerra civil».

Las relaciones de causalidad se expresan mediante operadores lógicos, representados por los investigadores a través de distintos símbolos, como se muestra en el cuadro 21.

Cuadro 21. Símbolos de operadores lógicos en el análisis de relaciones causales

RELACIÓN	OPERADOR LÓGICO	SÍMBOLOS		
Ausencia de la propiedad	Negación (no-X)	$\neg X$	$\sim X$	$\bar{X}$
Causalidad coyuntural	Conjunción (X y Z)	$X * Z$	X y Z	$X \cdot Z$
Causalidad múltiple	Disyunción Inclusiva (X ó Z)	$X + Z$	$X \lor Z$	
Condición suficiente	Implicación (si X, entonces Y)	$X \rightarrow Y$	X Y	$Y = X$

Fuente: Pérez Liñán, 2010: 135

En algunas investigaciones, puede ser suficiente identificar una o más variables que influyen en la variable dependiente. Sin embargo, es importante recordar que los fenómenos sociales son complejos y están determinados por múltiples factores que pueden relacionarse entre sí y combinarse de diversas maneras, dando lugar a distintas configuraciones causales en el mundo real. Por lo tanto, estudios más sofisticados pueden tener la finalidad de examinar estas relaciones de multicausalidad y las interacciones entre los distintos factores explicativos. Desde esta perspectiva, ha cobrado relevancia en los últimos años el análisis de las configuraciones causales dentro de la política comparada.

A continuación, presentamos un ejemplo de investigación hipotética que busca analizar las condiciones que favorecen el éxito de una transición hacia la democracia. Para ello estudiamos las transiciones democráticas que tuvieron lugar durante la tercera y cuarta ola, tanto exitosas como fallidas. Formulamos cuatro condiciones causales hipotéticas: una movilización ciudadana alta (M), un partido de oposición de izquierdas fuerte (I), presión internacional alta (P) y al menos diez años de crecimiento económico sostenido (C). Tanto las condiciones causales como el resultado los categorizamos de forma dicotómica (1= Presente y 0= Ausente). A continuación, procedemos a la elaboración de la tabla de verdad que incluye todas las configuraciones causales posibles (véase Cuadro 22). En cada fila de la tabla puede observarse los valores que adopta cada una de las condiciones de la configuración causal, los valores del resultado y el número de casos que presentan esa configuración causal.

Cuadro 22. Tabla de verdad de configuraciones causales

MOVILIZAC. POPULAR (M)	PARTIDO DE OPOSICIÓN DE IZQUIERDA (I)	PRESIÓN INTERNAC. (P)	CRECIMIENTO ECONÓMICO SOSTENIDO (C)	TRANSICIÓN DEMOCRÁT. EXITOSA (T)	NÚMERO DE CASOS (n)
0	0	1	0	0	4
0	0	1	1	0	3
0	0	0	0	0	4
0	0	0	1	1	2
0	1	1	0	1	3
0	1	1	1	1	4
0	1	0	0	0	3
0	1	0	1	1	3
1	0	1	0	0	1
1	0	1	1	0	4
1	0	0	0	0	1
1	0	0	1	1	2
1	1	1	0	1	3
1	1	1	1	1	2
1	1	0	0	0	1
1	1	0	1	1	4

Fuente: Elaboración propia

A partir de esta tabla, se seleccionan los casos positivos (éxito de la transición) y se identifican las condiciones causales que son comunes a todos ellos (casos positivos sombreados en la tabla). Estas condiciones que llevan al resultado del éxito de la transición democrática se representan en una ecuación primitiva. Para ello se han utilizado las letras mayúsculas de las variables para denotar presencia y las minúsculas denotan ausencia, mientras que el símbolo «*» significa «y» (el elemento coyuntural) y el símbolo «+» significa el conectivo «o» (el elemento múltiple):

$$T = m^*i^*p^*C + m^*I^*P^*c + m^*I^*P^*C + m^*I^*p^*C + M^*i^*p^*C + M^*I^*P^*c + M^*I^*P^*C + M^*I^*p^*C$$

El siguiente paso consiste en reducir esta ecuación primitiva en una formula final parsimoniosa, dejando de lado lo irrelevante. Para esto, el investigador hace uso de la regla de minimización que consiste en la siguiente declaración:

> Si dos expresiones booleanas difieren solo en una condición causal y aun producen el mismo resultado, luego la condición causal que distingue a las dos expresiones puede ser considerada irrelevante y pueden ser removida para crear una expresión combinada y más simple (Ragin 1987: 93).

Así lo más importante es detectar y contrastar las expresiones booleanas que tengan solo una condición diferente, que será luego eliminada por ser considerada innecesaria para la producción del resultado. Después de esa eliminación, ambas expresiones se fusionarán para producir una nueva expresión más simple.

Para el ejemplo que hemos planteado, y después del proceso de minimización, la formula mínima será la siguiente:

$$T = I^*h + H^*C$$

Esta fórmula se lee de la siguiente forma: «Ha existido una transición democrática exitosa (T) allí donde existía un partido de oposición fuerte de izquierda (I), *combinado* con la existencia de una presión internacional alta (P); *o*, ha existido una transición democrática exitosa, allí donde no existía presión internacional (H) pero *combinado* con al menos diez años de crecimiento económico sostenido (C)».

El análisis de configuraciones causales constituye el fundamento del Análisis Cualitativo Comparativo (QCA, por sus siglas en inglés *Qualitative Comparative Analysis*), que surge como respuesta a la necesidad de una metodología capaz de abordar de manera efectiva la causalidad múltiple compleja en un número considerable de casos, donde los métodos cuantitativos y cualitativos tradicionales encuentran limitaciones. En el siguiente epígrafe, examinamos la técnica del QCA.

3. EL ANÁLISIS CUALITATIVO COMPARATIVO

Desde la década de 1990, se viene produciendo un fructífero debate sobre los fundamentos de la inferencia causal en los métodos cualitativos y su validez en comparación con la inferencia basada en el método estadístico. Este debate ha dado lugar a nuevas propuestas metodológicas del que es un buen exponente Charles Ragin, que desarrolló un nuevo procedimiento de análisis en su obra *The Comparative Method*.

Moving Beyond Qualitative and Quantitative Strategies (1987): el *Qualitative Comparative Analysis* (QCA). El QCA es una técnica apropiada para realizar inferencias en estudios con una n intermedia (10 a 50 casos aproximadamente), donde hay pocos casos como para garantizar una significación estadística o demasiados como para realizar un estudio en profundidad de los casos. Por otro lado, aunque en ocasiones se describe este método como un puente entre el método cuantitativo y cualitativo, lo cierto es que supone un enfoque metodológico original con características propias (Medina *et al.*, 2017: 10). Epistemológicamente, el QCA se sitúa dentro del paradigma pragmatista[1], entre los enfoques pospositivistas y constructivistas (Ariza y Gandini, 2012: 502).

El objetivo del QCA es identificar patrones generales a partir de un número limitado de casos, considerando estos como configuraciones de atributos o condiciones. De este modo, se pueden descubrir las combinaciones de condiciones explicativas que conducen a un resultado de interés[2]. Es la interacción entre estas condiciones, denominadas «configuraciones causales», y no su impacto aislado, la que genera el resultado (Medina *et al.*, 2017: 8).

Por tanto, el QCA resulta útil para analizar la causación coyuntural múltiple. Por un lado, este método reconoce la «equifinalidad» en los fenómenos sociales. El principio de equifinalidad afirma que a través de diferentes combinaciones de variables se puede llegar al mismo resultado, por lo que no existe un único camino o conjunto de causas que expliquen el fenómeno de estudio. Por otro lado, la noción «coyuntural» implica que es la interacción de un cierto grupo de variables lo que produce una determinada respuesta. En otras palabras, para que ocurra un efecto determinado, las variables son necesarias, aunque no son suficientes por sí solas para generar dicha respuesta (Ragin, 1987; Ragin, 2008).

Para analizar estas relaciones causales complejas, el QCA emplea técnicas lógicas, como el álgebra booleana (operadores lógicos), tablas de verdad y métodos de minimización lógica, los cuales fueron abordados en el epígrafe anterior. Además, el QCA se basa en la teoría de conjuntos —rama de las matemáticas que estudia las propiedades de los conjuntos y sus relaciones— para estudiar las relaciones causales entre variables. A través de conceptos como la inclusión y la exclusión, el QCA clasifica los casos según las características que comparten. Esto permite a los investigadores identificar configuraciones que conducen a un resultado particular y entender cómo diferentes combinaciones de factores pueden producir efectos similares.

Ragin (1987) desarrolló el QCA inicialmente para analizar configuraciones codificadas de forma binaria, según el álgebra booleana. Así, las condiciones se representan como presencia (1) o ausencia (0), lo que se conoce como análisis de conjuntos nítidos

---

1. El pragmatismo aboga por la utilización del enfoque metodológico que sea más útil para el problema de investigación en cuestión.

2. En el lenguaje del QCA, las condiciones se corresponden con las variables independientes, mientras que el resultado es el equivalente a la variable dependiente.

o binarios (*crisp-set QCA*, csQCA). No obstante, muchas condiciones causales de interés para los científicos sociales varían en grado o nivel, por lo que Ragin desarrolló, posteriormente, dos nuevas técnicas para realizar el QCA según el tipo de condiciones del análisis: conjuntos múltiples (*multi-value QCA*, mvQCA) y conjuntos difusos (*fuzzy-set*, fs QCA) (Ragin, 2000). Estas tres técnicas llevan aparejados softwares especializados de análisis que generan automáticamente la tabla de verdad y minimizan las configuraciones causales[3].

El QCA se desarrolla a través de diferentes fases:

(1) *Definición del problema y elección de las condiciones explicativas*. En primer lugar, se delimita el problema de estudio y se formula la pregunta de investigación, tal y como se hace en cualquier otro tipo de estudio. A continuación, se especifican aquellas condiciones causales que se cree que influyen en el fenómeno analizado. Aquí, el investigador se guía por la literatura científica —que señala los posibles factores explicativos del resultado de interés— y por su(s) propia(s) hipótesis.

2) *Selección de los casos y descripción*. A continuación, se seleccionan los casos que se desean analizar, los cuales deben representar tanto resultados positivos como negativos en relación con la pregunta de investigación. Los casos deben ser descritos con detalle para facilitar su comprensión y asegurar su adecuada consideración en el análisis e interpretación de los resultados. Hay que señalar que, en QCA, cada uno de los casos representa una combinación de condiciones con la capacidad de producir (o no) un resultado.

3) *Análisis*. El primer paso del análisis es la asignación de valores a las condiciones. En el QCA de conjuntos nítidos, la asignación de valores en cada condición causal se realiza a través de una distinción binaria 0 o 1. En cambio, en el QCA de conjuntos difusos, las condiciones causales deben calibrarse para reflejar el grado de pertenencia de cada caso a una condición determinada, asignando un valor entre 0 y 1 (este último que indica la pertenencia total) y determinar los puntos de corte. Estas puntuaciones de pertenencia al conjunto dependen de cada condición y del conjunto de datos, de modo que los puntos de corte elegidos por los investigadores son un aspecto crucial del análisis de conjuntos difusos.

El segundo paso del análisis consiste en la construcción de una tabla de verdad que muestre todas las combinaciones posibles de condiciones y resultados, incluyendo tanto aquellas en las que pueden ubicarse los casos seleccionados como aquellas para las que no se dispone de evidencia empírica. Como ejemplo, el cuadro 23 muestra una

---

3. En el cuaderno metodológico *Análisis Cualitativo Comparado (QCA)* de Medina *et al.* (2017) se puede encontrar una explicación clara y didáctica de cómo llevar a cabo el QCA. Por otro lado, un ejemplo de aplicación del QCA en la investigación, puede encontrarse en el artículo de Carla Cordoncillo (2023).

tabla de configuraciones posibles de tres condiciones (variables) para un análisis QCA de conjuntos nítidos. En ella pueden observarse cuatro configuraciones de condiciones que han producido el resultado (Y=1), que incluyen los casos I, A, B, H, J, C y D (Y=0); dos que no lo han generado, correspondientes a los casos E, F y G; y, tres, para los que no existen casos.

Además, los programas informáticos diseñados específicamente para el método QCA calculan y establecen los valores de consistencia y cobertura en la tabla de verdad. Por un lado, la cobertura indica cuántos casos son explicados por una configuración específica, es decir, su frecuencia. Una cobertura baja no implica que la configuración sea menos relevante, ya que puede ser necesaria para que el resultado se produzca. Por otro lado, el índice de consistencia indica la proporción de casos en los que una determinada configuración de condiciones conduce al resultado positivo. Cuando este índice es igual a 1, las configuraciones se denominan configuraciones verdaderas o suficientes. No obstante, en la práctica, se suele aceptar un umbral de consistencia superior a 0,80 (Ragin, 2009) o, de forma más estricta, de 0,90 (Schneider y Wagemann, 2012: 278). En el ejemplo del cuadro 23, las configuraciones 1, 2 y 4 serían las que cumplirían este criterio.

Cuando una configuración presenta una baja consistencia, esto indica que no está respaldada suficientemente por la evidencia empírica y, por lo tanto, se considera menos relevante que aquellas configuraciones con alta consistencia. Se denominan configuraciones contradictorias, ya que han dado lugar tanto a la presencia como la ausencia del resultado analizado. El investigador tendría que investigar el caso más en detalle para determinar si se trata de un caso excepcional o si en realidad no se trata de una configuración suficiente para obtener el resultado de interés.

Por último, la tabla de verdad también proporciona información sobre los denominados contrafácticos o residuos, es decir, aquellas configuraciones causales para las cuales, aunque teóricamente posibles, no se registran casos empíricos. El investigador debería indagar las razones por las cuales dichas configuraciones no cuentan con casos empíricos, bien por un problema de selección o porque no se presentan en la realidad.

Cuadro 23. Tabla de verdad de configuraciones causales y resultados en QCA

CONFIG.	COND. X	COND. Z	COND. R	Y=0	Y=1	N	NY	CONSIST.
1	1	1	1		I	1	1	1
2	1	1	0		A, B, H	3	3	1
3	1	0	1	E, F	J	3	1	0,33
4	1	0	0		C, D	3	2	1
5	0	1	1			0	-	-
6	0	1	0			0	-	-
7	0	0	1	G		1	0	0
8	0	0	0			0	-	-

Fuente: Elaboración propia

El análisis QCA debe identificar las condiciones individualmente necesarias y las configuraciones causales suficientes. Por un lado, una condición es necesaria cuando un resultado es imposible en su ausencia. Esto no quiere decir que siempre que esté presente la condición se produzca el resultado, puesto que la condición puede ir acompañada de otras condiciones para producir el efecto (causalidad coyuntural múltiple). Los programas informáticos utilizados en QCA permiten realizar un análisis de necesidad centrado en los casos que presentan el resultado, utilizando el parámetro de consistencia. Este parámetro indica la proporción de casos en los que se observa tanto la condición X como el resultado Y, con respecto al total de casos en los que está presente Y (Ragin, 2008: 44). Para ser considerada una condición de necesidad, la consistencia debe ser 1 o mayor del umbral fijado por el investigador, generalmente, 0.8 o 0.9. En un ejemplo sencillo como el del cuadro 23, a simple vista puede observarse que la única condición necesaria es la 1.

El análisis de relaciones causales suficientes permite examinar qué configuraciones son determinantes para un resultado. Estas configuraciones son las que hemos señalado que tenían una consistencia bruta de 1 o superior a 0.8 o 0.9, es decir, todas aquellas que siempre arrojan un resultado positivo (las configuraciones 1, 2 y 4).

$$Y = X{*}Z{*}R + X{*}Z{*}r + X{*}z{*}r$$

Como señalamos en el epígrafe anterior, el QCA utiliza la minimización lógica booleana como herramienta para el análisis de configuraciones causales suficientes, excluyendo las condiciones cuya presencia o ausencia no es relevante para producir el resultado (Medina *et al.* 2017: 33). Así, si dos combinaciones de condiciones generan el mismo resultado de interés y difieren únicamente en una de ellas, esa condición puede considerarse irrelevante y, por tanto, descartarse. De esta forma, se llega a la fórmula más parsimoniosa (fórmula mínima).

$$Y = X{*}Z + X{*}z{*}r$$

Para análisis más complejos, los programas informáticos de QCA proporcionan aquella combinación de condiciones que muestra una alta consistencia y, por tanto, capacidad explicativa. Además, ofrecen tres posibles soluciones para la minimización que difieren en el uso de los remanentes lógicos: compleja, parsimoniosa e intermedia. La solución compleja minimiza únicamente casos observados, mientras que la intermedia incluye contrafácticos teóricamente relevantes y la parsimoniosa a todos los remanentes (Ragin, 2008).

(4) *Interpretación.* La fase final del QCA consiste en interpretar los resultados obtenidos, proporcionando una explicación del fenómeno de estudio a partir de las relaciones de causalidad encontradas. Para construir dicha explicación, es fundamental tener en cuenta tanto la teoría como el contexto de los casos analizados. La identifica-

ción de patrones causales en el QCA no solo permite la evaluación de teorías previas, sino también el desarrollo de nuevos argumentos teóricos (Schneider y Wagemann, 2006).

A partir de las contribuciones de Ragin, el QCA ha experimentado nuevos desarrollos. Una de las aportaciones más destacadas es la de Schneider y Wagemann (2006), quienes proponen un enfoque fs/QCA en dos pasos para abordar problemas relacionados con la complejidad de los resultados y la diversidad limitada de casos, característicos de la investigación comparada. Estos autores introducen la distinción clave entre factores remotos y factores próximos. Los factores remotos, considerados estructurales y más estables, representan las condiciones contextuales que hacen posible un resultado. Por su parte, los factores próximos, más influenciados por las acciones humanas, explican cómo determinadas configuraciones institucionales específicas dentro de esos contextos conducen a un resultado particular. Este modelo teórico permite descomponer problemas complejos y manejar mejor los remanentes lógicos, es decir, configuraciones posibles no observadas empíricamente. De este modo, se pueden incluir contrafácticos para evaluar la solidez de una teoría. Schneider y Wagemann demuestran la viabilidad de su enfoque aplicándolo al análisis de la consolidación de la democracia. Así, muestran cómo diferentes combinaciones de contextos estructurales (factores remotos, como desarrollo económico o homogeneidad étnica) y configuraciones institucionales (factores próximos, como tipo de sistema electoral) interactúan para fomentar o impedir la consolidación democrática. El análisis de estos autores revela que no hay un único camino hacia la consolidación democrática, sino que depende de un ajuste entre las instituciones y el contexto social, resaltando la importancia de la equifinalidad y la causalidad coyuntural.

En definitiva, el QCA se ha consolidado como un método muy útil por su rigor científico, su alto grado de transparencia en la toma de decisiones durante las distintas fases de la investigación, su capacidad para abordar la complejidad causal de los fenómenos políticos y su contribución al desarrollo teórico de la política comparada (Schneider y Wagemann, 2006; Medina *et al.* 2017). Además, el QCA ofrece la posibilidad de integrar otras técnicas de investigación como la regresión logística o el rastreo de procesos (*process-tracing*) (Møller y Skaaning, 2018: 4). Analizaremos el enfoque metodológico del rastreo de procesos en el siguiente epígrafe.

4. EL ENFOQUE METODOLÓGICO DEL RASTREO DE PROCESOS (*PROCESS TRACING*)

La reflexión sobre los métodos cualitativos en las ciencias sociales ha favorecido el desarrollo de nuevos procedimientos para explicar los fenómenos políticos mediante la identificación de mecanismos causales, entre los que destaca el método del «rastreo de procesos» (*process tracing*). El rastreo de procesos se origina y desarrolla en el ámbito de la psicología cognitiva durante las décadas de 1960 y 1970, aunque su sistematización e impulso en la ciencia política no se produjo hasta principios de este siglo con la publicación del libro *Case Studies and Theory Development in the Social Sciences* de Alexander George y Andrew Bennett (2005) (Castillo, 2022: 73; Cortez y Solorio, 2022: 64). Inicialmente, el rastreo de procesos se empleó en el estudio del proceso de toma de decisiones desde la perspectiva de los individuos, si bien posteriormente se ha argumentado que su aplicación no debe restringirse a un nivel micro o de agencia, sino que puede extenderse a un nivel macro o estructural (Castillo, 2022: 73). En este sentido, los estudios basados en el rastreo de procesos han experimentado una evolución desde su enfoque primigenio centrado en las decisiones individuales y psicológicas, a una perspectiva más relacionada con la investigación histórica, orientada a la identificación de mecanismos causales y el contraste de hipótesis (Cortez y Solorio, 2022: 64). Por otro lado, aunque el método de rastreo de procesos se concibió para analizar las inferencias causales dentro de un caso en profundidad (*within-case analysis*), se puede utilizar también en la comparación de varios casos (*cross-case analysis*)[4].

Como su denominación indica, este método analiza un proceso que transcurre a lo largo del tiempo, el cual ha conducido a un resultado específico y conocido, por lo que no es aconsejable su aplicación al estudio de las causas de procesos que aún se encuentran en curso. A partir de una posible explicación (variable independiente), se trata de descifrar qué ha ocurrido a lo largo del proceso, identificando los «rastros» o «huellas» que expliquen este resultado (variable dependiente). Para ello, los «rastreadores de procesos» se valen del relato detallado del caso o de los casos. De hecho, la descripción minuciosa se considera uno de los fundamentos del rastreo de procesos para analizar las trayectorias de cambio y causalidad, lo que se conoce como «inferencia descriptiva» (Mahoney, 2010: 125; Collier, 2011: 823). Esto posibilita la realización de «inferencias causales» sólidas que expliquen el fenómeno de estudio. Otro aspecto a tener en cuenta es que, aunque el rastreo de procesos se considera un método de investigación cualitativa, no prescinde del análisis de datos cuantitativos, los cuales son en muchas ocasiones necesarios para la descripción detallada (Collier, 2011: 825).

En concreto, Bennett y Checkel (2014: 7) definen el rastreo de procesos como el «análisis de la evidencia sobre los procesos, secuencias y coyunturas de eventos dentro de un caso con el propósito de desarrollar o probar hipótesis sobre los mecanismos causales que podrían explicar causalmente el caso». Los editores presentan tres premisas para un «buen» rastreo de procesos: (1) debe ser coherente con una comprensión de

---

4. Como ejemplo, Koß (2018) ha estudiado como el funcionamiento de la democracia parlamentaria ha dado lugar a los partidos políticos, a partir del análisis de los casos de Francia y Finlandia en el periodo de 1866–1958. Por otra parte, desde la perspectiva de las relaciones internacionales, Tannewald (1999), analizó como el tabú sobre las armas nucleares —como consecuencia de la Segunda Guerra Mundial— influyó en la política nuclear de Estados Unidos, evitando el uso de este armamento en crisis posteriores. Para ello, además del caso de Hiroshima y Nagasaki (1945) rastrea los procesos de las guerras de Corea (1950), Vietnam (1965) y del Golfo (1991).

la realidad social basada en los mecanismos causales; (2) debe basarse en el pluralismo para reconstruir secuencias causales y analizar el contexto; y, (3) debe tomarse en serio tanto la equifinalidad —múltiples combinaciones de causas pueden conducir a un resultado— como la existencia de explicaciones alternativas.

Por otro lado, Bennett y Checkel (2014: 21) proponen un decálogo de buenas prácticas que no sólo sirve para orientar a los rastreadores de procesos, sino también para evaluar su trabajo:

(1) Buscar explicaciones alternativas.

(2) Ser igualmente riguroso con las explicaciones alternativas.

(3) Considerar los posibles sesgos de las fuentes de evidencia.

(4) Evaluar si el caso es más o menos probable para las explicaciones alternativas.

(5) Tomar una decisión justificada sobre cuándo comenzar el análisis, es decir, hasta qué momento se remonta la investigación.

(6) Ser exhaustivo en la recopilación de evidencias diversas y relevantes, pero tomar una decisión justificada sobre cuándo detenerse.

(7) Combinar el rastreo de procesos con comparaciones de casos cuando sea útil para el fin de la investigación y factible.

(8) Estar abierto a los descubrimientos inductivos.

(9) Utilizar la deducción para preguntarse «si mi explicación es cierta, ¿cuál será el proceso específico que conduce al resultado».

(10) Recordar que el rastreo de procesos concluyente es bueno, pero no todo el rastreo de procesos bueno es concluyente.

El rastreo de procesos puede orientarse a la consecución de varios objetivos en las ciencias sociales. En función de ello, Beach y Pedersen (2013: 3) distinguen tres variantes en el método del rastreo de procesos: (a) comprobación de teorías, (b) construcción de teorías y (c) explicación de resultados. Estos tres tipos difieren en varios aspectos, como su enfoque en la teoría o en el caso, los tipos de inferencias realizadas, la comprensión de los mecanismos causales y su posible integración en diseños de investigación de métodos mixtos. Así, las dos primeras variantes están enfocadas a la teoría por lo que tienen potencial de generalización, mientras que la tercera suele enfocarse en un caso específico. Por otro lado, según la variante y la fase del análisis en el rastreo de procesos se puede proceder de forma deductiva o inductiva. No obstante, generalmente existe una combinación e interacción entre ambas estrategias para la explicación del resultado. En lo que respecta a su integración con otros métodos de investigación, las variantes de rastreo de procesos orientados a la comprobación y construcción de teorías pueden combinarse con otros métodos en diseños de investigación de métodos mixtos, mientras que esto no sucede de forma significativa en los diseños destinados a la explicación de resultados. A continuación, se detallan las características de cada variante, las cuales se resumen en el cuadro 24.

(a) *Comprobación de teorías.* En la variante del rastreo de procesos de comprobación teórica se parte de la hipótesis de que un mecanismo causal está presente en una población de casos en relación con un fenómeno. El objetivo es evaluar si las evidencias empíricas demuestran que el mecanismo causal hipotetizado que vincula X e Y está presente y funciona como se había teorizado (Beach y Pedersen, 2013: 11). Para alcanzar este objetivo, el investigador debe proceder de la siguiente forma: en primer lugar, de forma deductiva, conceptualizando el mecanismo causal conforme a una teoría existente y contextualizarlo; en segundo lugar, operacionalizando el mecanismo causal, observando si la teoría y las predicciones del caso de estudio están presentes en cada una de sus partes procediendo de forma inductiva; y, en tercer lugar, recopilando la evidencia empírica para hacer inferencias causales y comprobar que el mecanismo causal teóricos e hipotético está presente y que funcionó —o alguna de sus partes— de acuerdo con lo predicho (Beach y Pedersen, 2013: 14-15).

(b) *Construcción de teorías.* Consiste en elaborar una teoría generalizable sobre un mecanismo causal entre X e Y a partir de la evidencia empírica, infiriendo que existe un mecanismo causal más general a partir de los hechos de un caso particular (Beach y Pedersen, 2013: 3 y 11). Aquí, el investigador comienza el análisis desde lo empírico. De este modo, el primer paso es recopilar la evidencia o hechos concretos del caso, que relacionan X e Y. A partir de esta evidencia empírica, se infiere la presencia de manifestaciones que reflejan un mecanismo causal subyacente en el caso. En esta etapa, se procede de forma deductiva ya que el investigador se basa en teorías previas. Finalmente, se infiere la existencia de un mecanismo causal a partir de las manifestaciones observadas (Beach y Pedersen, 2013: 17-18).

(c) *Explicación de resultados.* Es la variante más utilizada en la práctica de la investigación, la cual pretende explicar un resultado histórico especialmente complejo. En este caso, el objetivo no es construir o probar un mecanismo generalizable, sino elaborar una explicación suficiente del resultado. Así, por ejemplo, en lugar de estudiar los mecanismos que dieron lugar a una guerra (Y), el análisis se centraría en explicar un resultado particular como la Primera Guerra Mundial (Beach y Pedersen, 2013: 3). En la explicación de un determinado resultado, el investigador puede optar por un enfoque deductivo o inductivo. Se elige la vía deductiva cuando un mecanismo existente explica el resultado y la inductiva cuando se utiliza evidencia empírica en un caso poco explorado. Sin embargo, en el proceso de investigación, se pueden alternar ambos enfoques, independientemente de la opción inicial, si la explicación encontrada no es suficiente o satisfactoria (Beach y Pedersen, 2013: 19-20; Castillo, 2022: 80).

Cuadro 24. Variantes del método del rastreo de procesos, según Beach y Pedersen (2013)

	COMPROBACIÓN DE TEORÍA	CONSTRUCCIÓN DE TEORÍA	EXPLICACIÓN DE RESULTADO
Tipo de pregunta de la investigación	¿Está presente el mecanismo causal y funciona como teorizado?	¿Cuál es el mecanismo causal entre X e Y?	¿Qué explicación mecanicista es la causa del resultado?
Situación de la investigación	Se ha encontrado una correlación entre X e Y	Y basado en la evidencia del caso	Un resultado histórico complejo
Ambición del estudio	Teórico	Teórico	Caso de estudio
Selección de casos	Casos históricamente relevantes	Casos típicos	Casos típicos Caso desviante más probable Caso desviante menos probable
Comprensión del mecanismo causal	Mecanismo sistemático (generalizable dentro del contexto)	Mecanismo sistemático (generalizable dentro del contexto)	Mecanismos sistemáticos, no sistemáticos (caso específico) y conglomerados específicos en el caso
Qué se rastrea	Mecanismo único y generalizable	Mecanismo único y generalizable	Mecanismo compuesto específico que específica el caso
Tipos de inferencias realizadas	(1) Partes del mecanismo causal presente/ausente en el caso (2) Mecanismo causal está presente/ausente en el caso	Partir de manifestaciones observables a la inferencia de un mecanismo subyacente	Explicación mínimamente suficiente

Fuente: Beach y Pedersen (2013: 21)

El rastreo de procesos concibe los fenómenos políticos como procesos que responden a «mecanismos causales». Estos han sido entendidos de diversas formas por parte de los investigadores: (a) variables intervinientes entre X e Y; (b) serie de sucesos empíricos entre la ocurrencia de X e Y; o, (c) sistemas que transmiten fuerzas causales de X a Y. Este último enfoque es el que predomina en la concepción actual del método de rastreo de procesos. En particular, Bunge (1997: 414) define un mecanismo causal como «un proceso dentro de un sistema concreto, que es capaz de provocar o prevenir algún cambio en el sistema en su conjunto o en algunos de sus subsistemas».

Por su parte, Beach y Pedersen consideran los mecanismos causales como la «caja negra de la causalidad», es decir, lo que permite comprender lo que sucedió entre la variable o variables independientes y la variable dependiente o resultado. Concretamente, Beach y Pedersen (2010: 12) definen un mecanismo causal como «un todo interactivo compuesto por una serie de partes distintas, que pueden desglosarse en entidades que realizan actividades que son transmisoras de fuerzas causales de X para producir Y». Esto es:

$$X \rightarrow [(n1 \rightarrow) * (n2 \rightarrow)] \, Y$$

Esta expresión se lee de la siguiente forma: «X transmite fuerzas causales a través del mecanismo compuesto de la parte 1 (entidad 1 y una actividad) y de la parte 2 (entidad 2 y una actividad) que conjuntamente contribuyen a producir el resultado Y» (Beach y Pedersen, 2013: 30). En relación con ello, es importante señalar que un mecanismo causal no se reduce a una variable o un conjunto de variables, sino que constituye una construcción teórica que describe las propiedades relacionales entre fenómenos que pueden repetirse y que explica cómo y por qué X causa Y (Hall, 2012: 4). Por tanto, el rastreo de procesos requiere especificar, tanto teórica como empíricamente, cada parte del mecanismo causal que existe entre la variable independiente y la dependiente (Beach y Pederson, 2013).

El análisis del rastreo de procesos se realiza a través de varios pasos que pretenden descifrar qué hay dentro de la caja negra, es decir, cómo se desarrolla el proceso que da lugar a un determinado fenómeno político. La secuencia de estos pasos depende de la variante del método de rastreos de procesos y si se opta por un procedimiento de inicio deductivo o inductivo. En todo caso, en el rastro de procesos debe estar siempre presente: (a) la conceptualización del mecanismo causal; (b) la operacionalización del mecanismo causal; y, (c) la recogida de evidencia. El mecanismo causal se teoriza conforme a teorías previas (variante comprobación de teorías) o infiriéndolo en base a la evidencia (variante de construcción de teorías). En todo caso, siempre se presentan explicaciones alternativas para contrastarlas. En cuanto a la operacionalización del mecanismo, esto se realiza asumiendo una serie de implicaciones para lo que se divide el proceso en partes. Para cada una de ellas, se identifican las entidades (por ejemplo, actores o instituciones) dentro del caso que intervienen a lo largo del tiempo y las actividades que realizan para que el resultado se produzca. Por lo que respecta a las evidencias empíricas, estas se recogen y se analizan para averiguar si el mecanismo causal está presente o no en cada una de las partes. Los rastros o las huellas de evidencia empírica son denominadas «Observaciones del Proceso Causal» (CPOs, por sus siglas en inglés), las cuales se conectan entre sí de manera temporal proporcionando información sobre el funcionamiento de los mecanismos causales[5] (Collier, 2011). En el siguiente gráfico se ilustra este procedimiento mediante un ejemplo sencillo de una investigación hipotética sobre la influencia de las campañas sociales en la adopción de derechos para el colectivo LGTBI+.

---

5. En el análisis es importante distinguir entre cadenas causales, si el orden temporal específico de las condiciones causales es crucial para lograr el resultado; o bien, conjunciones causales, cuando las condiciones tienen que estar presentes al mismo tiempo para ser causalmente efectivas (Blatter y Haverland, 2012: 85).

Gráfico 9. Ejemplo de un mecanismo causal en el método del rastreo de procesos

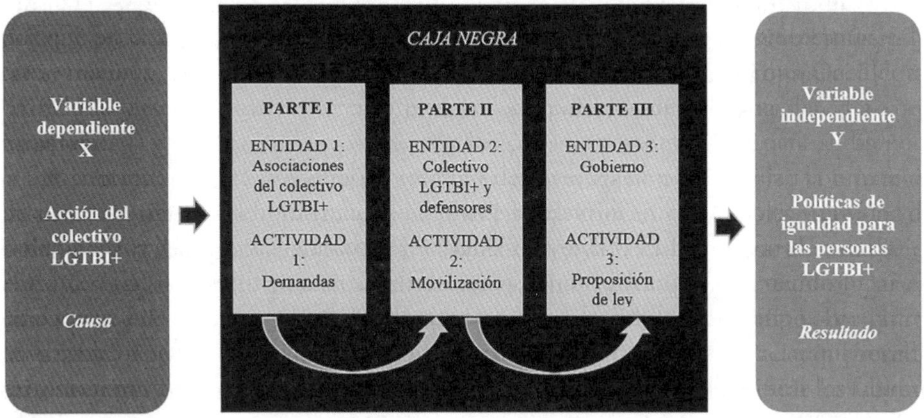

Fuente: Elaboración propia

Por último, hay que señalar que se debe evaluar el valor probatorio de las evidencias. Para ello, Van Evera (1997) estableció cuatro tipos de prueba que determinan cuando una condición es suficiente y/o necesaria[6]. Estas pruebas son fundamentales, porque generan certeza sobre las inferencias causales que se realizan (Collier, 2011: 825). Son las siguientes:

(a) *Prueba paja en el viento* (*straw-in-the-wind*): no proporciona un criterio necesario o un criterio suficiente para confirmar una hipótesis ni para rechazarla. Por ejemplo, una prueba de paja en el viento podría consistir en determinar si las organizaciones LGTBI+ formaron parte de un *lobby* que presionó a un gobierno para cambiar su política. No se trata de una prueba decisiva, pero podría indicar que las organizaciones LGTBI+ influyeron en el cambio.

(b) *Prueba del aro* (*hoop*): es necesaria pero no suficiente para probar la presencia del mecanismo en cuestión. Por ejemplo, si se ha establecido que el gobierno cambió de opinión sobre su política hacia el colectivo LGTBI+ durante reuniones cara a cara con las organizaciones representativas del colectivo, la presencia en esa conferencia podría constituir una prueba del aro. La mera presencia no demostraría influencia alguna en el cambio, pero su ausencia socavaría cualquier argumento que indique que las organizaciones LGTBI+ influyeron en el cambio.

---

6. Para una detallada explicación de estas pruebas, además de Van Evera (1997), véase Bennet (2010) y Castillo (2022: 83-84).

(c) *Prueba pistola humeante* (*smoking-gun*): aporta un criterio suficiente, pero no necesario para la confirmación de la hipótesis. Por ejemplo, si el ministro o ministra de Igualdad reconoce públicamente que las organizaciones LGTBI+ influyeron en la adopción de la política aprobada, esto es motivo suficiente para establecer cierta causalidad. Esto no implica que otras organizaciones o factores no hayan influido en el cambio.

(d) *Prueba doblemente decisiva* (*doubly decisive*): procuran un criterio necesario y suficiente para aceptar una hipótesis. Esta prueba no suele ser fácil de pasar. Un ejemplo sería que el ministro o ministra de Igualdad declarara públicamente que las organizaciones LGTBI+ fueron las únicas responsables de que el gobierno impulsase una política de igualdad hacia el colectivo LGTBI+.

En conclusión, el método de rastreo de procesos constituye una herramienta valiosa en la política comparada, dado que permite un análisis sistemático de los mecanismos causales que dan lugar a fenómenos políticos complejos. Al combinar descripciones minuciosas con inferencias causales sólidas, el rastreo de procesos ofrece un enfoque metodológico riguroso para estudiar los procesos y el cambio políticos, proporcionando una base sólida tanto para la construcción y el contraste de teorías en la política comparada como para la explicación de casos específicos.

CAPÍTULO 6
DIFICULTADES EN LA INVESTIGACIÓN COMPARADA

El comparativista se enfrenta en su investigación a diversos «problemas» (Mair, 2001: 467). o «dificultades» (Sartori, 1970) que abarcan desde cuestiones teóricas, como garantizar la equivalencia en la utilización de los conceptos; hasta desafíos metodológicos, como la selección de casos, la obtención y el uso de los datos y el control de las relaciones entre variables; e, incluso, consideraciones éticas como el sesgo de los valores del investigador. El objetivo de este capítulo es identificar los obstáculos que se encuentran en la investigación comparada y ofrecer algunas recomendaciones sobre cómo superarlos.

1. DEMASIADAS VARIABLES, POCOS CASOS

En las ciencias naturales, las investigaciones se realizan a partir de un número elevado de casos, lo que permite un control riguroso tanto en la selección de casos como de las variables y, por tanto, fortalece la validez de los resultados. En contraste, la política comparada trabaja con un universo relativamente limitado de casos. si se tiene en cuenta que en el mundo existen algo menos de dos centenares de países (193 si tomamos como criterio los estados independientes miembros de las Naciones Unidas). Esta limitación se encuentra también cuando se utilizan otras unidades de análisis distintas a la de los estados, como puedan ser, por ejemplo, gobiernos de coalición, partidos extrasistema o determinadas políticas públicas. El problema de la limitada oferta de casos se agrava aún más cuando se intenta controlar la investigación seleccionando los casos en función de su similitud o diferencia con respecto al fenómeno que queremos explicar y las variables de estudio. Por un lado, esto reduce considerablemente el número disponible de casos. Por otro lado, resulta imposible encontrar un país que sea idéntico a otro en todos los aspectos excepto en el que se pretende estudiar, o, por el contrario, que sea distinto en todas las variables salvo en la característica objeto de análisis. El problema del escaso número de países en el mundo deviene entonces en un problema de control en la investigación (Sartori, 1970; Collier, 1991; King *et al.*, 2000: 119; Dogan y Pélassy, 1990; Hague *et al.*, 1998: 277).

En ocasiones, incluso, el número de países o unidades de análisis resulta inferior al número de factores o variables explicativas identificadas como relevantes para la investigación, lo que se conoce como el problema del «diseño de investigación indeterminado» (Landman, 2011: 56-57). Esta dificultad afecta especialmente a los estudios comparativos con un número reducido de casos.

Lijphart (1988: 54-55) plantea cuatro procedimientos para minimizar el problema de «muchas variables, n pequeña»: (a) incrementar el número de casos tanto como sea posible, extendiendo el análisis comparativo tanto geográficamente como históricamente; (b) reducir el espacio de propiedades del análisis combinando variables y/o categorías; (c) focalizar el análisis en casos comparables, es decir, que compartan un número importante de características similares pero que sean disimilares respecto al fenómeno que se pretende estudiar, esto es, utilizar la estrategia de sistemas homogéneos; y (d), reducir el análisis a las variables claves y omitir aquellas que tengan una importancia marginal. Por su parte, Landman (2011: 58-59) sugiere que, para mitigar este problema, se puede recurrir a un marco teórico previo o utilizar el método de sistemas diferentes en el diseño de la investigación, con el fin de centrarse en la identificación de las similitudes importantes de un conjunto de países distintos.

2. LA INTERDEPENDENCIA DE LOS CASOS

«No hay una nación sin otras naciones», señalan Dogan y Pélassy (1981: 8; 1990: 1). Los países aprenden unos de otros, compiten entre ellos, se influyen e incluso se invaden en un proceso constante de interacción. Es más, los procesos más importantes de la historia —industrialización, colonización, descolonización, democratización, internacionalización de la economía de mercado— se han desencadenado a nivel mundial (Hague *et al.*, 1998: 275).

De esta forma, en un entorno crecientemente internacionalizado y globalizado resulta difícil identificar qué es específico de la política nacional y analizar los casos de forma independiente (Sartori, 1970; Mair, 2001: 468). Por ejemplo, las formas de gobierno presidencialistas de América Latina son resultado de la importación del modelo presidencialista de Estados Unidos, aunque se hallan desarrollado con características propias en los estados latinoamericanos. Asimismo, no podemos ver las transiciones hacia la democracia que se produjeron en Europa del Este a partir de 1989 como casos independientes, sino como un proceso que tiene un origen común en el debilitamiento de la URSS y el fin de la Guerra Fría.

La interdependencia de los casos analizados nos lleva a plantear lo que se conoce como «problema de Galton»: la dificultad de probar si las similitudes entre países son causadas por el efecto de difusión entre países o, alternativamente, por un desarrollo paralelo, simultáneo e independiente (Hague *et al.*, 1998: 275). Los procesos de difusión se pueden producir a través de distintas formas: (a) por imitación, préstamo o aprendizaje, como sucede en el caso de las estrategias de los autócratas para mantenerse en el poder «copiadas» de otros regímenes autoritarios; (b) intercambio, como consecuencia de procesos de integración en organizaciones supranacionales e internacionales, como pueda suceder en el caso de políticas públicas que vienen determinadas desde el exterior; (c) en procesos de dependencia, imposición o conquista; y, (d) por fisión social, es decir, disgregación en fragmentos de una unidad mayor.

Para superar este obstáculo, Mair (2001: 468) sugiere desarrollar una estrategia de investigación que se enfoque en casos similares, asegurando que el mismo entorno internacional sea común para todos los casos relevantes. De este modo, el contexto internacional se puede considerar como un factor constante que no explicará ninguna variación transnacional posterior que se pueda encontrar. No obstante, Mair reconoce la limitación de esta estrategia en un mundo moderno globalizado como es el actual.

En este sentido, el mundo —como lo hizo el estado— se ha convertido en una unidad crucial del análisis comparado. Algunos autores, incluso, se han preguntado en qué medida el estado sigue siendo una unidad significativa de análisis (Teune, 2010). No obstante, esto no significa que el estado-nación haya perdido relevancia y que se deba abandonar como unidad de análisis. La política aún ocurre a través de las naciones, aunque las dinámicas políticas actualmente sean globales. Es más, siguen siendo los gobiernos nacionales los que buscan soluciones a los problemas, incluso aunque los problemas sean comunes o compartidos y siguen siendo los decisores nacionales quienes son fiscalizados por los electores nacionales (Hague *et al.*, 1998). Van Deth (1994), haciendo un examen del campo de estudio de la política comparada, evidencia que los elementos específicos nacionales aún juegan un papel predominante en la investigación comparada en Europa occidental. Por ello, este autor sostiene que hay que rechazar las propuestas sobre un cambio sustancial en la aproximación a la política comparada, negando la idea de que las políticas domésticas han dejado de ser fundamentales y que las relaciones entre países y con otros actores en el sistema internacional sean lo verdaderamente relevante.

Con independencia de ello, es importante señalar que los procesos de globalización e integración regional, especialmente por lo que respecta a la Unión Europea, representan uno de los principales retos en los estudios comparativos. Esto se debe a que afectan las bases mismas de los estados independientes, que han sido las unidades de análisis fundamentales sobre las que se ha sustentado en gran medida esta subdisciplina (Teune, 2010), como hemos señalado. Por lo que se refiere a los procesos de integración regional, el poder de toma de decisiones en cuestiones vitales es transferido o compartido con órganos o instancias más allá de los estados-nación, al tiempo que éstos van perdiendo poderes efectivos en favor de las unidades locales y regionales. Por otro lado, el poder nacional para controlar a los ciudadanos, grupos y empresas cada vez es más dudoso en un mundo de creciente movilidad y comunicaciones, lo que afecta al estatus de los estados individuales como realistas unidades de análisis en la política comparada. En definitiva, entender la política como un fenómeno multinivel es actualmente uno de los principales objetivos y ámbito de estudio más prósperos en la política comparada.

3. EL SESGO EN LA SELECCIÓN DE LOS CASOS

Otro problema relevante en la investigación comparada es el de la selección de los casos a analizar. Mientras que los experimentos en ciencias naturales y las encuestas de opinión en ciencia política suelen basarse en la selección aleatoria de individuos, en política comparada los casos se eligen de manera deliberada (Landman, 2011: 62). Así, cuando los casos no se eligen por su representatividad o pertinencia respecto a los fines de la investigación, las inferencias realizadas a partir del análisis comparativo pueden verse afectadas (Coller, 2000: 54; Landman, 2011: 63).

El riesgo en la selección de los casos es intrínseco a una subdisciplina como la política comparada en donde gran parte de los estudios se realizan sobre un pequeño número de unidades de análisis. En los estudios de n pequeña o en estudios de caso, puede haber una tendencia del investigador a escoger aquellos países con los que se siente más cómodo y seguro, por su cercanía geográfica, equivalencia lingüística o por tratarse de países relevantes. Una posible solución a la intervención del comparativista en la selección de casos es aumentar el número de casos y recurrir a investigaciones colaborativas entre equipos de investigación. Sin embargo, los estudios de n grande o globales tampoco están exentos de problemas. El principal es, sin duda, el alto grado de abstracción que se requiere para su aplicación en contextos políticos y sociales muy diversos, lo que puede llevar al estiramiento conceptual y a la limitada relevancia de las conclusiones a las que se llega por analizar un número escaso de variables. Además, este tipo de estudios suele depender de datos generados por agencias u organismos internacionales, que son los únicos con capacidad para recopilar información global y cuya finalidad en su recogida —económica, financiera, de desarrollo— puede no coincidir con la de nuestro análisis.

El problema del sesgo de la selección de casos puede tener diversos orígenes. En primer lugar, la selección de los casos se realiza generalmente en función del fenómeno que se quiere estudiar como, por ejemplo, el éxito de la transición a la democracia de ciertos países, el estallido de una guerra civil o la llegada al poder de un dirigente populista. La elección de los casos en función de la variable dependiente puede dar lugar a una sobreestimación de la importancia de ciertos factores explicativos o una infraestimación de los efectos que no existen (Geddes, 1990: 132-133; Landman, 2011: 64). Existen varias soluciones al problema de la selección en función de la variable dependiente: (a) contar con una variable dependiente que cambie, por ejemplo, países en los cuales el fenómeno ha tenido lugar y otros en los que no; (b) reflejar el conocimiento de casos paralelos; (c) utilizar teorías que señalen de forma más precisa los países o casos en los que se darían ciertos resultados y para los que valdrían las explicaciones; o,

(d) teorías que identifiquen los casos en los que el fenómeno sea menos probable, los denominados «casos cruciales» (Caporaso, 1995: 458; Mackie y Marsch, 1997: 188; Landman, 2011: 66). Como hemos analizado, el QCA evita este problema de sesgo de selección ya que tiene en cuenta tanto casos en los que se produce el resultado del interés como en los que no.

Otra forma de sesgo en la selección ocurre en estudios cualitativos que se basan en fuentes históricas, donde el investigador escoge aquellas narrativas históricas que describen los eventos en coherencia con la teoría que se está evaluando. Este problema puede evitarse utilizando fuentes múltiples para construir una narrativa intermedia e identificando los posibles sesgos en las fuentes (Landman, 2011: 66).

Por último, la selección de casos puede verse sesgada en investigaciones de fenómenos políticos y sociales que tienen una trayectoria histórica muy dilatada en el tiempo, como guerras y otros conflictos, aparición de estados o regímenes, etc. En estos estudios, si la selección de los casos se realiza en relación con un periodo concreto de tiempo o arbitrario, las inferencias que se produzcan serán poco robustas. Para evitar este problema, deberían tenerse en cuenta períodos de tiempo lo suficientemente amplios o llevarse a cabo estudios longitudinales (Landman, 2011: 67).

4. EL MISMO FENÓMENO, DIFERENTES SIGNIFICADOS

El significado de un mismo fenómeno puede diferir entre países, ya que está influido por las convenciones propias de cada sociedad. Esto resulta especialmente relevante en relación con la política, puesto que ésta se conduce frecuentemente en términos de señales, discurso codificado y comportamiento simbólico.

En este sentido, los fenómenos políticos se pueden percibir como construcciones sociales. Los comparativistas deben considerar que la comparación exige comprender la realidad concreta de los países estudiados, teniendo en cuenta la influencia del contexto. Por ejemplo, al comparar los índices de participación en las elecciones federales de Estados Unidos con los de los países de Europa, se podrían obtener conclusiones erróneas si no se analizan factores clave, como las barreras legales para el registro de votantes en Estados Unidos, la frecuencia con la que los ciudadanos participan en elecciones locales, estatales, referendos, iniciativas populares o primarias partidistas, así como el papel destacado del voluntariado en las campañas electorales estadounidenses. En el mismo sentido, un sistema electoral mayoritario puede funcionar de manera distinta en un país donde existe una alta fragmentación étnica concentrada en determinados territorios que en otro con una población más homogénea.

Nohlen ha reflexionado ampliamente sobre la relevancia del contexto en los casos de estudio, una idea que puede sintetizarse en su afirmación «el contexto hace la diferencia» que da título a uno de sus libros (2003) y que desarrolla en varias de sus contribuciones. Según Nohlen (2008: 16), el enfoque analítico predominante en la ciencia política tiende a aislar e identificar variables, por lo que esta perspectiva simplificadora no siempre logra captar la complejidad de las relaciones que se estudian. Cada sociedad, cultura o sistema político presenta particularidades únicas. De esta forma, una causa específica puede tener efectos opuestos dependiendo del contexto concreto en el que tiene lugar, lo que complica aún más la identificación de las regularidades empíricas.

5. EL ESTIRAMIENTO CONCEPTUAL

Al abordar la cuestión de la conceptualización en el capítulo 3, destacamos varios problemas teóricos-metodológicos en la formación de conceptos. Entre ellos, uno de los más relevantes es el estiramiento conceptual (*concept stretching*), señalado por Sartori (1970: 1034), al que dedicaremos un análisis más detallado a continuación.

El estiramiento conceptual ocurre al intentar abarcar un mayor número de casos en la investigación comparada. Este problema implica una distorsión interpretativa que resulta de aplicar conceptos de análisis a una variedad de casos en los que los significados asociados al concepto original no se ajustan plenamente a la realidad de todos ellos (Collier y Mahon, 1993). Como ilustración del problema del estiramiento conceptual, Sartori pone los siguientes ejemplos:

> Tomemos el término <constitución>. Si el término ha sido estirado hasta el punto de significar cualquier forma de estado, entonces la generalización <las constituciones obstaculizan las tiranías> es fuertemente desmentida (mientras resultaría confirmada cuando se refiere a la acepción estrecha o garantista del término). Consideremos <pluralismo>. Si todas las sociedades son declaradas, en alguna acepción de la palabra, pluralistas, entonces resulta indemostrable que el pluralismo se relacione con la democracia (Sartori, 1999: 39).

De esta forma, la existencia de múltiples significados para un mismo término genera ambigüedad e imprecisión en los conceptos utilizados en el análisis comparado. En la ciencia política —y, particularmente, en la política comparada— puede haber una carencia de definiciones precisas y de un lenguaje claro para formularlas. Esta falta de claridad dificulta o impide la comprensión y la interpretación de los fenómenos políticos.

El problema se agrava sustancialmente cuando un indicador o concepto ha sido construido a partir de la experiencia de una sociedad y cultura determinada. Así, los conceptos pueden significar distintas cosas en diferentes escenarios. Esta especificidad puede hacer a los conceptos ser poco significativos o útiles para otros escenarios y tener serios problemas para viajar, tanto a una larga distancia en el marco de comparaciones entre diferentes países (por ejemplo, desde los países anglosajones de América del Norte hasta la África Central de influencia francesa), como a una escasa distancia (de Francia a Alemania), e, incluso, para comparaciones dentro de un mismo país (las provincias anglosajonas y francófonas de Canadá).

Por otro lado, hay que tener también en cuenta la dificultad de expresar los conceptos y relacionarlos con el lenguaje del investigador. Así, el término «liberal» tiene distintos significados en Europa y en Estados Unidos, mientras que en Europa alude a la limitación de la intervención estatal, en Estados Unidos se asocia con los valores progresistas. Por otro lado, la traducción de estos términos al idioma autóctono puede dar la falsa impresión de transculturalidad, lo que implica un deslizamiento de sentido. Un ejemplo de ello son los conceptos árabes «*umma*» y «*dawla*», que no deben traducirse de manera directa como nación o estado, términos de origen occidental, ya que los significados originales de «*umma*» o «*dawla*» incluyen dimensiones tanto políticas como religiosas. No obstante, emplear los términos en su lengua original conlleva el riesgo de asumir un significado específico e innegable (Badie, 2000: 22). Los estudios de área minimizan los riesgos de este tipo de estiramiento conceptual, pues el investigador suele tener un conocimiento profundo del contexto del país o países analizado(s). Además, la colaboración con colegas familiarizados con la realidad local o provenientes de la región estudiada puede facilitar la identificación de equivalencias funcionales entre conceptos e indicadores (Landman, 2011: 43).

Para resolver el problema del estiramiento conceptual, Sartori propone emplear una escala de abstracción que considere los grados de generalización de los conceptos en sus aplicaciones comparativas y sus pretensiones teóricas. Así, si deseamos que un concepto sea más general y, por ende, tenga mayor capacidad para aplicarse a diferentes contextos, es necesario reducir el número de sus características o propiedades. Por el contrario, si buscamos que un concepto sea más específico y contextualmente adecuado, debemos aumentar el detalle de sus atributos o propiedades.

Otros autores han propuesto mecanismos alternativos para evitar el estiramiento conceptual y facilitar el uso de conceptos en contextos diversos. Collier y Mahon (1993), proponen el uso de «categorías radiales», un enfoque que se basa en un concepto central o núcleo que incluye atributos esenciales, junto con variantes periféricas que se desvían parcialmente de ese núcleo sin dejar de estar asociadas al concepto general. Como ejemplo, Collier y Mahon citan el estudio de Schmitter y Karl (1991), quienes trataron la democracia como un conjunto de categorías radiales, de forma que cada tipo de democracia que analizaron poseía rasgos comunes, así como otros que diferenciaban unos regímenes democráticos de otros. Siguiendo esta forma de proceder, Schmitter y Karl identificaron cuatro categorías de democracia: corporativista, populista, consociacionalista y electoralista. Estas categorías se definían en función de la importancia y fortaleza relativa del estado y de la sociedad, así como de la relevancia de la participación electoral y de los grupos de interés. Estas categorías permitían capturar o englobar a la variedad completa de sistemas que caían bajo el título global y ampliamente incluyente de democracia. Otro ejemplo es el concepto de «poliarquía» de Robert Dahl (1971). El autor identifica como elementos esenciales de las poliarquías los derechos de participación en la toma de decisiones y el ejercicio de la oposición. Además, Dahl señala una lista de atributos que caracteriza la democracia óptima. A partir de la conceptualización de la poliarquía de Dahl, se puede desarrollar una categorización de sistemas políticos democráticos en la cual algunas o muchas de estas características estén presentes. Cuanto menos de estas características se tengan en cuentan, aumentando la extensión del concepto, más casos podrían incluirse en el análisis. No obstante, los atributos centrales del concepto «poliarquía» (participación y oposición) siempre deben tenerse en cuenta en la selección de los casos (Pennings *et al.*, 1999: 65).

Por otra parte, Collier y Levitsky (1997; trad. 1998) sugieren tres estrategias de «innovación conceptual». La primera de ellas es crear subtipos de un mismo concepto, de forma que no sólo se evita el estiramiento conceptual, sino que se aumenta la diferenciación del concepto. La principal característica de los subtipos es que carecen de uno de los atributos definitorios del concepto primigenio. Así, conceptos como «democracia tutelada» o «democracia de sufragio limitado» representan una forma incompleta de democracia. Su particularidad reside en que no necesariamente están más arriba en la escala de generalidad que el concepto inicial de democracia, ya que la ausencia de un atributo reduce el número de casos a los que se aplica el concepto, al contrario de lo que sucede si se asciende en la escala de generalidad. La segunda estrategia se centra en precisar el concepto agregando atributos definitorios para extenderlo a nuevas situaciones. La consecuencia de ello es el surgimiento de una nueva definición dirigida a cambiar el modo en que se clasifica un caso particular. Así, en el caso del concepto de democracia, esta innovación aumenta la diferenciación conceptual agregando un nuevo criterio para definir el corte entre democracia y no-democracia. Por ejemplo, algunos autores incluyen como atributo de la democracia que los gobiernos elegidos tengan poder efectivo para gobernar, lo cual permite excluir casos donde las instituciones democráticas son limitadas por legados autoritarios. La tercera estrategia de innovación conceptual que proponen Collier y Levitsky es cambiar el «concepto abarcante» (*overarching concept*). Así, en lugar de considerar la democracia como un subtipo de «régimen político», se puede considerar conceptos más amplios o específicos, como «gobierno democrático» o «estado democrático». Esto permite ajustar los estándares analíticos hacia casos menos institucionalizados o hacia requisitos más exigentes, manteniendo la coherencia del concepto original.

6. LA OBTENCIÓN Y EL TRATAMIENTO DE LOS DATOS

Uno de los tres principales problemas que Blondel *et al.* (1981: 13) citan en relación con el estudio de los gobiernos comparados lo constituye la dificultad en la recopilación de información, ya sea por el hecho de que en algunos países el acceso a los datos se encuentre prohibido o sea extremadamente difícil, porque algunos datos sean difíciles de medir, o porque, dadas las limitaciones de las investigaciones, éstas se dirigen a casos que se consideran únicos[1].

---

1. Los otros dos problemas son, por un lado, el elevado número de variables que deben considerarse en la investigación y la dificultad de aplicarlas de manera auténticamente comparativa, y por

Los datos recogidos y utilizados en el análisis deben ser fiables y comparables entre sí. No obstante, se da la paradoja de que, cuando más detallados son los datos estadísticos recogidos para un caso, más difícil resulta compararlos con los de otros (Caïs, 1997: 88). Por otro lado, es crucial garantizar que la metodología de recolección de datos estadísticos sea uniforme para asegurar la coherencia en el análisis. Pongamos, por ejemplo, que una investigación requiere comparar la situación económica de varios países para lo que se utilizan indicadores macroeconómicos como el Producto Interior Bruto (PIB), la inflación o el desempleo. Sería un error tomar índices elaborados por cada uno de los gobiernos o agencias estadísticas de los países de nuestro estudio, porque su forma de medición puede ser distinta, De esta forma, sería conveniente recurrir a indicadores proporcionados por una institución internacional —por ejemplo, el Banco Mundial— para todos los casos de estudio.

Igualmente, hay que ser cuidadosos con la utilización de datos agregados. Así, en una investigación sobre gobernanza y estado de bienestar, más que la comparación del PIB entre países podría ser más interesante conocer cómo se desglosan los gastos públicos (civil/militar, inversión/funcionamiento, económico/social) o quiénes son sus beneficiarios. Si se comparan los gastos sociales de Alemania, Gran Bretaña y Francia pueden parecer a priori similares; sin embargo, su desagregación permitirá encontrar diferencias relevantes entre los tres países. Este mismo problema se encuentra cuando no se distingue por ámbitos territoriales (Mény y Thoenig, 1992: 232).

Otra dificultad que se presenta en los análisis comparados en relación con los datos es su forma de medición. Para propiciar la objetividad se ha tendido a fomentar el uso de técnicas cuantitativas. Sin embargo, ello no garantiza una correcta medición. Un ejemplo de ello lo tenemos en el estudio clásico de Dahl (1971) en el que distingue entre poliarquías, cuasi poliarquías y no poliarquías. Sobre la base de diez variables definitorias de las características de la democracia de la *Cross Polity Survey* (Banks y Textor, 1963), Dahl construye un escalograma de 29 puntos de mayor a menor grado de poliarquía. El propio Dahl señala como una anomalía el caso de Francia que, utilizando la escala, se clasifica en un grado menor de poliarquía que el que el autor estima que le corresponde, por lo que le reasigna una puntuación mayor basándose en sus criterios personales (Lijphart, 1988: 64).

Por último, en relación con el tratamiento de los datos, hay que citar lo que se conoce como la falacia individual y la falacia ecológica. En las ciencias sociales existen dos tipos de datos: individuales y ecológicos o agregados. Cuando se realizan inferencias sobre un nivel de análisis utilizando para ello datos de otro nivel se incurre en estas falacias (Lieberson, 1985; Landman, 2011: 69):

---

otro, las complicaciones analíticas derivadas de la interconexión entre las leyes y la práctica, así como entre las normas y el funcionamiento real.

(a) Falacia ecológica. Los resultados obtenidos a través del análisis de datos agregados son utilizados para realizar inferencias sobre el comportamiento a nivel individual. Es decir, supone atribuir o inferir a los individuos propiedades o relaciones de atributos observados de forma agregada a la colectividad de la que forman parte. Por ejemplo, en un estudio sobre el apoyo de los ciudadanos a la democracia basado en encuestas de opinión, utilizar el nivel agregado de educación como variable independiente e inferir que los ciudadanos con estudios más altos son quienes más apoyan la democracia constituiría una falacia ecológica.

(b) Falacia individual. Esta falacia ocurre cuando se utilizan resultados de análisis de datos individuales para realizar inferencias sobre fenómenos a nivel agregado. Implica asumir que las propiedades de un colectivo pueden inferirse a partir de las características o comportamientos observados en sus miembros individuales. Por ejemplo, se cae en esta falacia cuando se deduce que ciertos países poseen características culturales específicas basándose en hallazgos individuales derivados de encuestas. Un caso de esto es la inferencia realizada por Ronald Inglehart sobre la existencia de valores materialistas y postmaterialistas —en base a encuestas de opinión en 43 sociedades— que atribuía de acuerdo con una clasificación de grupos culturales (América Latina, Europa del Norte, Europa del Este, Europa católica, Asia Meridional, África y Norteamérica) (Landman, 2011: 71).

En relación con ello, el comparativista una vez definida y diferenciada cuidadosamente la unidad de análisis de la investigación (unidades observacionales) de las correlaciones ecológicas (unidades explicativas), debe prestar especial atención para evitar incurrir en las falacias ecológica e individual, que surgen cuando se extienden o se atribuyen erróneamente las propiedades de un nivel al otro[2] (Ragin, 1987).

Para resolver el problema de la falacia individual y ecológica, es fundamental minimizar la cadena de inferencia entre los conceptos teóricos que son especificados y las medidas de aquellos conceptos que son adoptados posteriormente en el análisis (Landman, 2011: 72). Es lo que se conoce como el «principio de la medida directa»: utilizar datos a nivel individual para dar respuesta a cuestiones de la investigación de nivel individual y viceversa. Por otro lado, la teoría también nos ayuda a determinar qué factores contextuales son relevantes para explicar los comportamientos del nivel individual y viceversa, qué factores individuales ayudan a comprender y explicar los logros o actuaciones en el ámbito nacional o institucional. Es importante que la teoría nos dé una clara idea de los efectos internivel para testar bien relaciones entre variables. No hay que olvidar de todas formas que en la política comparada el contexto en el

---

2. Así, en el estudio de Almond y Verba, la varianza observada en México se debía no tanto a diferencias en el ámbito nacional de cultura política sino a razones de estructura socioeconómica y demográfica de la población.

cual tiene lugar la política es generalmente importante para determinar o moldear los comportamientos observados o analizados. De igual modo, el comportamiento de los agregados, sean instituciones o estados-nación, debe ser relacionado estrechamente con el comportamiento de sus componentes, es importante encontrar medios para realizar estos vínculos entre diferentes niveles (individual e institucional o nacional), aunque no sea siempre fácil en la política comparada.

7. EL CONTROL DE LAS RELACIONES DE CAUSALIDAD

Los fenómenos sociales y políticos se caracterizan por su complejidad y, por tanto, por la dificultad de ser explicados, no solo debido los numerosos factores que inciden en ellos, sino también, y principalmente, por las múltiples combinaciones de condiciones que determinan su ocurrencia o ausencia y los efectos recíprocos de estas (Smelser, 1976: 152).

En este sentido, resulta simplista contemplar la existencia de una relación lineal y dicotómica entre variables en el análisis comparado. La política comparada se enfrenta al desafío de aislar una condición causal de las demás para evaluar su influencia específica sobre el objeto de estudio —la variable dependiente—, así como de controlar la incidencia de factores no considerados en la investigación que podrían influir sobre la variable dependiente (Laiz y Román, 2003: 83). En particular, estas son algunas de las dificultades que debe tener presente el investigador en el análisis de las relaciones de causalidad:

(a) *Multicausalidad*. Raramente un resultado o fenómeno político tiene una sola causa. Por ejemplo, no se puede afirmar que un sistema electoral mayoritario produzca necesariamente un sistema de partidos bipartidista. Se debería tener también en cuenta la influencia de otros aspectos como la oferta partidista, la existencia de *cleavages* sociales o las estrategias electorales tanto de los partidos (fusiones y coaliciones) como de los votantes (voto estratégico), entre otros. Cuando mayor pretenda ser el control de la investigación, mayor número de variables debería utilizarse en el análisis, aunque nunca sería posible controlar la totalidad de factores que pueden influir en la explicación de un hecho. Dado que los fenómenos políticos no son monocausales, la política comparada trata de identificar tanto las «condiciones necesarias» para producir un efecto como las «condiciones suficientes» para producirlo (Dickovick, 2023: 4).

(b) *Endogeneidad*. Las causas raramente operan de forma aislada, sino que son producto del efecto combinado de varias condiciones y de su intersección en el tiempo y en el espacio, lo que conduce a resultados particulares. La endogeneidad no se trata realmente de un problema, sino de una característica de muchos fenómenos políticos y sociales. El problema surge cuando erróneamente señalamos que una variable causa otra, cuando realmente las dos variables están endógenamente relacionadas (Dickovick, 2023: 41). Como forma de controlar la interrelación de variables, la investigación comparada puede recurrir a la utilización de técnicas estadísticas, como la realización de un análisis de regresión que tenga en cuenta la correlación parcial entre variables, aunque esto no siempre es posible o pertinente.

(c) *Causalidad inversa.* En ocasiones, resulta complicado determinar si una variable es causa de un determinado fenómeno o si sucede al contrario. Como muetra, los estudios de desarrollo político concluían que el crecimiento económico conducía a la democracia. Sin embargo, la causalidad podría ser la inversa: la democracia podría impulsar el crecimiento económico. Identificar este tipo de causalidad es fundamental para evitar suposiciones erróneas y comprender mejor la naturaleza bidireccional de las variables, como en el caso del ejemplo, la interacción entre factores políticos y económicos.

(d) *Causalidad circular.* La causalidad circular se refiere a la posibilidad de que un factor inicialmente considerado dependiente actúe también como un codeterminante del factor pensado como independiente. En otras palabras, se trata de un tipo de relación en el que una variable (causa) influye en otra variable (efecto) que, a su vez, influye en la primera, por lo que se produce una relación de retroalimentación. Por ejemplo, un incremento en el apoyo ciudadano a la democracia puede reforzar la estabilidad del régimen político y esto, por otro lado, conducir a un crecimiento en el respaldo a la democracia (Jolías, 2008: 12). Otro ejemplo es la influencia de los partidos políticos sobre la elección y diseño de un sistema electoral, mientras que, al mismo tiempo, el sistema de partidos es consecuencia de los efectos que dicho sistema electoral produce (Nohlen, 2008: 16).

(e) *Relación espuria.* En alguna ocasión, el investigador puede llegar a una explicación espuria, es decir, otorgar una capacidad explicativa a un factor que no la tiene realmente, mientras que la causa que provoca ese fenómeno permanece sin identificar (Landman, 2011: 67). Esto sucede principalmente en la fase de selección de variables en la que no se tiene en cuenta factores clave, principalmente cuando se consideran un elevado número de casos. Por ello este problema se conoce también como el «sesgo de la variable omitida» (King *et al.*, 2000: 168). De esta forma, la presencia de factores no considerados puede alterar la relación observada entre las variables, llevando a conclusiones erróneas. Un ejemplo de este riesgo lo encontramos en el trabajo de Collier sobre las reformas administrativas en Latinoamérica (1991), en el que centró su atención fundamentalmente en la toma de decisiones legislativas. A Collier se le criticó por excluir otros factores importantes para comprender los procesos de cambios en la administración como las dinámicas políticas informales, la influencia del poder ejecutivo o los intereses económicos que eran igualmente fundamentales.

Gráfico 10. Interacción entre variables en las relaciones de causalidad

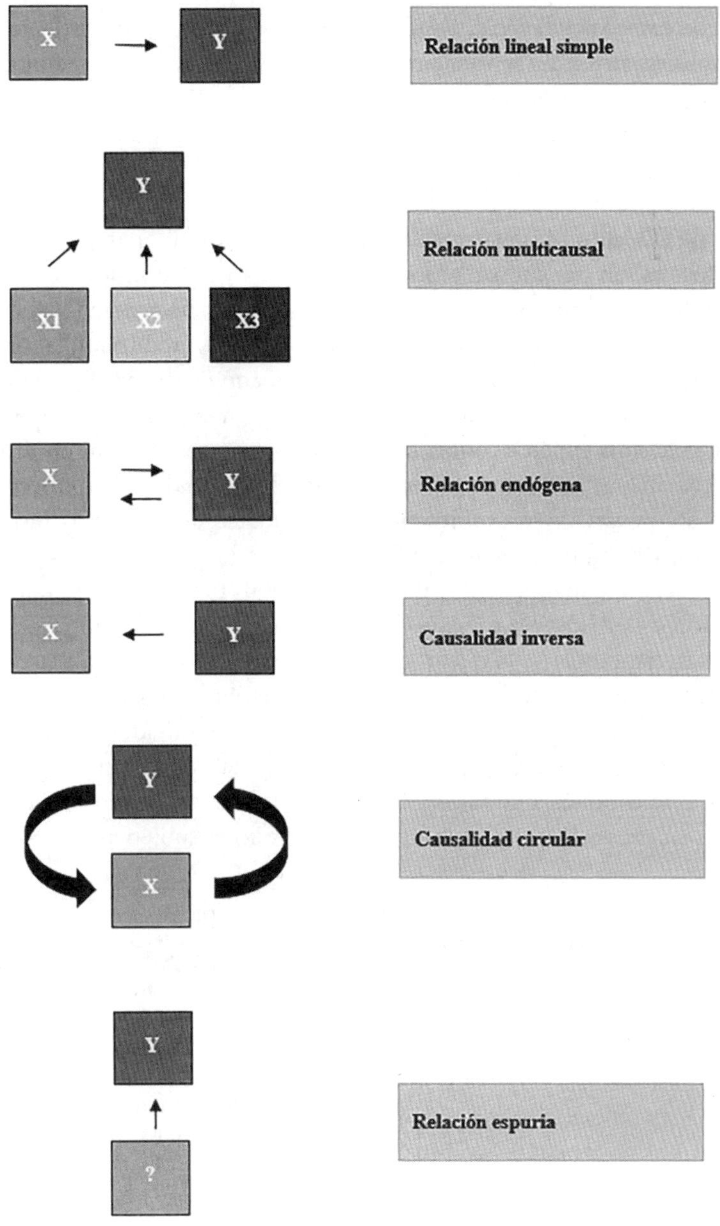

8. EL SESGO DE LOS VALORES DEL INVESTIGADOR

El sesgo de los valores del investigador es un debate recurrente en el campo de las ciencias sociales y, en cierto sentido, poco fructífero. Como señala Sanders (1997), todas las observaciones que realiza el investigador responden, en un grado mayor o menor, a la posición ideológica o teórica que adopte como punto de partida de la investigación (Sanders, 1997).

En la política comparada, el problema del sesgo y de los valores políticos surge principalmente al realizar comparaciones entre países culturalmente distintos. Esto se debe a que los valores no pueden separarse del análisis por decisión, sino que están intrínsecamente integrados en el lenguaje que utilizamos para describir el mundo y en los conceptos mediante los cuales lo observamos. A menudo tratamos de entender los diferentes gobiernos y culturas, cada uno impregnado de sus propios valores, desde nuestra propia perspectiva. La cuestión reside en si en los estudios comparados es posible separar hechos y valores, así como análisis y evaluación. Aunque alcanzar una completa objetividad es imposible, hacer un esfuerzo en esta dirección merece la pena, ya que ciertos aspectos de la política pueden abordarse de un modo relativamente preciso (Sartori, 1970; Hague *et al.*, 1998: 274).

Para mitigar el impacto de este sesgo, Coller (2000) propone dos estrategias clave: la triangulación y la discusión pública. La triangulación implica contrastar los datos obtenidos de diversas fuentes, lo que permite obtener una visión más completa y equilibrada del fenómeno estudiado. La discusión pública, por otro lado, fomenta la crítica abierta y la reflexión sobre los conceptos utilizados y los resultados obtenidos, lo cual ayuda a identificar y reducir los posibles sesgos personales en la investigación. Estas estrategias no garantizan la eliminación del sesgo, pero sí contribuyen a hacer el análisis más riguroso y menos susceptible a la influencia de valores subjetivos.

Cuadro 25. Dificultades en la investigación comparada y soluciones

DIFICULTADES	SOLUCIONES
UNIVERSO LIMITADO DE CASOS Y ELEVADO NÚMERO DE FACTORES EXPLICATIVOS	Incrementar el número de casos espacial y temporalmente Estrategia de comparación de sistemas similares o diferentes Combinar las variables de estudio Focalizar la investigación en las variables relevantes Apoyo en los enfoques teóricos
INTERDEPENDENCIA DE LOS CASOS	Estrategia de comparación de sistemas similares que tome el contexto internacional como factor constante

(Cont.)

DIFICULTADES	SOLUCIONES
SESGO EN LA SELECCIÓN DE LOS CASOS	
En función de la variable dependiente	Aumentar el número de casos
	Contar con una variable dependiente que presente casos positivos y negativos respecto al fenómeno de estudio
	Tener en cuenta casos paralelos
	Utilizar la teoría para seleccionar casos significativos y cruciales
En función de las fuentes históricas	Utilización de fuentes múltiples
Fenómenos históricos dilatados en el tiempo	Recurrir a periodizaciones largas
DIFERENTES SIGNIFICADOS DE LOS OBJETOS DE ESTUDIO	Tener en cuenta el contexto
ESTIRAMIENTO CONCEPTUAL	Uso de la escala de abstracción de Sartori
	Aplicación de categorías radiales (jerarquízación de los conceptos)
	Creación de subtipos de conceptos
	Agregación de atributos a los conceptos
	Cambiar el concepto abarcante
OBTENCIÓN Y USO DE LOS DATOS	
Obtención	Los datos deben ser comparables y proceder, en la medida de lo posible, de la misma fuente
Utilización	Uso de datos disgregados si es pertinente
	Precaución con la clasificación cuantitativa
Falacia ecológica y agregada	Aplicar el principio de la medida directa
CONTROL DE LAS RELACIONES DE CAUSALIDAD	
Multicausalidad	Incrementar el análisis de factores explicativos relevantes
Endogeneidad	Uso de técnicas estadísticas si es pertinente
Causalidad 0inversa	Identificar las posibles interacciones entre la variable dependiente e independientes
Causalidad circular	Identificar, si existe, el efecto de retroalimentación entre variables
Relación espuria	Ser cuidados en la selección de las variables independientes
SESGO DE LOS VALORES DEL INVESTIGADOR	Triangulación
	Discusión pública

Fuente: Elaboración propia

CAPÍTULO 7
LOS ESTUDIOS DE ÁREA Y LOS ESTUDIOS COMPARADOS DE ÁREA

Los estudios de área surgen para analizar fenómenos políticos, sociales y económicos dentro de regiones específicas del mundo —como Europa, América Latina, África o el Mundo Árabe—, teniendo en cuenta sus características históricas y culturales. Los estudios de área han sido objeto de críticas por su tendencia a centrarse excesivamente en las particularidades de los casos, su limitado alcance teórico y la ausencia de una rigurosa metodología comparativa. Como una forma de superar estas limitaciones, han surgido los Estudios Comparados de Área (*Comparative Area Studies*) (CAS). Los CAS promueven una investigación transnacional y comparativa que favorezca la comprensión de fenómenos políticos globales y la construcción de teorías que sean aplicables a contextos más amplios.

1. LOS ESTUDIOS DE ÁREA

Los estudios de área analizan una región o un conjunto de países que comparten características históricas, económicas, sociales, políticas y/o culturales similares, con el objetivo de explicar fenómenos o procesos atendiendo a las particularidades de cada contexto. Los estudios de área tienen su foco de interés en regiones específicas como, por ejemplo, Europa Occidental, Europa del Este, Unión Europea, América Latina, Caribe, América del Norte, África subsahariana, Asia Oriental, Asia Meridional, Sudeste Asiático, Oceanía, el Mundo Árabe (Magreb/Mashreq) o, de forma más amplia ya que se incluyen tanto a países árabes como no árabes, Norte de África y Oriente Próximo (MENA, por sus siglas en inglés). No obstante, hay que tener en cuenta que cualquier acotación que se haga de cualquier «área» o «región» es ciertamente arbitraria y responde a una forma de demarcar programas de estudios o investigaciones sobre territorios específicos (Hanson, 2009: 165).

Gráfico 11. Mapa de la región MENA

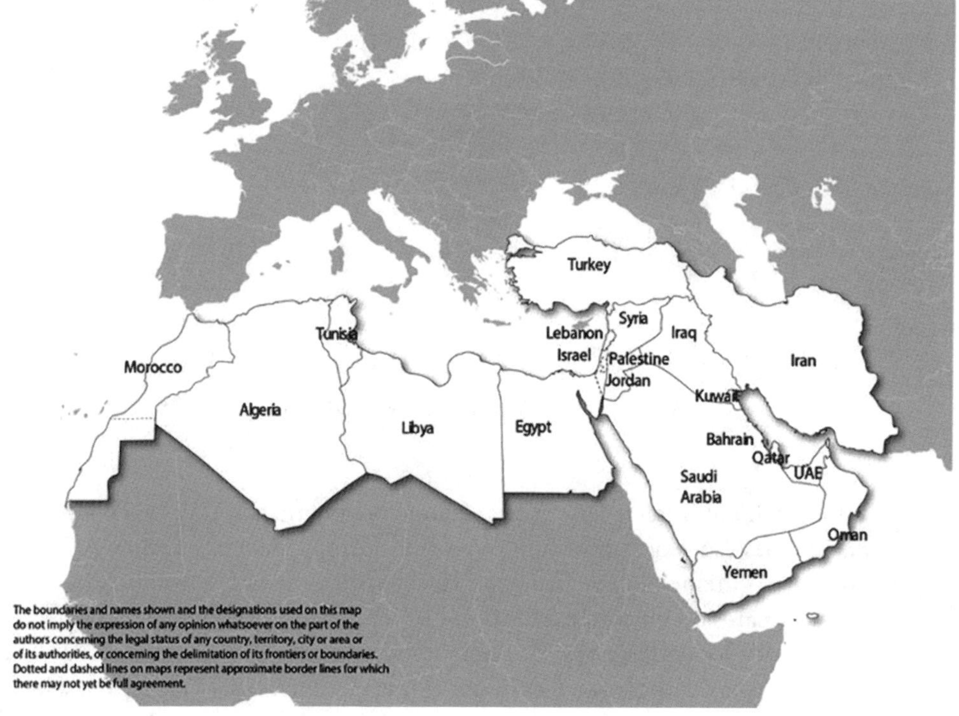

Fuente: Szmolka, 2017: 3

El objeto de estudio de los estudios de área, en el campo de la política comparada, lo constituye cualquier aspecto de la realidad social o política. Sin embargo, ciertos temas de investigación suelen cobrar relevancia en determinados momentos, reflejando así las inquietudes y prioridades de la comunidad académica en torno a los temas cruciales para la política comparada en ese momento. Un ejemplo de ello son los estudios sobre América Latina centrados sobre los procesos de democratización que tuvieron lugar en la década de 1980 o el debate en torno a la cuestión de si es más preferible el sistema parlamentario o presidencial para los países latinoamericanos. De manera similar, los estudios sobre Europa Central y del Este de los años 90 se enfocaron en las transiciones democráticas ocurridas a partir de la caída del Muro de Berlín. En el caso del Sudeste Asiático, la atención de los investigadores se ha dirigido al rápido y sostenido desarrollo económico experimentado por los denominados «dragones asiáticos» (Hong Kong, Singapur, Corea del Sur y Taiwán) a partir de la segunda mitad del siglo XX. Otro ejemplo relevante son los estudios sobre los países árabes centrados en la persistencia o resiliencia de los regímenes autoritarios, paradigma que ha predominado durante el siglo XXI. Y, en el caso de África, los estudios de área han puesto un énfasis particular en los gobiernos militares y los conflictos armados que se han producido en esta región.

Desde un punto de vista metodológico, la lógica de control de la investigación en los estudios de área se basa en la consideración de las características comunes de los países de la región como variables de control. Al mantener constantes un número significativo de factores o variables contextuales de carácter político o socioeconómico, el investigador puede identificar con mayor facilidad las causas que provocan las diferencias entre países en relación con un determinado fenómeno político. Por otra parte, los estudios de área se han relacionado tradicionalmente con el uso de metodología cualitativa y la realización de estudios de n pequeña, binarios y, muy frecuentemente, estudios de caso. Por otro lado, suele ser habitual el enfoque multidisciplinar e interdisciplinar en los estudios de área. Por ejemplo, el análisis del fenómeno de la resiliencia del autoritarismo en el Mundo Árabe ha sido realizado no solo por parte de politólogos, sino también de arabistas y sociólogos.

Los estudios de área presentan varias fortalezas, entre las que destaca, la consideración de la capacidad explicativa del contexto, el conocimiento profundo que se le presupone al investigador sobre la región de estudio o el menor riesgo de estiramiento conceptual al utilizar conceptos que se ajustan mejor a la realidad de los países estudiados[1]. Además, los estudios de área permiten controlar las variables comunes en los casos analizados, favorecen la acumulación de conocimiento que puede contribuir a la construcción de teorías más amplias y facilitan una teorización más ajustada al contexto particular (De Cueto y Durán, 2008: 15).

No obstante, algunos autores han planteado la necesidad de superar los enfoques tradicionales de los estudios de área. Rustow (1968) abogó por la importancia de seleccionar los casos de acuerdo con el fenómeno a estudiar y los objetivos de la investigación, en lugar de basarse únicamente en la proximidad geográfica. La proximidad geográfica no siempre garantiza homogeneidad entre los países, ya que similitudes en la cultura o en la herencia histórica pueden ser independientes de la cercanía geográfica. De hecho, existen países de continentes distintos que comparten características culturales, como es el caso de los países anglosajones, que, aunque no pertenecen a la misma área geográfica, están unidos por su herencia cultural (Caïs, 1997: 92).

De esta forma, se han señalado varias críticas a los estudios de área. En primer lugar, y en línea con lo mencionado previamente, destaca el problema del culturalismo. El análisis de una región conlleva la aceptación de las nociones de cultura o identidad. Sin embargo, el investigador debe preguntarse sobre la contribución real de esos elementos culturales o identitarios en un ámbito comparativo universal, así como qué interés tiene destacar las particularidades de cada país dentro de un grupo, en comparación

---

1. Un ejemplo de ello es el concepto de «democracia iliberal» propuesto de Zacaria (1997), aplicado los regímenes elegidos democráticamente en América Latina, pero en los que no se garantizan los derechos y libertades públicas; o, el concepto de estado patrimonial (1990: 418), aplicado a los países árabes, caracterizado por el liderazgo ejercido por una figura patriarcal, el clientelismo y el control de la sociedad por parte del estado.

con los demás países del mundo. De este modo, los estudios de área corren el riesgo de reproducir el etnocentrismo y parroquialismo que se le criticó a las primeras investigaciones comparativas centradas en los países occidentales. En segundo lugar, se ha señalado la falta de atención hacia las innovaciones metodológicas y el rigor científico en muchos estudios de área, dado que no siempre se realiza una comparación explícita y sistemática, primando la descripción sobre la explicación (Macridis y Brown: 1977: 2-4; Mahler, 2003: 3). Además, desde la lógica del control de la investigación, los estudios de área deberían seguir la estrategia de sistemas homogéneos y, por tanto, contar con una variable dependiente que varíe. Esto es, comparar fenómenos políticos que hayan tenido lugar en unos países de una región, pero no en otros, lo que no siempre se hace. En tercer lugar, el nivel de explicación de los estudios de área sea se sitúa en un rango medio, en detrimento de la búsqueda de explicaciones universales o de validez general (Macridis, 1986: 22). Pese a ello, a estas investigaciones de casos similares se les reconoce su potencial como punto de partida para construir teorías más comprensivas, explicativas y fiables, aunque tengan inicialmente una validez limitada en el espacio.

Por último, hay que señalar que los estudios de área han encontrado dificultades para integrarse dentro de las disciplinas de las ciencias sociales, como la ciencia política, la sociología o la historia. Esto ha dado lugar a lo que algunos autores describen como una «tensión» entre los denominados «estudios orientados a la disciplina» (*discipline-oriented*) y los «estudios sensibles al contexto» (*context-sensitive*) (Tessler *et al.*, 1999; Ahram, 2011). Asimismo, se han empleado otras expresiones como «controversia de los estudios de área» (Hanson, 2009; Busse *et al.*, 2024) e, incluso, «guerra de los estudios de área» (Waters, 2000; Bank, 2018; Bank y Busse, 2021: 550) para referirse a la discusión académica sobre el enfoque multidisciplinar (o interdisciplinar), culturalista y metodológico de los estudios de área. En el ámbito de la ciencia política, esta «controversia» se remonta a las críticas del conductismo hacia el enfoque de área que, en aquel entonces, se consideraba descriptivo, relativista, histórico e institucionalista (Hanson, 2009: 160).

En general, se ha entendido que los estudios orientados a la disciplina atienden «principalmente a las similitudes y regularidades que se supone permiten a las ciencias sociales desvelar leyes sociales con validez en el tiempo y el espacio», mientras que los estudios sensibles al contexto «son mucho más atentos a lo particular y distintivo» (Busse *et al.*, 2024: 4). Para los primeros, la disciplina la región sería «una región como cualquier otra» y, para los segundos, sería «una región como ninguna otra'» (Busse *et al.*, 2024: 4). Así, los académicos orientados a las disciplinas o «generalistas» critican a los estudios de área por su supuesta «ignorancia horizontal», es decir, por ser parciales, estar inmersos en conocimientos específicos de una región o país, pero ser incapaces de mirar más allá, carecer de rigor teórico y metodológico y, por tanto, ser incapaces de llegar a conclusiones generalizables que «hablen» a una comunidad académica más amplia. Los académicos de los estudios de área han rebatido estas críticas, empezando por la argumentación de que ellos mismos suelen tener una sólida formación disciplinar y de que la base de los estudios de área es la combinación de conocimientos disciplinares y regionales. Por su parte, los especialistas en estudios regionales han criticado a los «generalistas» de las disciplinas dominantes su «ignorancia vertical», su incapacidad de explicar adecuadamente la realidad de agentes concretos, imponiendo marcos hegemónicos e ignorando las especificidades y su construcción de modelos abstractos que poco tienen que ver con la compleja realidad (Köllner et al., 2018; Valbjørn, 2004). Asimismo, los especialistas de área reprochan a sus colegas de otras disciplinas su falta de comprensión lingüística y cultural, su escasa profundidad histórica y su desconocimiento de los trabajos académicos procedentes de los estudios de área (Szanton, 2004; Hoffmann, 2015: 112; Dieste-Muñoz *et al.* 2024: 127). En el marco de este debate, algunos autores defienden la integración de los estudios de área dentro de los enfoques disciplinarios, argumentando que esta inclusión podría enriquecer tanto el rigor de la ciencia política como el valor práctico de los estudios regionales (Bates, 1997). Por otro lado, otros abogan por fomentar el diálogo entre los estudios de área y los académicos que desarrollan teorías y modelos generales, destacando la importancia de una interacción que enriquezca ambos enfoques (Sil, 2009: 30).

Cuadro 26. Estudios orientados a la disciplina *versus* Estudios de Área

ESTUDIOS DE DISCIPLINA	ESTUDIOS DE ÁREA
Disciplinariedad	Multidisciplinariedad
Universalismo	Particularismo
Enfoque deductivo	Enfoque inductivo
Pretensión de alcance teórico general	Alcance teórico medio
Riesgo de estiramiento conceptual	Menor riego de estiramiento conceptual
Diversidad metodológica	Estudios de n pequeña y estudios de caso
	Metodología cualitativa

Fuente: Elaboración propia

2. LOS ESTUDIOS COMPARADOS DE ÁREA

Los Estudios Comparados de Área (*Comparative Area Studies*, CAS) surgen en la década de 1990 como un enfoque analítico distintivo para superar la mencionada supuesta incompatibilidad entre los estudios de área y las ciencias sociales centradas en disciplinas. En el ámbito particular de la ciencia política, Basedau y Köllner (2007) sugirieron utilizar la nueva terminología de Estudios Comparados de Área, para integrar los estudios de área dentro de la disciplina de la ciencia política, construir teorías generales manteniendo la riqueza del conocimiento regional y expandir su repertorio metodológico. Así, los CAS tienen el potencial de combinar la sensibilidad contextual de los estudios regionales, al mismo tiempo que relacionan mejor los conocimientos de los estudios de área con las disciplinas más amplias de las ciencias sociales (Kölner *et al.*, 2018). Desde el enfoque de los CAS, las regiones no son simples unidades geográficas que funcionan como un criterio ordenador; son categorías analíticas fundamentadas en procesos históricos que agrupan contextos temporales, espaciales e institucionales (Ahram, 2011: 70).

Por otro lado, los CAS parten de la reflexión sobre la validez y la utilidad de los tradicionales estudios de área para abordar problemas globales complejos, como el populismo, el declive democrático y la autocratización, los conflictos violentos, entre otros. En relación con ello, se promueve la realización de investigaciones más comparativas y transnacionales, a menudo mediante la creación de redes internacionales, partiendo de la premisa de que pocos investigadores poseen un conocimiento profundo de más de una región.

Basedau y Köllner (2007: 11) proponen avanzar hacia estudios comparativos sistemáticos, añadiendo la comparación interregional y transregional al tradicional repertorio de estudios de caso e intraregionales. De esta forma, los autores distinguen tres niveles de análisis en los CAS:

(a) *Intrarregional.* Se comparan —explícitamente— unidades de análisis dentro de un área específica, adaptando teorías generales al contexto del área. Como muestra, podemos citar la monografía de Peter Smith (2005) que analiza los procesos de democratización en América Latina desde 1900. Hay que tener en cuenta que los estudios intraregionales también pueden aplicarse a unidades subnacionales, como provincias o ciudades, y, por supuesto, también permite comparar diferentes actores, instituciones o prácticas dentro de un área (Hoffmann, 2015: 114).

(b) *Trasregional.* La finalidad es la comparación de casos de diferentes regiones del mundo para identificar factores que contribuyen a generar un mismo o diferente resultado en unidades nacionales o regionales diversas (Hoffmann, 2015). En este sentido, Szmolka y Cavatorta (2024) realizan un estudio sobre un fenómeno global como es el de la profundización autoritaria —como manifestación actual de la resiliencia del autoritarismo— comparando autocracias de diferentes regiones: Egipto (MENA), Camerún (África), Venezuela (América Latina) y Camboya (Asia). Otro ejemplo es el estudio de Diamond, Linz y Lipset (1995) sobre los factores explicativos del desarrollo democrático en Chile, Brasil, Méjico, Turquía, Tailandia, Corea, Nigeria, Senegal, Sudáfrica.

(c) *Interregional* (estudios globales). Estas investigaciones suelen centrarse en procesos amplios o transformadores que pueden afectar a grandes regiones del mundo. Se toman las regiones del mundo como un todo y se exploran las similitudes y diferencias entre ellas. Entre este tipo de investigaciones, cabe citar los estudios de Inglehart y Wenzel basados en la Encuesta Mundial de Valores.

Por otra parte, los CAS se caracterizan por su flexibilidad metodológica, sin ceñirse a un conjunto fijo de técnicas. A diferencia de los estudios clásicos de área, mayoritariamente cualitativos, los CAS incorporan una amplia variedad de enfoques, incluidos estudios cuantitativos, cualitativos y métodos mixtos que combinan ambos tipos de análisis. Además, se observa un uso creciente del enfoque de rastreo de procesos, el cual se muestra especialmente sensible al contexto. Esta flexibilidad permite identificar factores causales específicos que van más allá de las transformaciones políticas de gran escala. Al centrarse en el contexto y la secuencia de eventos, los CAS pueden ir más allá de simples correlaciones, revelando los mecanismos causales únicos que operan en distintos fenómenos políticos. Además, las explicaciones de los CAS a menudo destacan el papel de las contingencias temporales y a las secuencias dependientes del camino, donde los eventos pasados condicionan los resultados futuros de manera difícil de alterar. Estos factores, influenciados por las condiciones históricas y contextuales, proporcionan una comprensión más detallada y matizada de los procesos políticos. En general, el enfoque metodológico del CAS fomenta un análisis profundo y específico del contexto, al tiempo que permite obtener perspectivas comparativas más amplias sobre tendencias regionales y globales (Kölner *et al.*, 2018).

En resumen, los CAS poseen el potencial de considerar el contexto sin tratarlo como un factor determinante, favorecer la clasificación de la información, permitir la evaluación de teorías previas, facilitar comparaciones explícitas, evitar el etnocentrismo y la consideración de la excepcionalidad regional, descartar factores culturalistas como determinantes —por ejemplo, la religión—, y utilizar conceptos universales que evitan el estiramiento conceptual, liberándolos del sesgo occidental y su imposición. En este sentido, uno de los retos de los CAS es superar el orden jerárquico de países que subyace en gran parte de la academia tradicional (Hoffmann, 2015: 116). Por otro lado, no basta con señalar que el «contexto importa» o el «contexto hace la diferencia». Los CAS implican un esfuerzo por identificar qué aspectos específicos de los contextos espaciales y temporales son relevantes para explicar un fenómeno.

REFERENCIAS BIBLIOGRÁFICAS

AHRAM, Ariel I. (2011): «The theory and method of comparative area studies», *Qualitative Research*, 11(1): 69-90. https://doi.org/10.1177/1468794110385297.

— (2018): «Comparative area studies and the analytical challenge of diffusion: Explaining outcomes in the Arab Spring and beyond», en AHRAM, A.I., KÖLLNER, P. y R. SIL, *Comparative area studies: Methodological rationales and cross-regional applications*. Oxford: Oxford University Press: 152-167.

AHRAM, Ariel I. Köllner, Patrick y Rudra Sil (2018): *Comparative area studies: methodological rationales and cross-regional applications*. Oxford: Oxford University Press. https://doi.org/10.1093/oso/9780190846374.001.0001.

ALLART y ROKKAN (1970): *Mass Politics: Studies in Political Sociology*. New York: Free Press.

ALMOND, A. Gabriel. (1954): *The Appeals of Communism*. Princeton: Princeton University Press.

— (1970): «Political Theory and Political Science». *Political Development: Essays in Heuristic Theory*. Boston: Little Brown.

— (1990): *A Discipline Divided: Schools and Sects in Political Science*. Londres: Sage.

— (1996): «Political Science: The History of the Discipline,» en R. GOODIN y H-D. KLINGEMANN (eds.), *A New Handbood of Political Science* (pp. 50-96). Oxford: Oxford University Press.

ALMOND, Gabriel. y James S. COLEMAN (1960): *The Politics of the Developing Areas*. Princeton: Princeton University Press.

ALMOND, Gabriel A. y POWELL, G. Bingham (1966): *Comparative Politics: A Developmental Approach*. Boston: Little Brown.

— (1978): *Comparative Politics: System, Process, and Policy*. Boston: Little, Brown and Company, Inc.

ALMOND, Gabriel A.. POWELL, G. Bingham, STROM, Kaare y Russel J. DALTON et al. (2004): *Comparative Politics Today. A World View*. Nueva York: Pearson/ Longman.

ALMOND, Gabriel A. y Sidney VERBA (1963): *The Civic Culture*. Princeton, NJ: Princeton University Press.

— (1970): *La cultura cívica*. Madrid: Fundación FOESSA, Euroamérica.

ANDUIZA PEREA, Eva, CRESPO, Ismael y Mónica MÉNDEZ LAGO (1999): *Metodología de la Ciencia Política*. Madrid: Centro de Investigaciones Sociológicas.

APTER, David E. (1965): *The Politics of Modernization*. Chicago: University of Chicago Press.

— (2001): «Política Comparada: lo viejo y lo nuevo», en GOODIN, R.E. y H.-D. KLINGEMANN (eds.). GOODIN, R. y H.D. KLINGEMAN, *Nuevo Manual de Ciencia Política* (pp. 535-580). Madrid: Istmo.

BADIA, José F. (1995): *Regímenes políticos actuales*. Madrid: Ariel.

BADIE, Bertrand (2000): *The Imported State: The Westernization of the Political Order*. Stanford: Stanford University Press.

BADIE, Bertrand y Guy HERMET (1993): *Política Comparada*. Méjico: Fondo de Cultura Económica.

BAILEY, Stephen K., y Howard D. SAMUEL (1952): *Congress at Work*. Nueva York: Henry and Holt.

BALL, Alan R. (1977): *Modern Politics and Governments*. Londres: Macmillan Press Ltd.

BALOYRA, Enrique A. (1987): *Comparing New Democracies: Transition and Consolidation in Mediterranean Europe and the Southern Cone*. Boulder, CO: Westview Press.

BANK, André (2018): «Comparative Area Studies and the Study of Middle East Politics after the Arab Uprisings,» en AHRAM, A. I., KÖLLNER, P. y R. SI, R., *Comparative area studies: Methodological rationales and cross-regional applications* (pp. 119-129). Oxford: Oxford Scholarship Online.

BANK, André y Jan BUSSE (2021): «MENA political science research a decade after the Arab uprisings: Facing the facts on tremulous grounds». *Mediterranean Politics* 26(5): 539-562. DOI: 10.1080/13629395.2021.1889285

BANKS, Arthur S. y Robert B. TEXTOR (1963): *A Cross Polity Survey*. Cambridge: MIT Press.

BARNES, Samuel H. y Max KAASE (1979): *Political Action: Mass Participation in Five Western Democracies*. Beverly Hills: Sage.

BARTOLINI, Stefano (1995): «Metodología de la investigación política», en PASQUINO, G. (comp.), *Manual de Ciencia Política* (pp. 39-79). Madrid: Alianza Universidad Textos.

— (1999): «Tiempo e investigación comparativa», en SARTORI, G. y L. MORLINO, *La comparación en Ciencias Sociales* (pp. 105-150). Madrid: Alianza.

BASEDAU, Matthias y Patrick Köllner (2007). «Area studies, comparative area studies and the study of politics: context, substance, and methodological challenges». *Zeitschrift für Vergleichen de Politikwissenschaft*, 1: 1-20. http://dx.doi.org/10.1007/s12286-007-0009-3

BATES, Robert H. (1988): «Contra Contractarianism». *Politics and Society*, 16: 387-401.

— (1997): «Area studies and the discipline: a useful distinction?, *Political Science and Politics*, 30(2): 166-169. http://dx.doi.org/10.1017/S1049096500043262

— (2001). *Prosperity and violence: The political economy of development*. W.W. Norton & Company.

BEER, Samuel. y ULAM, Adam B, (1958) (eds.): *Patterns of Government. The Major Political Systems of Europe*. Nueva York: Random House.

BELTRÁN, Manuel. (1985): «Cinco vías de acceso a la realidad social». *Revista Española de Investigaciones Sociológicas*, 29: 7-42.

BENDIX, Reinhard (ed.) (1964): *Nation-Building and Citizenship*. Nueva York: Wiley.

BENNETT, Andrew (2010): *Process Tracing and Causal Inference*, en Brady, H.D. y D. COLLIER (eds.). *Rethinking Social Inquiry: Diverse Tools, Shared Standards* Rowman y Littlefield Publishers: 207-219.

BENNETT, Andrew y Jeffrey T. CHECKEL (2014): *Process tracing in the Social Sciences: from metaphor to analytic tool*. Cambridge: Cambridge University Press.

BENTLEY, Arthur (1908): *Process of Government*. Chicago: Chicago University Press.

BERG-SCHLOSSER, Dirk (1984): «African Political Systems: Typology and Performance». *Comparative Political Studies*, 17(1): 121-144.

BERRIGHTON, Howard y Pippa NORRIS (1988): *Political Studies in the Eighties*. Newscastle: Political Studies Association.

BIDNER Leonard y Joseph LA PALOMBARA (eds.) (1971): *Crises and Sequences in Political Development*. Princeton: Princeton University Press.

BILL, James y Robert L. HARDGRAVE (1981): *Comparative Politics: The Quest for Theory*. Washington D.C.: University Press of America.

BLATTER, Joachim y Markus HAVERLAND (2012): «Causal-Process Tracing», en BLATTER, J. y M. HAVERLAND, *Designing Case Studies: Explanatory Approaches in Small-N Research* (79-143). Palgrave Macmillan.

BLONDEL, Jean (1969): *Comparative Government: An Introduction*. Londres: Prentice Hall y Harverster Wheatsheaf.

BLONDEL, Jean, DUVERGER, Maurice, FINER, Samuel E., LIPSET, Seymour M. *et ali* (1981): *El Gobierno: estudios comparados*. Madrid: Alianza editorial.

BOYADJIAN, Julien (2022): «¿Qué pueden aportar la tecnología digital y los «macrodatos» a la política comparada? *Revue internationale de politique comparée*, 29(2): 31-49. https://doi.org/10.3917/ripc.292.0031.

BRYCE, James (1921): *Modern Democracies*. Nueva York: Macmillan.

BRYNEN, Rex KORANY, Bahgat y Paul NOBLE (eds.) (1998): *Political Liberalization and Democratization in the Arab World*. Boulder, CO: Lynne Rienner Publishers.

BUDGE, Ian, CREWE, Ivor y Dennis FAIRLIE (1976) (eds.): *Party Identificatiun and Beyond: Representations of Voting and Party Competition*. Londres: Wiley.

BUSSE, Jan, VALJØRN, Morten, DOOLOTKELDIEVA, Asel, ORTMANN, Stefanie, SMITH, Karen, SHAMI, Seteney, COSTA, Sérgio. WEIPERT-

FENNER, Irene, WOLFF, Jonas, SCHÄFER, Saskia y Norma OSTERBERG-KAUFMANN (2024): «Contextualizing the Contextualizers: How the Area Studies Controversy is Different in Different Places». *International Studies Review*, 26(1). https://doi.org/10.1093/isr/viad056.

CAÏS, Jordi (1997): *Metodología del análisis comparativo*. Madrid: Centro de Investigaciones Sociológicas.

CAMEAU, Michel (1990): «Le Maghreb», en FLORY, M. *et al.*, *Les Régimes politiques arabes*. Paris: PUF.

CAMMETT, Melani e Isabel KENDALL (2021): «Political Science Scholarship on the Middle East: A View from the Journals». *Political Science and Politics*, 54(3): 448-455. doi:10.1017/S1049096522001378.

CAMPBELL, Donald T., y Julian C. STANLEY (1966): *Experimental and Quasi-Experimental Designs for Research*. Chicago: Rand McNally.

CAPORASO, James A. (1995): «Research, Falsification, and the Qualitative-Quantitative Divide». *American Political Science Review*, 89: 457-460.

— (2000) «Comparative Politics: Diversity and Coherence». *Comparative Political Studies* 33(6-7): 699-702.

CARAMANI. Daniele (2023): *Comparative Politics*. Oxford: Oxford University Press.

CASTILLO CASTAÑEDA, Alberto (2022): «Apuntes sobre el método del rastreo de procesos en Ciencia Política y Relaciones Internacionales». *Relaciones Internacionales*, 51: 71-92.

CHEHABI, Houchang E., y Juan J. LINZ (eds.) (1998): *Sultanistic Regimes*. Baltimore: Johns Hopkins University Press.

CHILCOTE, Ronald H. (1994): *Theories of Comparative Politics: the Search for a Paradigm Reconsidered*. Boulder, CO: Westview Press.

— (2000): *Comparative Inquiry in Politics and Political Economy. Theories and Issues*. Boulder, CO: Westview Press.

COLEMAN, James S. (ed.) (1965): *Education and Political Development*. Princeton: Princeton University Press.

COLINO, César (1997): «Estudio comparativo de las políticas públicas: una subdisciplina en la encrucijada de la Ciencia Política», en LÓPEZ NIETO, L. (comp.), *Democratización y políticas sociales: estudios sobre España, Hungría y Méjico*. Madrid: UNED.

— (2001): «Método comparativo», en REYES, R. (dir.). *Diccionario crítico de Ciencias Sociales*. Barcelona-Madrid: Antrophos. Disponible en: http://www.ucm.es/info/eurotheo/diccionario/M/.

COLLER, Xavier (2000): *Estudio de casos*. Madrid: Centro de Investigaciones Sociológicas.

COLLIER, David (1991): «New Perspectives on the Comparative Method», en RUSTOW, D.A. y K.P. ERICKSON (eds.), *Comparative Political Dynamics: Global Research Perspectives* (pp.7-31). Nueva York: Harper Collins.

— (1993): «The Comparative Method», en FINIFTER, A.W. (ed). *Political Science: The State of the Discipline II*. Washington, D.C. American Political Science Association.

— (1999): «El método comparativo: dos décadas de cambio», en SARTORI, G. Y L. MORLINO, *La comparación en Ciencias Sociales* (pp. 51-80), Madrid: Alianza.

— (2011): «Understanding Process Tracing. *Political Science and Politics*, 44(4): 823-830. https://doi.org/10.1017/ S1049096511001429

COLLIER, David y James MAHON (1993): «Conceptual Stretching Revisted: Adapting Categories in Comparative Analysis». *American Political Review*, 7: 845-855. doi:10.2307/2938818.

COLLIER, David y Steven LEVITSKY, (1997): «Democracy with Adjectives: Conceptual Innovation in Comparative Research». *World Politics*, 49: 430-51.

— (1998): «Democracia con adjetivos. Innovación conceptual en la investigación comparativa». Ágora, 8: 99-122.

COLOMER, Josep M. (1995): «Strategies and Outcomes in Eastern Europe». *Journal of Democracy* 6(2): 74-85.

— (1998): *La transición a la democracia: el modelo español*. Madrid: Anagrama.

CORDONCILLO, Carla (2023): «El uso de la evaluación en un contexto de institucionalización débil: una aproximación desde el Qualitative Comparative Analysis». *Revista Española de Ciencia Política*, 62: 95-119. Doi: https://doi. org/10.21308/recp.62.04.

CORTEZ SALINAS, Josefat e Israel SOLORIO SANDOVAL (2022): «Rastreo de procesos e inferencia causal en los métodos cualitativos de la ciencia política. *Estudios Políticos*, 55 (enero-abril): 59-82. https://doi.org/10.22201/ fcpys.24484903e.2022.55.81770.

CRICK, Bernard (1964): *The Reform of Parliament*. Londres: Weidenfeld and Nicolson.

DAALDER, Hans (1966): «The Netherlands: opposition in a segmented society», en DAHL, R. (ed.): *Political Oppositions in Western Democracies*. New Haven, Conn.: Yale University Press.

— (2002). «The Development of the study of comparative politics», en KEMAN, H. (ed.), *Comparative Democratic Politics, A Guide to Contemporary Theory and Research*. Londres: Thousand Oaks.

DAHL Robert A. (1966): *Political Oppositions in Western Democracies*. New Haven: Yale University Press.

— (1971): *Polyarchy. Participation and Opposition*, New Haven: Yale University Press.

— (1992): *La democracia y sus críticos*. Barcelona: Paidós.

DALTON, Russel J. (1991): «Comparative politics of the industrial democracies: from the golden age to island hopping», en CROTTY, W. (ed.), *Political Science*, vol. II: Evanston: Northwestern University Press.

— (2008). «The Quantity and the Quality of Party Systems Party System Polarization, Its Measurement, and Its Consequences». *Comparative Political Studies*, 41(7): 899-920.

DARWICH, May (2017): «Foreword», en Clive JONES (ed.) *The politics of change in the Middle East*. Durham University, Durham Middle East Papers, 78.

DE CUETO, Carlos y Marién DURÁN (eds.) (2008): *Regímenes políticos contemporáneos. Entre inmovilismo y cambio*. Granada: Comares.

DELLA PORTA, Donatella y Mario DIANI (2006): *Social movements: An introduction*. Blackwell Publishing.

DELLA PORTA, Donatella y KEATING M (2008): «How many approaches in the social sciences? An epistemological Introduction», en DELLA PORTA D. y KEATING M (eds), *Approaches and Methodologies in the Social Sciences: A Pluralist Perspective* (pp. 19-39). Cambridge: Cambridge University Press.

DE MEUR, Gisèle y Dirk BERG-SCHLOSSER (1994): «Comparing Political Systems: Establishing Similarities and Dissimilarities». *European Journal of Political Research*, 26: 193-219.

DEUTSCH, Karl W. (1953): *Nationalism and Social Communication: An Inquiry into the Foundations of Nationality*. Cambridge, MA: Technology Press; John Wiley y Sons.

— (1963): *The Nerves of Government. Models of Political Communication and Control*. Nueva York: Free Press.

— (1987): «Achievements and Challenges in 2000 Years of Comparative Research», en DIERKES, M., WEILER, H. y A. BERTHOIN ANTAL, *Comparative Policy Research*. Nueva York: St. Martin's Press.

DIAMOND, Larry, LINZ, Juan J. y Seymour M. LIPSET (1995): *Politics in Developing Countries: Comparing Experiences with Democracy*. Boulder, CO: Lynne Rienner Publishers.

DIESTE-MUÑOZ, Santiago, CASANI, Antonio e Inmaculada SZMOLKA (2024): «Política Comparada y Estudios de Área: la evolución de los estudios sobre el Norte de África y Oriente Próximo en la Ciencia Política en España», en Montabes, J,, Garrido, A. y B. Aldeguer (coords.), *La Ciencia Política en España. Treinta años de la Asociación Española de Ciencia Política y de la Administración (AECPA)* (pp. 121-140). Madrid: Centro de Estudios Políticos y Constitucionales.

DICKOVICK, J. Tayler, EASTWOOD, Jonathan, LEBLANC, Robin M. y Zoila PONCE DE LEÓN (2023): *Comparative Politics. Integrating Theories, Methods, and Cases* (4th ed.). Oxford: Oxford University Press.

DOGAN Mattei y Dominique PÉLASSY (1981): *Sociologie politique comparative*. París: Económica.

— (1990): *How to Compare Nations: Strategies in Comparative Politics*. Chatham, NJ: Chatham House.

DUMONT, Louis (1983): *Essais sur l'individualisme. Une perspective anthropologique sur l'ideologie moderne*. París: Seuil.

DURKHEIM, Émile (1947): *Les règles de la Méthode Sociologique*, París: Presses Universitaires de France.

DUVERGER, Maurice (1951): *Les Partis Politiques*. Paris: Colin.

— (1996): *Métodos en Ciencias Sociales*. Barcelona: Ariel.

EASTON, David (1953): *The Political System*. Chicago: University of Chicago Press.

— (1965): *A Framework for Political Analysis*. Chicago: University Chicago Press.

— (1967): «The Current Meaning of Behavioralism», en CHARLESWOTH, J.C. (ed.), *Contemporary Political Analysis*. Nueva York: Free Press.

— (1981): «The political system besieged by the state», en *Political Theory*, 9: 303-325.

— (1989): *Esquema para el análisis político*. Amorrortu Editores. Buenos Aires.

ECKSTEIN, Harry (1966): *Division and Cohesion in Democracy: A Study of Norway*, Princeton University Press, Princeton.

— (1973), «Authority Patterns: A Structural Basis for Political Inquiry». *American Political Science Review*, 67(4): 1142-1161.

— (1975): «Case Study and Theory in Political Science» en GREENSTEIN, F.I. y N.W. POLSBY (eds.): *Handbook of Political Science*, vol. 7. Addison-Wesley: Reading, M.A.

ECKSTEIN, Harry y David APTER (eds.) (1963): *Comparative Politics: A reader*, Nueva York: Free Press.

EISENSTADT, Shmuel N. (1963): *The Political Systems of Empires*. Nueva York: Free Press of Glencoe.

ELDERSVELD, Samuel J. HEARD, Alexander HUNTINGTON, Samuel P., JANOWITZ, Morris, LEISERSON, Avery MCKEAN, Dayton D. y David B. TRUMAN (1961): «Research in Political Behaviour», en ULMER, S. *Introducing Readings in Political Behaviour*. Chicago: Rand McNally.

EVANS, Peter (1996): «The role of Theory in Comparative Politics: A Symposium», *World Politics*, 48, 1: 1-49.

FINER, Herman J. (1950): *Theory and Practice of Modern Government*. Londres: Methuen.

FINER, Samuel E. (1932): *Constitutional Government and Democracy*. Nueva York: Harper.

— (1970): *Comparative Government*. Baltimore: Penguin Books.

— (1997): *The History of Government*. Oxford: Oxford University Press.

FLYVBJERG, Bent (2004): «Cinco malentendidos acerca de la investigación mediante los estudios de caso». *Revista Española de Investigaciones Sociológicas*, 106: 33-62.

FRIEDERICH, Carl J. (1937): *Constitutional Government and Democracy*. Nueva York: Harper.

FRIEDRICH, Carl y Zbigniew BRZEZINSKI (1961): *Totalitarian Dictatorship and Autocracy* Nueva York: Praeger.

GAMBOA, Fernando (2010): «Metodología para el análisis politico: un enfoque flexible a partir de problemas, mecanismos e inferencias causales». Ciências Sociais Unisinos, São Leopoldo, 46(2): 121-139.

GEDDES, Barbara (1990): «How the Case You Choose Affect the Answers You Get: Selection Bias in Comparative Politics». *Political Analysis*, 2: 131-150.

— (1991): «A Game Theoretic Model of Reform in Latin American Democracies». *American Political Science Review*, 85: 371-392.

— (1994): *Politician's Dilemma: Building State Capacity in Latin America*. Berkely-LA: University of California Press.

— (2003): *Paradigms and Sand Castles. Theory Building and Research Design in Comparative Politics*. Ann Arbor: University of Michigan Press.

GEDDES, Barbara, WRIGHT, Joseph y FRANTZ, Erica (2014): «Autocratic Breakdown and Regime Transitions: A New Data Set». *Perspectives on Politics* 12(1): 313-331. DOI: 10.1017/S1537592714000851.

GEERTZ, Clifford (1968): *Islam observed: Religious development in Morocco and Indonesia*. Chicago: University of Chicago Press.

GEORGE, Alexander y Andrew BENNETT (2005): *Case Studies and Theory Development in the Social Sciences*. Cambridge, MA: MIT Press.

GERBER, Alan S. y Donald P. GREEN (2012): *Field Experiments: Design, Analysis and Interpretation*. Londres: Norton & Company.

GOODIN, Robert E. y Hans-Dieter KLINGEMANN (eds.) (1996): «*The New Handbook of Political Science*. Oxford: Oxford University Press.

— (2001): *Nuevo Manual de Ciencia Política*. Tomo I y II. Madrid: Istmo.

HAGUE, Rod, HARROP, Martin y Shaun BRESLIN (1998): *Comparative government and politics: an introduction* (4ª edición). Hampshire: McMillan.

HALL, Peter A. (2004): «Beyond the Comparative Method». APSA. Comparative Politics Newsletter, 15(2): 1-4.

— (2012): «Tracing the Progress of Process-Tracing». *European Political Science*, 12(1): 20-30.

HANSON, Stephen (2009). «The contribution of area studies», en LANDMAN, T. y N. ROBINSON (eds.), *The SAGE Handbook of Comparative Politics* (159-174). SAGE Publications Ltd. https://doi.org/10.4135/9780857021083

HEMPEL, Carl G. (1965): *Aspects of Scientific Explanation and other Essays in the Philosophy of Science*. New York: Free Press.

HOFFMANN, Bert (2015): «The Case for Comparative Area Studies». *European Review of Latin American and Caribbean Studies*, 100: 111-120.

HOLT, Robert T. y John E. TURNER (1970): *The Methodology of Comparative Research*. Nueva York: The Free Press.

HUDSON, Michael C. (1977): *Arab Politics: The Search for Legitimacy*. New Haven and London: Yale University Press.

HUNTINGTON, Samuel (1968): *Political Order in Changing Societies*. New Haven: Yale University Press.

— (1991): *The Third Wave: Democratization in the Late Twentieth Century*. Nueva York: University of Oclahoma Press.

— (1996): *The Clash of Civilizations and the Remaking of World Order*. Nueva York: Simon y Schuster.

JOLÍAS, Lucas (2008): «Inferencia causal y análisis comparado: nuevas tendencias cualitativas». Documento de trabajo 2. Disponible en: http://metodos-avanzados. sociales.uba.ar/wp-content/uploads/sites/216/2014/04/Jolias.pdf

KEMAN, Hans (ed.) (1988): *The Development Toward Surplus Welfare: Social Democratic Politics and Policies in Advanced Capitalist Democracies (1965-1984).* Amsterdam: CT Press.

— (1993): *Comparative Politics. New Directions in Theory and Method.* Amsterdan: VU University Press.

— (1999): «Comparative Methodology», en PENNINGS, P., KEMAN, H. y J. KLEINNIJENHUIS: *Doing Research in Political Science. An introduction to comparative methods and statistics.* Londres: Sage Publications.

— (2002a): *Comparative democratic politics: a guide to contemporary theory and research.* Londres: Thousand Oaks.

— (2002b): «The Comparative Approach to Democracy», en KEMAN, H. (ed.): *Comparative democratic politics: a guide to contemporary theory and research.* Londres: Thousand oaks.

— (2002c): «Comparing democracies: Theories and Evidence», en KEMAN, H. (ed.): *Comparative democratic politics: a guide to contemporary theory and research.* Londres: Thousand oaks.

— (2023): «Comparative research methods», en CARAMANI. D. *Comparative Politics* (pp 50-63). Oxford: Oxford University Press.

KHOLI, Atul (1996): «The role of Theory in Comparative Politics: A Symposium». *World Politics,* 48, 1: 1-49.

KING, Gary, KEOHANE, Robert O. y Sidney VERBA (1994): *Designing Social Inquiry. Scientific Inference in Qualitative Research*, Princeton: Princeton University Press.

— (2000): *El diseño de la investigación social. La inferencia científica en los estudios cualitativos.* Madrid: Alianza editorial.

— (2010): «The Importance of Research Design», en BRADY, Henry E. y COLLIER, David. (eds.) (2004): *Rethinking Social Inquiry. Diverse Tools.* Shared Standards, Lanham, *et al.,* Rowman y Littlefield.

KOß, M. (2018): «How Legislative Democracy Creates Political Parties». *Comparative Politics,* 51(1): 61-79. https://www.jstor.org/stable/26532716.

KÖLNER, Patrick, SIL, Rudra y Ariel AHRAM (2018): «Comparative Area Studies: What It Is, What It Can Do», en KÖLNER, P., SIL, R. y A. AHRAM (eds.) *Comparative Area Studies: Methodological Rationales and Cross-Regional Applications* (pp-3-28). Oxford University Press.

LAAKSO, Markku y TAAGEPERA, Rein (1979): ««Effective» Number of Parties: A Measure with Application to West Europe». *Comparative Political Studies,* 12(1): 3-27.

LAEBENS, Melis G., y LÜHRMANN, Anna (2021): «What halts democratic erosion? The changing role of accountability». *Democratization,* 28(5): 908-928. https:// doi.org/10.1080/13510347.2021.1897109.

LAITIN, David D. (2000): «Comparative Politics: The State of the Subdiscipline». Paper presentado a la Annual Meeting of the American Political Science Association, Washington D.C. Disponible en: http://www.stanford.edu/~dlaitin/papers/Cpapsa.doc.

— (2002): «Comparative Politics: The State of the Subdiscipline», MILNER, H. e I. KATZNELSON (eds). *The State of the Discipline*. American Political Science Association.

LAIZ, Consuelo y Paloma ROMÁN (2003): *Política Comparada*. Madrid: McGraw Hill.

LANDMAN, Todd (2000): *Issues and methods in Comparative Politics. An Introduction*. Londres-Nueva York: Routledge.

— (2011): *Política Comparada. Una introducción a su objeto y métodos de investigación*. Madrid: Alianza Editorial.

LANE, Jan-Erik y Svante O ERSSON (1990): *Comparative Political Economy*. Londres: Pinter.

— (1994): *Comparative Politics: An Introduction and New Approach*. Cambridge: Polity.

LA PALOMBARA, Joseph (ed.) (1963): *Bureaucracies and Political Development*. Princeton: Princeton University Press.

— (1964): *Interest Groups in Italian Politics*. Princeton: Princeton University Press.

— (1968): «Macrotheories and Microapplications in Comparative Politics: A Widening Chasm». *Comparative Politics*, 1: 52-78.

— (1974): *Politics Within Nations*. Englewood Cliffs. New Jersey: Prentice-Hall.

— (1988): «Issues on Theory and Comparative Politics», en CANTORI, L.J. y A.H. ZIEGLER (eds.). *Comparative Politics in the post-behavioral era*. Boulder, CO: Lynne Rienner Publishers.

LA PALOMBARA, Joseph y Myron WEINER (1966): *Political Parties and Political Development*. Princeton: Princeton University Press.

LASWELL, Harold (1968) «The Future of the Comparative Method». *Comparative Politics*, 1: 3-18.

LICHBACH, Mark I. (1997): «Social Theory and Comparative Politics», en LICHBACH, M.I. y A.S. ZUCKERMAN (eds.): *Comparative Politcs. Rationality, Culture, and Structure*. Cambridge: Cambridge University Press.

LICHBACH, Mark I. y Alan S. ZUCKERMAN (1997): «Research Traditions and Theory in Comparative Politics: An Introduction», en LICHBACH, M.I. y A.S. ZUCKERMAN (eds.): *Comparative Politcs. Rationality, Culture, and Structure*. Cambridge: Cambridge University Press.

LIEBERSON, Stanley (1985): *Making It Count: The Improvement of Social Research and Theory*. Berkeley, CA: University of California Press.

LIJPHART, Arend (1968a): *Politics of Accommodation: Pluralism and Democracy in the Netherlands*. Berkeley, CA: University of California Press.

— (1968): «Typologies of Democratic Systems». *Comparative Political Studies*, 1: 3-44.

— (1970): «Competing Paradigms in Comparative Politics», en HOLT. R.T. y J.E. TURNER (eds.). *The methodology of Comparative Research*. Nueva York: Free Press.

— (1971): «Comparative politics and the comparative method». *American Political Science Review* 65(3): 682-693.

— (1984): *Democracies. Patterns of Majoritarian and Consensus Government in Twenty-one Countries*. New Haven: Yale University Press.

— (1988): «The Comparable-Cases Strategy in Comparative Research», en CANTORI, L.J. y A.H. ZIEGLER (eds.), *Comparative Politics in the post-behavioral era* (pp. 54-70). Boulder, Colorado: Lynne Rienner Publishers.

— (1999): *Patterns of democracy: Government forms and performance in thirty-six countries*. Yale University Press.

LINZ, Juan J. (1964): «An authoritarian Regimen: Spain», en ALLARDT, E. y J. LITTUNEN (eds.): *Cleavages, Ideologies and Parties Systems*. Helsinki.

— (1978): *The Breakdown of Democratic Regimes. Crisis, Breakdown, and Reequilibriation*. Baltimore, MD.: The Johns Hopkins University Press.

— (2006): «El regimen autoritario», en NOHLEN, D. *Diccionario de Ciencia Política* (1180-1183). México: Editorial Porrúa México y El Colegio de Veracruz.

LINZ, Juan J. y Amando DE MIGUEL (1966): «Within-nation differences and comparisons: the eight Spains», en MERRIT, R.L. y S. ROKKAN, *Comparing Nations: The Use of Quantitative Data in Cross-National Research*. New Have: Yale University Press.

LINZ, Juan J. y Alfred STEPAN (1978): *The Breakdown of Democratic Regimes*. Baltimore, MD: John Hopkings University Press.

LIPSET, Seymour M. (1959): «Some Social Requisites of Democracy: Economic Development and Political Legitimacy». *American Political Science Review*, 53: 69-105.

— (1963): *The First New Nation*. Nueva York.

— (1994): «Binary Comparaisons: American Exceptionalism-Japanese Uniqueness», en DOGAN, M. y A. KAZANCIGIL (eds.), *Comparing Nations: Concepts, Strategies, Substance*. Oxford: Blackwell.

LIPSET, Seymour y Stein ROKKAN (1967): *Party Systems and Voter Alignments*. Nueva York: Free Press.

LOWI, Theodore (1988): «The Return of the State: Critiques». *American Political Science Review*, 82(3): 885-891.

LUCCA, Juan B. (2019): Los conceptos en la política latinoamericana comparada. *Espiral (Guadalajara)*, 26 (74) 9-48. https://doi.org/10.32870/espiral.v26i74.7055

LUCCA, Juan B. y PINILLOS, Cintia (2015): «Decisiones metodológicas en la comparación de fenómenos políticos iberoamericanos». Instituto de Iberoamérica, Universidad de Salamanca DT 25/2015.

LÜHRMANN, Anna y LINDBERG, Steffan I. (2019). A third wave of autocratization is here: what is new about it? *Democratization*, 26(7): 1095-1113. https://doi.org/10.1080/13510347.2019.1582029.

LLAMAZARES, Iván (1995): «El análisis comparado de los fenómenos políticos. Una discusión de sus objetivos metodológicos, supuestos metateóricos y vinculaciones con los marcos teóricos presentes en las Ciencias Sociales contemporáneas», *Revista de Estudios Políticos*, 89: 281-298.

MACKIE, Thomas y David MARSCH (1997): «El método comparativo», en MARSCH, D. y G. STOKER (eds.), *Teoría y métodos de la Ciencia Política»*. Madrid: Alianza editorial.

MACRIDIS, Roy C. (1955): *The Study of Comparative Government*. Nueva York.

— (1981) «Revisión del campo del estudio comparado de las formas de Gobierno», en BLONDEL, J., DUVERGER, M. FINER, S.E., LIPSET, S.M. *et al: El Gobierno: estudios comparados*. Madrid: Alianza editorial.

— (1986): *Modern Political Regimes: Patterns and Institutions*. Boston: Little Brown.

MACRIDIS, Roy C. y Bernard E. BROWN (eds.) (1977): *Comparative Politics: Notes and Readings*. Homewood: Dorsey Press.

MACRIDIS, Roy C. y Robert C. WARD (1963) (eds.): *Modern Political Systems*. Englewood Cliffs, NJ: Prentice Hall.

MAHLER, Gregory S. (2003): *Comparative politics: an institutional and cross-national approach*. Upper Saddle River, Nueva York: Prentice Hall.

MAHONEY, James (2010): «After KKV: The New Methodology of Qualitative Research». *World Politics*, 62(1): 120-47.

MAHONEY, James y RUESCHEMEYER, Dietrich (eds.) (2003): *Comparative Historical Analysis in the Social Sciences*. Cambridge: Cambridge University Press.

MAIR, Peter (1990): *The West European Party System*. Oxford: Oxford University Press.

— (2001): «Comparative Politics: An Overview», en GOODIN, R. y H.D. KLINGEMENN: *A New Handbook of Political Science*. Nueva York: Oxford University Press.

MANHEIM, Jarol B., y RICH, Richard C. (1988): «De lo abstracti a lo concreto: operacionalización y medición», en *Análisis político empírico: Métodos de investigación en ciencias políticas*. Madrid: Alianza Universitaria Textos.

MARCH, James G. y Johan P. OLSEN (1984): «The New Institutionalism: organizational factors in political life». *American Political Science Review*, 78: 734-749.

— (1997): *El redescubrimiento de las instituciones*. Méjico: Fondo de Cultura Económica.

MARSCH, David y STOKER, Gerry (1997): *Teorías y métodos de la Ciencia Política*.

MAYER, Lawrence C. (1989): *Redefining Comparative Politics: Promise versus Perfomance*. Newbury Park CA: Sage.

MCCORMICK, John, HAGUE, Rod y Martin HARROP (2022): *Comparative Government and Politics* (12 ed.). Hampshire: Palgrave Macmillan.

MEDINA IBORRA, Iván, ÁLAMOS-CONCHA, Priscilla, CASTILLO ORTIZ, Pablo y Benoït, RIHOUX (2017): *Cuadernos Metodológicos*, 56. Madrid: Centro de Investigaciones Sociológicas.

MÉNY, Yves y Jean C. THOENIG (1992): *Las políticas públicas.* Barcelona: Ariel.

MERTON, Raimundo (1968): *Social Theory and Social Structure.* Nueva York: Free Press.

MICHELS, Robert (1911): *Zur Soziologie des Parteiwesens in der moderne Demokratie.*

MØLLER, Jorgen y Svend E. SKAANING (2018). «Set-theoretic methods in democratization research: an evaluation of their uses and contributions», *Democratization*, 26(1): 78-96. https://doi.org/10.1080/13510347.2018.14492 08.

MONTABES, J,, GARRIDO, A. y B. ALDEGUER (coords.) (2024): *La Ciencia Política en España. Treinta años de la Asociación Española de Ciencia Política y de la Administración (AECPA)* (pp. 121-140). Madrid: Centro de Estudios Políticos y Constitucionales.

MOORE, Barrington Jr. (1966): *Social origins of dictatorship and democracy. Lord and Peasant in the Modern World.* Boston: Beacon Press.

— (1973): *Los orígenes sociales de la dictadura y de la democracia: el señor y el campesino en la formación del mundo moderno.* Barcelona: Península.

MONTABES PEREIRA, Juan (1995): *Proyecto docente para el concurso de provisión de una plaza de catedrático.* Departamento de Ciencia Política y de la Administración. Universidad de Granada. Ejemplar mimeografiado.

MORLINO, Leonardo (1985): *Cómo cambian los regímenes políticos. Instrumentos de análisis.* Madrid: Centro de Estudios Constitucionales.

— (1988): «Comparative Politics: A Half-Century Appraisal», en CANTORI, L.J. y A.H. ZIEGLER (eds.), *Comparative Politics in the post-behavioral era.* Boulder, Colorado: Lynne Rienner Publishers.

— (1998): *Democracy between Consolidation and Crisis. Parties, Groups, and Citizens in Southern Europe.* Oxford: Oxford University Press.

— (1999): «Problemas y opciones en la comparación», en SARTORI, G. y L. MORLINO (1994): *La comparación en las ciencias sociales.* Alianza Editorial. Madrid.

— (2009): *Democracia y Democratizaciones.* Madrid: Centro de Investigaciones Sociológicas.

— (2010): *Introducción a la investigación comparada.* Madrid: Alianza editorial.

MUNCK, Gerardo L. (1996): «Disaggregating Political Regime: Conceptual Issues in the Study of Democratization». *Working Paper*, 228. Disponible en: http://kellogg.nd.edu/publications/workingpapers/WPS/228.pdf.

— (2006): «The Past and Present of Comparative Politics». *Working Paper*, 330. Disponible en: http://nd.edu/~kellogg/publications/workingpapers/WPS/330.pdf.

MUNCK, Gerardo L. y Richard SNYDER (2004): «How the Concepts We Use and the Way We Mesure Them Shape the World We See». Paper presentado a la Annual Meeting of the American Political Science Association. Chicago, 2-5 de septiembre. Disponible en: http://www.allacademic.com//meta/p_mla_apa_research_citation/0/6/1/2/0/pages61201/p61201-1.php.

— (2019): «La política comparada en la encrucijada. Problemas, oportunidades y perspectivas desde el norte y el sur». *Política y Gobierno,* 1(1): 139-158.

NEUMANN, Sigmund (1988): «Trends and Methodology in Comparative Politics», en CANTORI, L.J. y A.H. ZIEGLER. *Comparative Politics in the Post-Behavioral Era.* Londres: Lynne Rienner Publishers.

NEWTON, Kenneth y VAN DETH, Jan W. (2010): *Fondations of Comparative Politics.* Cambridge: Cambridge University Press.

NOHLEN, Dieter (2003): *El contexto hace la diferencia: reformas institucionales y el enfoque histórico-empírico.* Méjico: UNAM/TRIFE.

— (2007): «El método comparativo», en D. NOHLEN, *Ciencia política: teoría institucional y relevancia del contexto.* Bogotá: Editorial de Universidad del Rosario.

— (2008): «Conceptos y contexto. En torno al desarrollo de la comparación en Ciencia Política». *Working Paper,* 265. Institut de Ciències Politiques i Socials.

— (2012): «Enfoques en el análisis político». *Desafíos* 24(1): 333-345.

NORRIS, Pippa (2014): *Why electoral integrity matters.* Cambridge: Cambridge University Press.

O'DONNELL, Guillermo (1973): *Modernization and Bureaucratic-Authoritarianism: Studies in South American Politics.* Berkeley, CA: Institute of International Studies.

— (1982). *El estado burocrático autoritario: triunfos, derrotas y crisis.* Argentina: Ediciones de Belgrano.

O'DONNELL, Guillermo., SCHMITTER, Philippe C. y Laurence WHITEHEAD (1994): *Transiciones desde un gobierno autoritario.* Barcelona: Paidós.

PANEBIANCO, Ángel (1990): *Modelos de partido.* Madrid: Alianza editorial.

— (1999): «Comparación y explicación», en SARTORI, G. y L. MORLINO, *La comparación en las Ciencias Sociales.* Madrid: Alianza editorial.

PEDERSEN, Mogens (1979): «The Dynamics of European Party Systems: Changing Patterns of Electoral Volatility». *European Journal of Political Research,* 7(1): 1-26.

PENNINGS, Paul, KEMAN, Hans y Jan KLEINNIJENHUIS (1999): *Doing Research in Political Science. An introduction to comparative methods and statistics.* Londres: Sage Publications.

PÉREZ-BELTRÁN, Carmelo (2006): «Sociedad civil, derechos humanos y democracia en Marruecos». Granada: Editorial de la Universidad de Granada.

— (ed.) (2023): *Dinámicas de protestas en El Mundo Árabe. Desafiando a los regímenes autoritarios.* Granada: Editorial de la Universidad de Granada.

PÉREZ LIÑÁN, Aníbal (2007): «El método comparativo: fundamentos y desarrollos recientes». Documentos de Trabajo, 1. Disponible en: http://www.politicacomparada.com.ar/material/09/documentos/doc-trabajo_n1.pdf.

— (2010): «El método comparativo y el análisis de configuraciones causales», *Revista Latinoamericana de Ciencia Política*, 3: 125-148.

PETERS, B. Guy. (1995): *The Politics of Bureaucracy* Nueva York: Longman.

— (1998): *Comparative Politics: Theory and Methods.* Hamsphire: Macmillan.

— (2003): *El nuevo institucionalismo: la teoría institucional en ciencia política.* Barcelona: Gedisa.

— (2023): «Approaches in Comparative Politics», en CARAMANI. D., *Comparative Politics,* Oxford: Oxford University Press.

PRZEWORSKI, Adam (1987): «Methods of Cross-National Research, 1979-1983: An Overview, en DIERKES, M. *et al.*, *Comparative Policy Research: Learning form Experience.* Aldershot Gower Publishing.

— (1995): «Contribution to The Role of Theory in Comparative Politics: A Symposium. *World Politics*, 48(1): 16-21.

PRZEWORSKI, Adam y Henry TEUNE (1970): *The Logic of Comparative Social Inquiry.* Nueva York: Wiley-Interscience.

PUTNAM, Robert L. y Raffaella NANETTI (1980): *La regioni misurate.* Bolonia: Il Mulino.

— (1993): *Making Democracy Work: Civic Traditions in Modern Italy.* Princeton: Princeton University Press.

PYE, Lucian (1956): *Guerrilla Communism in Malaya: Its Social and Political meaning.* Princeton, NJ: Princeton University Press.

— (1962): *Politics, Personality and Nation-Building: Burma's Search for Identity.* New Haven, CT: Yale University Press.

PYE, Lucian y Sydney VERBA (1965): *Political Culture and Political Development.* Princeton: Princeton University Press.

— (1978): *The Citizen and Politics: A Comparative Perspective.* Standorf: Greylock.

RAGIN, Charles C. (1987): *The Comparative Method: Moving Beyond Qualitative and Quantitative Strategies.* Berkeley: University of California Press.

— (1994): «Introduction to Qualitative Comparative Analysis», en T. Janoski y A. Hicks (eds) *The Comparative Political Economy of the Welfare Sate.* Cambridge: Cambridge University Press: 299-320.

— (2000): *Fuzzy-Set Social Science.* Chicago: The University of Chicago Press.

— (2008): *Redesigning Social Inquiry: Set Relations in Social Research.* Chicago: University of Chicago Press.

— (2009): *Redesigning Social Inquiry: Fuzzy Sets and Beyond.* Chicago, IL: University of Chicago Press.

RIKER, William (1962): *The theory of political coalitions.* New Haven, CT: Yale University Press.

ROBERTS, Geoffrey K. (1972): «Comparative Politics Today». *Government and Opposition*, 7, 1: 38-55.

ROGOWSKI, Ronald (1993): «Comparative Politics», en FINIFTER, A.W. (ed.), *Political Science: The State of the Discipline II.* Washington DC: APSA.

ROKKAN, Stein (1966): «Norway: numerical democracy and corporate pluralism», en DAHL, R.A. (ed.). *Political Oppositions in Western Democracies*. New Haven: Yale University Press.

— (1970): «Nation-building, cleavage formation and the structuring of mass politics», en ROKKAN, S., CAMPBELL, P. y H. VALEN (eds.): *Citizens. Elections, Parties. Approaches to the Comparative Study of the Processes of Development* (72-144). Oslo: Universitetsforlaget.

ROSE, Richard (1991): «Comparing Forms of Comparative Analysis». *Political Studies*, 39: 446-462.

ROTHSTEIN, Bo (1992): «Labor market institutions and working-class strength», en STEINMO, S., THELEN, K. y F. LONGSTRETH (eds.), *Structuring Politics: Historical Institutions in a Comparative Perspective*. Nueva York: Cambridge University Press.

— (2001): «Las instituciones políticas: una visión general», en GOODIN, R. y H.D. KLINGEMAN: *Nuevo Manual de Ciencia Política*, Tomo I. Madrid: Istmo.

RUESCHEMEYER, Dietrich, HUBER, Evelyne, STEPHENS, E. y John D. STEPHENS (1992): *Capitalist Development and Democracy*. Chicago: University of Chicago Press.

RUFFA, Chiara y Matthew EVANGELISTA (2021): «Searching for a middle ground? A spectrum of views of causality in qualitative research». *Rivista Italiana di Scienza Politica*, 1-18. https://doi.org/10.1017/ipo.2021.10

RUSTOW, Dankwart (1960): *The Stages of Economic Growth: A non-Communist Manifesto*. Cambridge: Cambridge University Press.

— (1968): «Modernization and Comparative Politics: Prospects in Research and Theory». *Comparative Politics*, 1(1): 37-51.

— (1970): «Transitions to Democracy: Towards a Dynamic Model», *Comparative Politics*, 2: 337-363.

SÁNCHEZ DE DIOS, Manuel (2012): *Política Comparada*. Madrid: Síntesis.

SANDERS, David (1997): «El análisis conductista», en MARSH, D. y G. STOKER, *Teoría y métodos de la ciencia política*. Madrid: Alianza Editorial.

SARTORI, Giovani (1966): «European Political Parties: The Case for Polarized Pluralism», en LA PALOMBARA, J. y M. WEINER (eds.), *Political Parties and Political Development* (pp. 137-176). Princeton, N.J.: Princeton University Press.

— (1970): «Concept Misformation in Comparative Politics», *American Political Science Review*, LXIV: 1033-1053.

— (1971): «La Politica Comparata. Premesse e Problema», *Revista Italiana di Scienza Politica*, I.

— (1976): *Parties and Party Systems: A Framework for Analysis*, Cambridge: Cambridge University Press.

— (1984a): *La política. Lógica y método en las ciencias sociales*. Méjico: Fondo de Cultura Económica.

— (ed.) (1984b), *Social Science Concepts: A Systematic Analyisis*, Londres: Sage.

— (1991): «Comparing and Miscomparing». *Journal of Theoretical Politics*, 3(3): 243-257.

— (1992): *Elementos de Teoría Política*. Madrid: Alianza.

— (1994): «Comparing, Miscomparing and the Comparative Method», en DOGAN, M. y A. KAZANCIGIL (eds.): *Comparing Nations. Concepts Strategies and Substance*. Oxford-Cambridge, MA: Blackwell.

— (1999): «Comparación y método comparativo», en SARTORI, G. y L. MORLINO, *La comparación en Ciencias Sociales*. Madrid: Alianza: 29-49.

SARTORI, Giovani y Leonardo MORLINO (1999): *La comparación en las Ciencias Sociales*. Madrid: Alianza editorial.

SCARROW, Howard A. (1969): *Comparative Political Analysis: An Introduction*. Nueva York: Harper y Row.

SCHMITTER, Philippe C. (1971): *Interest Conflict and Political Change in Brazil*. Stanford, CA.: Stanford University Press.

— (1991): «Comparative Politics at the Crossroads», *Estudio/Working Paper* 1991/27, septiembre, Fundación Juan March.

— (2009): «The nature and future of comparative politics». *European Political Science Review*, 1(1): 33-61.

SCHMITTER, Philippe C. y Terry L. KARL (1991): «What Democracy is...And is Not». *Journal of Democracy*, 2: 75-88.

SCHNEIDER, Carsten Q., y Claudius WAGEMANN (2006): «Reducing complexity in Qualitative Comparative Analysis (QCA): Remote and proximate factors and the consolidation of democracy». *European Journal of Political Research*, 45(5): 751-786. https://doi.org/10.1111/j.1475-6765.2006.00635.x.

— (2012): *Set-Theoretic Methods for the Social Sciences: A Guide to Qualitative Comparative Analysis*. Cambridge: Cambridge University Press.

SHILS, Edward (1960): *Political Development in the New States*. La Haya: Mouton.

SIL, Rudra (2009): «Area studies, comparative politics, and the role of cross-regional small-N comparison». *Qualitative and Multi-Method Research*, 7(2): 26-32.

SKOCPOL, Theda (1979): *States and Social Revolutions: A Comparative Analysis of France, Russia, and China*. Cambridge: Cambridge University Press.

— (1984): *Los estados y las revoluciones sociales: un análisis comparativo de Francia, Rusia y China*. Méjico: Fondo de Cultura Económica.

SKOCPOL, Theda y Margaret SOMERS (1980): «The Uses of Comparative History in Macrosocial Inquiry». *Comparative Studies in Society and History*, 22(2): 174-197.

SKLAR, Richard L. (1983). «Democracy in Africa». *African Studies Review*, 26(3-4), 11-24. doi:10.2307/524160.

SMELSER, Neil J. (1967): «The methodology of comparative analysis», en WARWICK, D.P. y S. OSHERSON (eds.), *Comparative Reseach Methods*. Englewood Cliffs, NJ: Prentice-Hall.

— (1976): *Comparative Methods in the Social Sciences*. Englewood Cliffs, NY: Prentice-Hall.

SMITH, Peter H. (2005): *Democracy in Latin America: Political change in comparative perspective.* Nueva York: Oxford University Press.

SNYDER, Richard 2001. «Scaling Down: The Subnational Comparative Method», *Studies in Comparative International Development,* 36(1): 93-110.

STEINER, Jürg A. (1974): *Amicable Agreement versus Majoritarian Rule: Conflict Resolution in Switzerland.* Chapel Hill: University of North Carolina Press.

STEPAN, Alfred (1971): *The Military in Politics. Changing Patterns in Brazil.* Princeton, NJ: Princeton University Press.

— (2016): «A life in comparative politics: Chasing questions in five continents». *International Political Science Review* 37(5): 691-705. https://www.jstor.org/stable/26556883.

STEPAN, Alfred y Cindy SKACH (1993): «Constitutional Frameworks and Democratic Consolidation: Parliamentarism versus Presidentialism». *World Politics,* 46: 1-22.

SZANTON, David (ed.) (2004). *The politics of knowledge: Area studies and the disciplines.* Berkeley: University of California Press.

SZMOLKA VIDA, Inmaculada (2015): «Exclusionary and Non-Consensual Transitions *versus* Inclusive and Consensual Democratizations: The cases of Egypt and Tunisia», *Arab Studies Quarterly,* 37(1): 73-95. DOI: 10.13169/arabstudquar.37.1.0073.

— (2017): «Analytical Framework for a Study of Change in Political Regimes, en SZMOLKA, I. (ed.), *Political Change in the Middle East and North Africa: After the Arab Spring* (pp. 13-37). Edimburgo: Edinburgh University Press.

— (2023): «Electoral Engineering in Autocracies: Effects of the 2021 Electoral Reform on Morocco's Parliamentary Elections», *Mediterranean Politics,* 29(5): 700-728. https://doi.org/10.1080/13629395.2023.2194153.

SZMOLKA VIDA, Inmaculada y Francesco CAVATORTA (2024): «Authoritarian Resilience in MENA Countries in the Era of Autocratization: a Comparative Area Study of Authoritarian Deepening». *Revista de Estudios Internacionales Mediterráneos,* 37: 214-250. https://doi.org/10.15366/reim2024.37.010.

TANNENWALD, Nina (1999): «The Nuclear Taboo: The United States and the Normative Basis of Nuclear Non-Use. International Organization», 53: 433-468. https://doi.org/10.1162/002081899550959

TESSLER, Mark NACHTWEY, Jack y Audrey BANDA (1999): *Area Studies and Social Science: Strategies for Understanding Middle East Politics.* Indianapolis: Indiana University Press.

TEUNE, Henry (1987): «Comparing Nations: What Have We Learned?». Paper presentado en la *Annual Convention of the International Studies Association.* Washington D.C.

— (2010): «The Challenge of Globalization to Comparative Research», *Journal of Comparative Politics,* 3(2): 4-19.

THELEN, Kathleen, LONGSTRETH, Thomas y Sven STEINMO (eds.) (1992): *Structuring Politics: Historical Institutionalism in Comparative Perspective.* Cambridge: Cambridge University Press.

THELEN, Kathleen y Sven STEINMO (1992). «Historical institutionalism in comparative politics: State, society, and economy», en THELEN, K., LONGSTRETH, T. y S. STEINMO (eds.): *Structuring Politics: Historical Institutionalism in Comparative Perspective.* Cambridge: Cambridge University Press.

THIRIOT, Céline, MARTY, Myriam y Éric NADAL (2004): *Penser la politique comparée. Un état des savoirs théoriques et méthodologiques.* París: Karthala.

TILLY, Charles (1975) (ed.): *The Formation of National States in Western Europe.* Princeton: Princeton University Press.

— (1981): *As Sociology Meets History.* Nueva York: Academic Press.

VAN DETH, Jan W. (1994): «The State of the Discipline». Paper presentado en el 16 Congreso de la International Political Science Association. Berlín.

VARGAS, Brayant A. (2023): «Introducción al análisis cualitativo comparado (QCA): conceptos, implementación y aplicaciones en América Latina». *Estudios Políticos,* 58: 233-259. DOI: 10.22201/fcpys.24484903e.2023.58.84841.

VERBA, Sidney (1967/1968): «Some dilemmas in Comparative Research». *World Politics,* 20(1): 111-127.

— (1985): «Comparative Politics: where have we been, where are we going?, en WIARDA, H.J. (ed.), *New Directions in Comparative Politics.* Boulder, CO: Westview Press.

VERBA, Sidney, NIE, N. y J-O. KIM (1978): *Participation and Political Equality: A Seven-Nation Comparison.* Cambridge, MA: Cambridge University Press.

WALDNER, D. (2014). «What makes process tracing good?: Causal mechanisms, causal inference, and the completeness standard in comparative politics. In *Process Tracing* (pp. 126-152). Cambridge University Press. https://doi.org/10.1017/CBO9781139858472.008.

WARD, Robert E., y Dankwart A. Rustow (1964): *Political modernization in Japan and Turkey.* Princeton, N.J.: Princeton University Press.

WATERS, Nigel. (ed.) (2000): *Beyond the area studies war.* Hanover, N.H.: University Press of New England.

WIARDA, Howard J. (1974): «Corporatism and Development in the Iberic-Latin World: Persistent Strains and New Variations» en PIKE, F.B.y T. STRICH (eds.), *The New Corporatism.* Notre Dame: University of Notre Dame Press.

— (ed.) (1985): *New Directions in Comparative Politics.* Boulder, CO.: London, Westview Press.

WILDAVSKY, Aaron (1987): «Choosing Preference by Constructing Institutions: A Cultural Theory of Preference Formation». *American Political Science Review,* 81: 3-21.

ZAKARIA, Fareed (1997). «The rise of illiberal democracy». *Foreign Affairs,* 76 (6), 22-43. https://doi.org/10.2307/20048274.